dtv

Wer melancholisch ist, hat gute Chancen, als Genie in die Geschichte einzugehen – so dachten schon die alten Griechen. Was aber ist eigentlich Melancholie? Was heißt, eine Person, Landschaft oder Musik sei melancholisch? Sah man früher anderes darin als heute? Dieses Buch versucht dem Phänomen auf die Spur zu kommen und versammelt dazu die wichtigsten Texte und auch viele Neuentdeckungen, über Jahrhunderte und Ländergrenzen hinweg. Bedeutende Literaten, Philosophen und Psychologen äußern sich als Betroffene oder Interessierte – darunter Hippokrates, Robert Burton, Liselotte von der Pfalz, Sören Kierkegaard, Sigmund Freud und Susan Sontag, um nur wenige zu nennen. Einige gewichtige Beiträge sind zum erstenmal auf deutsch zu lesen – Diderots Artikel »Mélancolie« aus der ›Encyclopédie‹ und ein zentraler Aufsatz Jean Starobinskis gehören dazu. Am Ende steht ein Originalbeitrag von Oliver Vogel, der die Melancholie in einem Versandhauskatalog aufspürt – letztes Teilstück eines faszinierenden, vielgestaltigen und gar nicht schwermütigen Mosaiks über das »Glück«, unglücklich zu sein.

Der Herausgeber *Peter Sillem*, geboren 1967, arbeitet als Programmleiter für den Sachbuch- und Wissenschaftsbereich im S. Fischer Verlag in Frankfurt a. M.. Veröffentlichungen zu Literatur und Kultur der Frühen Neuzeit, zuletzt ›Saturns Spuren. Aspekte des Wechselspiels von Melancholie und Volkskultur in der Frühen Neuzeit‹, Frankfurt a. M. 2001.

Melancholie
oder
Vom Glück, unglücklich zu sein

Ein Lesebuch

Herausgegeben von Peter Sillem

Mit 10 Abbildungen

Deutscher Taschenbuch Verlag

Erstübersetzung der Texte von Marsilio Ficino, Denis Diderot und Jean Starobinski aus dem Lateinischen bzw. Französischen von Michaela Meßner.
Erstübersetzung der Texte von Timothy Bright und John Earle aus dem Englischen von Thomas Eichhorn.

Originalausgabe
November 1997
2. Auflage November 2002
Deutscher Taschenbuch Verlag GmbH & Co. KG, München
www.dtv.de

Umschlagkonzept: Balk & Brumshagen
Umschlagbild: ›Selbstbildnis (vermutlich)‹ (1656) von Michael Sweerts
Gesetzt aus der 10,5/13· Stempel Garamond
Satz und Gestaltung: Hartmut Czauderna, Gräfelfing, auf Apple Macintosh, Quark XPress
Druck und Bindung: Druckerei C. H. Beck, Nördlingen
Gedruckt auf säurefreiem, chlorfrei gebleichtem Papier
Printed in Germany · ISBN 3-423-13012-1

Inhalt

Vorbemerkung

Die Melancholie hat sich in ihrer jahrhundertealten Geschichte in so vielen Formen, in so vielen Texten und Bildern manifestiert, daß es unzählige Möglichkeiten gäbe, Ausschnitte daraus in einer Anthologie zu versammeln. Um so erstaunlicher ist, daß es nur wenige Textsammlungen zur Melancholie gibt und daß sich diese eigentlich nur mittelbar mit dem Phänomen der Melancholie befassen, weil sie in erster Linie Brechungen und Spiegelungen der Melancholie in der Literatur, vor allem in der Dichtung, betrachten.

Das Anliegen dieser Anthologie ist ein anderes. Sie will versuchen zu klären, was Melancholie denn eigentlich ist – weniger anhand von ästhetischen Verdichtungen melancholischen Fühlens als vielmehr mit Hilfe von Texten, die sich diese Klärung explizit oder implizit zum Ziel gesetzt haben. Wie ist der Begriff »Melancholie« zu dem geworden, was er heute bedeutet? Ja, was bedeutet er überhaupt? Was heißt es, wenn jemand sagt, er oder sie, eine Landschaft, eine Musik sei melancholisch? Hat man früher dasselbe darunter verstanden, oder bedeutete Melancholie etwas anderes? Was wurde von früheren Bedeutungen tradiert, was wurde über die Jahrhunderte verschliffen oder ging verloren? Wie kommt es, daß auch heute noch der Melancholie ein Hauch von Genialität anhaftet? Und schließlich: Gibt es das überhaupt – *die* Melancholie?

Bei der Textauswahl waren mehrere Kriterien entscheidend: Zum einen sollten Texte aufgenommen werden, die wichtige Impulse für das Verständnis der Melancholie gegeben haben. Zum Teil waren diese Texte bereits greifbar – wenn auch mitunter an sehr entlegener Stelle –, zum Teil gab es noch nicht einmal deutsche Übersetzungen von ihnen: der entscheidende Text Marsilio Ficinos, der die Melancholie als erster und dauerhaft für die Neuzeit wieder aufwertete und mit dem Geniebegriff verband; Timothy Brights *Treatise of Melancholy*, der maßgeblich Robert Burtons berühmte *Anatomy of Melancholy* beeinflußt hat; Diderots Artikel ›Mélancolie‹ aus der *Encyclopédie;* schließlich ein zentraler Aufsatz Jean Starobinskis über Robert Burton. Zum anderen sollten die Texte repräsentativ für das Melancholieverständnis ihrer Zeit sein und, drittens, nicht isoliert nebeneinanderstehen, sondern nach Möglichkeit miteinander kommunizieren oder sich sogar gegenseitig kommentieren.

Wenn also Hippokrates über Demokrit berichtet, Robert Burton – alias Democritus junior – Hippokrates zitiert und Jean Starobinski schließlich über Burton schreibt, wenn Walter Benjamin sich über Abû Ma'sar und Marsilio Ficino äußert und Susan Sontag wiederum Benjamin als Melancholiker porträtiert, dann ergibt sich daraus ein intensives Gespräch über die Jahrhunderte hinweg, und es wird erkennbar, welche Veränderungen das Verständnis der Melancholie, welche Anverwandlungen an die jeweiligen Zeitläufte der Melancholiebegriff, oft unter Berufung auf seine Geschichte, erfahren haben. Dennoch seien, ohne die Texte bevormunden und ihrem »Gespräch« vorgreifen zu wollen, an dieser Stelle einige knappe Stichpunkte zur Einordnung erlaubt.

In der Antike wurden zwei Grundsteine für den Melancholiebegriff gelegt, die, wenn auch modifiziert, noch immer unser Verständnis der Melancholie stützen. In seinem *Problem XXX, 1* verknüpfte *Pseudo-Aristoteles* (d.i. vermutlich Theophrast, 372-287 v. Chr.) die Melancholie mit dem Geniegedanken, indem er fragte, warum alle großen Männer, ob Philosophen, Staatsmänner, Dichter oder Künstler, Melancholiker gewesen seien.

Der große Arzt Galen (ca. 129-199 n. Chr.) machte dann die Melancholie zum Bestandteil seiner Systematisierung der Humoralpathologie, ebenfalls ein Schritt von enormer und langfristiger Wirkkraft. Seiner Theorie zufolge entsprachen den vier Körpersäften Blut, Schleim, gelbe und schwarze Galle die vier Elemente Luft, Wasser, Feuer und Erde und deren jeweilige Eigenschaften warm und feucht, kalt und feucht, warm und trocken sowie kalt und trocken. Im gesunden Zustand hielten sich die Körpersäfte die Waage. Da diese Ausgewogenheit praktisch aber kaum existierte und in der Regel ein Saft und dessen Eigenschaften überwogen, teilte man die Menschen, gemäß dem jeweils vorherrschenden Saft, in verschiedene Typen – Sanguiniker, Phlegmatiker, Choleriker und Melancholiker – ein. Da von Galen eine gesonderte Behandlung der Melancholie nicht (mehr) existiert, spiegeln drei arabische Texte seine Theorie und ihre Vermittlung in die Neuzeit – Texte von *Abû Ma'sar*, *Ishaq Ibn 'Imran* und aus der *Enzyklopädie der Lauteren Brüder* aus dem 9. und 10. Jahrhundert, ohne die die Melancholie nie zu der Bedeutung gefunden hätte, die sie in der Renaissance besaß und bis heute behalten hat.

Das gesamte Mittelalter hindurch war die Melancholie negativ konnotiert und galt als sündhaft; die Kinder des Saturn, also jenes Planeten, in dessen Zeichen die Melancholie steht, waren der Abschaum der Gesellschaft, Krüppel, Bettler, Verbrecher und Gehenkte. Erst mit der Schrift *De vita libri tres* (1489) des florentinischen Neuplatonikers *Marsilio Ficino* (1433-1499), selbst im Zeichen des Saturn geboren, wurde die Melancholie wieder zu einer Auszeichnung wie schon bei Pseudo-Aristoteles, zu einer Eigenschaft der großen Gelehrten und Genies.

Timothy Brights (1550-1619) gelehrter Traktat über die Melancholie von 1586 faßte knapp hundert Jahre später alles verfügbare medizinische Wissen über die Melancholie zusammen und war von zentraler Bedeutung für die große Mode der elisabethanischen Melancholie, der »Keimzelle« der berühmten englischen Krankheit und des »Spleen«, der seinen Namen dem griechischen Begriff für den Sitz der Melancholie, nämlich der Milz (*splen*), verdankt. So sehr die melancholische Geisteshaltung im England des 16. und 17. Jahrhunderts gepflegt wurde, so gerne ironisierte man sie in den beliebten *character writings*, wofür die Charakterskizze von *John Earle* (ca. 1601-1665), die alle »typischen« Eigenschaften des Melancholikers aufführt, ein besonders gelungenes Beispiel ist.

Den Höhepunkt in der englischen Beschäftigung mit der Melancholie bildet *Robert Burtons* enzyklopädische *Anatomy of Melancholy* (1621); Burton (1577-1640) kannte alles, was vor ihm über die Melancholie geschrieben worden war, und er kommuniziert förmlich mit seinen Vorgängern. Mit der ihm eigenen Souveränität konstatiert er, Johannes Wecker zitierend, daß man nichts sagen könne, was nicht schon gesagt worden sei, deshalb beweise sich der Gelehrte allein in der methodischen Anordnung seines Materials.

Oft wird übersehen, daß auch Frauen unter der Melancholie litten, und tatsächlich gibt es nur wenige schriftliche Quellen, in denen Frauen sich über ihre Melancholie äußern. Zwei besonders eindrückliche Beispiele (bezeichnenderweise zwei sehr persönlichen Textgenres, nämlich Briefen und Memoiren entstammend) sind aus dem späten 17. Jahrhundert überliefert. *Liselotte von der Pfalz* (1652-1722), die sich nie ans Leben am französischen Hof gewöhnen konnte, hat in einer Vielzahl von Briefen Zeugnis von ihren melancholischen Anfechtungen abgelegt; diese Briefe zeigen, daß sie auch über die zeitgenössischen medizinischen Theorien zur Melancholie im Bilde war. *Glückel von Hameln* (1646/47–1724), die jüdische Hamburger Kauffrau, schrieb erklärtermaßen ihre Memoiren nieder, um sich nachts von ihren melancholischen Gedanken nach dem Tod ihres Ehemannes abzulenken. Die Zeugnisse beider Frauen sprechen offen und unverblümt von sehr persönlichen Erfahrungen – vielleicht ein ganz spezifisches Merkmal weiblicher Melancholie, falls es so etwas gibt.

Das gesamte Wissen der Aufklärung über die Melancholie findet sich anschaulich verdichtet im Artikel ›Mélancolie‹

aus der *Encyclopédie.* Die »Präambel« dieses Artikels stammt aus der Feder *Diderots* (1713-1784) und sagt Grundsätzliches über die Melancholie, die folgenden Abschnitte versuchen vor allem, das Phänomen von seiner religiösen Seite und aus medizinischer Perspektive zu erfassen. Ebenfalls aus medizinischer Sicht, aber im Ton deutlich persönlicher gehalten und mit vielen Fallbeispielen versehen, befaßt sich der Arzt *Johann Georg Zimmermann* (1728-1795) im zweiten Teil seines vierbändigen Werkes *Über die Einsamkeit* (1784f.) mit der Melancholie.

Mit Beginn des 19. Jahrhunderts nimmt der Gebrauch des Wortes »Melancholie« auffallend ab. Jean Starobinski hat im Hinblick auf Baudelaire festgestellt, der Begriff habe »Verschleiß« erlitten; am Lebensgefühl scheint das wenig geändert zu haben. *Giacomo Leopardi* (1798-1837) liefert in seinem *Gedankenbuch* eine zwar zersplitterte, aber dennoch ausgefeilte Philosophie des Unglücks und der Ernüchterung, und *Sören Kierkegaard* (1813-1855) kürt, nachdem er eine ganze Typologie des Unglücks entworfen hat, schließlich denjenigen zum Unglücklichsten, der »in seinem Erinnern verwirrt« sei »von der Hoffnung Licht, in seinem Hoffen von der Erinnerung Schatten«.

Nicht fehlen darf in einer Anthologie über die Melancholie die grundlegende psychoanalytische Auseinandersetzung damit: *Sigmund Freuds* Abhandlung ›Trauer und Melancholie‹ aus dem Jahre 1917. Bei Freud (1856-1939) entspricht die Melancholie bereits in vielen Zügen dem, was wir heute »endogene Depression« nennen; ein Zustand, der sich durch das Umschlagen ins Manische auszeichnet. Vieles, was Freud über das Verhältnis von Trauer und Melancholie zu sagen hat, weist jedoch weit über diese engere Symptomatik hinaus.

Je weiter man ins 20. Jahrhundert vordringt, desto mehr werden die Reflexionen über die Melancholie auch zu expliziten Auseinandersetzungen mit der Geschichte des Melancholiegedankens. Hier wird das Gespräch vielstimmig: *Walter*

Benjamin (1892-1940) betrachtet die Melancholie im Hinblick auf das barocke Trauerspiel, entwickelt sie aber auch historisch; *Susan Sontag* (geb. 1933) charakterisiert Benjamin in ihrem Essay ›Im Zeichen des Saturn‹ als Saturniker und stellt fest, man könne Benjamins Hauptwerke nur wirklich verstehen, wenn man begreife, wie weitgehend sie auf einer Theorie der Melancholie beruhten.

Jean Starobinskis Aufsatz ›Demokrit spricht‹, in dem Starobinski (geb. 1920) sich zum einen mit dem Brief des Hippokrates über seinen Besuch bei Demokrit und zum anderen mit der in Burtons Vorrede an den Leser entworfenen Utopie befaßt, nimmt ebenfalls Gesprächsfäden wieder auf. Starobinski hat sich immer wieder mit der Melancholie beschäftigt, von seiner Dissertation über die Geschichte der Melancholiebehandlung (1960) über seine Aufsätze, etwa zu Charles d'Orléans, E.T.A. Hoffmann und Kierkegaard, bis hin zu seinen Baudelaire-Studien. Seit Jahren spricht Starobinski von einem großen Buch über die Melancholie, das einstmals – wenn sie es denn zuläßt – unter dem Titel ›L'encre de la mélancolie‹ erscheinen soll.

Oliver Vogel (geb. 1966) schließlich diagnostiziert für unsere Zeit eine Melancholie des Schweigens, die ihr Heil sucht in der Diskretion des berührungslosen Nebeneinanderlebens und der mühsamen Ersatzkonstruktion von Geschichte. Vielleicht entspricht diesem melancholisch-kritischen Blick am Ende eines Jahrhunderts der Zerstörung die Haltung des »Denkers« auf Jeff Walls gleichnamiger Fotografie: der letzten Variation des von Dürer vorgegebenen Themas der Melancholia in einer merkwürdigen Überblendung mit Dürers Entwurf einer »Gedächtnissäule für den Bauernkrieg«. Der Melancholiker blickt hinab in eine Ebene, in der sich die parallelen Stränge der Geleise und Güterwaggons erstrecken, im Vordergrund ragen die Weizen-, im Hintergrund die Wohnsilos auf. Im Rücken des Melancholikers aber steckt ein Schwert.

Peter Sillem

Albrecht Dürer, Melencolia I (1514)

Hippokrates bei Demokrit

Eine Begegnung, nacherzählt von Robert Burton

Als Hippokrates nun in Abdera angekommen war, sammelten sich die Leute um ihn, von denen einige weinten, andere ihn anflehten, sein Bestes zu tun. Nach einer kurzen Rast suchte er Demokrit auf, wobei ihm die Menschen folgten, und fand ihn allein in seinem Garten vor der Stadt, auf einem Stein unter einer Platane sitzend, ohne Strümpfe und Schuhe, ein Buch auf den Knien und damit beschäftigt, verschiedene Tiere zu sezieren und seinen Studien nachzugehen. Die Menge versammelte sich im Kreis, um das Treffen der beiden zu beobachten. Hippokrates begrüßte Demokrit nach einer kurzen Pause und sprach ihn mit seinem Namen an, worauf Demokrit den Gruß erwiderte, etwas beschämt, daß er den Namen seines Gegenübers nicht zu nennen oder zu erinnern wußte. Hippokrates fragte ihn, womit er beschäftigt sei. Und Demokrit antwortete, er sei dabei, verschiedene Tiere zu zerlegen, um die Ursache der Verrücktheit und Melancholie zu entdecken. Hippokrates lobte sein Unternehmen und bewunderte sein Glück und seine Muße. Und warum, gab Demokrit zurück, besitzt du diese Muße nicht? Weil mich, so Hippokrates' Antwort, private Verpflichtungen daran hindern, denen ich um meinet- und der Nachbarn und Freunde willen nachkommen muß: Aufwendungen, Krankheiten, Gebrechen und Sterbefälle, Familienangelegenheiten und die Dienerschaft, das alles beraubt uns unserer Zeit. Bei diesen Worten brach Demokrit in nicht enden wollendes Gelächter aus, während seinen Freunden und den Umstehenden die Tränen kamen und sie seine Geisteskrankheit beklagten. Hippokrates wollte von ihm wissen, weshalb er lache. Demokrit verwies auf die Eitelkeiten und die Ziererei seiner Zeitgenossen, die sich allen tugendhaften Handelns entschlagen hätten, endlos nach Gold jagten, sich grenzenlos ihren Leidenschaften überließen, unendliche Mühen nicht scheuten, um ein bißchen Ruhm und Gunst zu erhaschen, auf der Suche nach Gold tiefe Stollen in die Erde trieben und darüber oftmals ihr Leben und ihr Vermögen verlören. Einige liebten Hunde, andere Pferde, wieder andere wollten, daß ihnen viele Provinzen gehorchten, und kannten doch selbst keinen Gehorsam. Einige liebten ihre Frauen zuerst zärtlich, nur um sie später zu verlassen und zu hassen, oder zeugten Kinder, die sie mit viel Sorgfalt und hohen Kosten aufzögen, aber kaum, daß sie volljährig geworden seien, verachteten, vernachlässigten und mittellos dem Mitleid der Umwelt überließen. Sind diese Verhaltensweisen nicht Zeichen unerträglicher Torheit? Wenn Menschen in Frieden leben, gelüstet es sie nach Krieg, sie verachten die Ruhe, setzen Könige ab und andere an ihrer Stelle ein und ermorden Männer, um mit deren Frauen Kinder zu zeugen. Wie viele sonderbare Launen hausen in den Menschen? Wenn sie arm sind und bedürftig, suchen sie Reichtümer, und wenn sie sie besitzen, genießen sie sie nicht, sondern verbergen sie unterirdisch oder vergeuden sie sonstwie. O weiser Hippokrates, über ein derartiges Verhalten muß ich lachen, und das um so mehr, wenn es kein gutes Ende nimmt oder etwas so Widersinniges bezweckt. Unter den Menschen gibt es weder Wahrheit noch Gerechtigkeit, denn täglich zieht der eine gegen den anderen zu Felde, der Sohn gegen den Vater und die Mutter, Bruder gegen Bruder, Verwandte und Freunde gegen ihresgleichen, und alles das um Reichtümer willen, die niemand nach seinem Tode weiter besitzen kann. Trotzdem schneiden sie sich die Ehre ab und bringen sich gegenseitig ums Leben, begehen alle möglichen Gesetzesverstöße und verachten Gott und die Menschen, Freunde und Vaterland. Von leblosen Dingen machen sie viel Aufhebens und halten Statuen, Bilder und andere bewegliche Habe für einen wichtigen Teil ihrer Schätze. Vieles davon ist teuer bezahlt, und manches Kunstwerk mit solchem Geschick angefertigt, daß nur noch die Sprache zu fehlen scheint, und doch lassen sich ihre Besitzer nur höchst ungern von Menschen aus Fleisch und Blut ansprechen. Andere verkomplizieren ihr Leben nach Kräften; wenn sie auf dem Festland wohnen, ziehen sie auf eine Insel und von dort wieder zurück und so weiter, so flatterhaft sind ihre Wünsche. Sie loben Tapferkeit und Kampfesstärke und lassen sich doch selbst von Lust und Geiz besiegen; kurz, ihr Geist ist nicht weniger in Unordnung, als es der Körper des Thersites war. Und also scheint mir, ehrwürdiger Hippokrates, du solltest angesichts so vieler menschlicher Narreteien mein Lachen nicht tadeln; denn niemand macht sich über seine eigene Torheit lustig, sondern nur über die seines Nachbarn, und also verspotten sie sich gerechterweise gegenseitig. Der Trunkenbold nennt den Vielfraß, von dem er weiß, daß er nüchtern ist. Viele lieben das Meer, andere die Landwirtschaft, kurz, nicht einmal, was ihren eigenen Handel und Wandel angeht, sind sie sich einig, geschweige denn in Wort und Tat.

Als Hippokrates so flüssig und ohne lange nachzudenken über die Eitelkeit der Welt und ihre lächerliche Widersprüchlichkeit reden hörte, antwortete er: Die Notwendigkeit zwingt die Menschen zu solchen Taten, und nach göttlichem Ratschluß gibt es die unterschiedlichsten Bestrebungen und Absichten, damit wir nicht untätig sind, denn nichts ist den Menschen abträglicher als Faulheit und Schlendrian. Außerdem ist das menschliche Geschick so unberechenbar, daß man zukünftige Ereignisse nicht vorhersehen kann. Ließen sich die Gründe der späteren Abneigung und Trennung vorhersagen, würde niemand heiraten; Eltern würden nicht so rührend für ihre Kinder sorgen, wüßten sie die Stunde ihres Todes, ein Landmann säen, wenn er nicht auf reiche Ernte hoffte, ein Kaufmann sich aufs Meer hinauswagen, ahnte er den Schiffbruch voraus, ein Magistrat sich nicht wählen lassen, wüßte er von seiner baldigen Absetzung. Werter Demokrit, jeder hofft nun einmal auf das Beste, und zu diesem Zweck handelt er, ohne sich aus diesem Grund lächerlich zu machen.

Als Demokrit diese armselige Entschuldigung hörte, lachte er wieder laut auf, weil er erkannte, daß ihn Hippokrates mißverstanden hatte und nicht richtig nachvollziehen konnte, was er über die Geistesverwirrung und die Geistesruhe ausgeführt hatte. Wenn die Menschen mit Umsicht und Weitblick handeln würden, würden sie sich nicht wie jetzt zu Narren machen, und er hätte keinen Grund, sie zu verlachen. Aber, so sagte er, sie haben keinen Verstand und blasen sich in diesem Leben auf, als wären sie unsterbliche Halbgötter. Wenn sie nur die Unbeständigkeit der Welt bedächten und wie sie sich ohne alle Festigkeit und Sicherheit herumwälzt, wäre das ausreichend, um sie klug werden zu lassen. Der, der jetzt obenauf ist, liegt morgen am Boden, der heute auf dieser Seite sitzt, sieht sich morgen auf jene geschleudert, aber unbedacht, wie sie sind, stürzen sie sich in Unannehmlichkeiten und Schwierigkeiten, begehren und dürsten nach nutzlosem Zeug und manövrieren sich blindlings ins Elend. Wenn sie nicht mehr in Angriff nähmen, als ihnen zuträglich ist, würden sie zufrieden leben, und die Selbsterkenntnis würde ihrem Ehrgeiz Zügel anlegen. Sie würden bemerken, daß die Natur genug gewährt, wenn man nichts Überflüssiges und Wertloses begehrt, was ohnehin nur Kummer und Belästigungen mit sich bringt. Wie ein fetter Körper anfälliger für Krankheiten ist, so die Reichen für Albernheiten und törichtes Zeug, das manches Opfer fordert, manchen Verdruß bereitet. Viele achten nicht darauf, was anderen durch schlechten Lebenswandel zustößt, und stürzen durch eigene Schuld auf dieselbe Weise, ohne die handgreiflichen Gefahren vorauszusehen. Dies sind arge Verrücktheiten, sagte er, die mich lachen machen, denn jetzt bezahlt ihr den Preis eurer Gottlosigkeit, eures Geizes, Neides, der Bosheit, der ungeheuerlichen Schurkereien, des Aufbegehrens, der unstillbaren Wünsche und heillosen Laster, ganz abgesehen von der Heuchelei und

Verstellung, dem tödlichen Haß, mit dem ihr euch begegnet, während ihr gute Miene zum bösen Spiel macht, dem Schwelgen in schmutzigen Lüsten, der Übertretung aller Gesetze der Natur und des Anstands. Auf manches, was sie aufgegeben haben, sei es Landwirtschaft oder Seefahrt, werfen sie sich nach einiger Zeit von neuem, nur um davon, wankelmütig und unbeständig wie sie sind, wieder abzulassen. Wenn sie jung sind, möchten sie alt sein und umgekehrt. Fürsten loben die Zurückgezogenheit, den Privatmann gelüstet es nach öffentlichen Ehren. Der Magistratsherr empfiehlt ein ruhiges Leben, der, der ruhig lebt, begehrt sein Amt und die damit verbundene Macht. Und was ist der Grund all dieser Verwirrung: die fehlende Selbsterkenntnis. Einige finden Vergnügen am Zerstören, andere am Aufbauen und wieder andere daran, ein Land auszuplündern, um ein anderes und sich selbst zu bereichern. In all diesen Dingen benehmen sie sich wie Kinder, die ohne Überlegung und Einsicht sind, und gleichen den Tieren mit Ausnahme der Tatsache, daß die Tiere besser sind als sie, weil sie sich an dem, was die Natur gewährt, Genüge sein lassen. Hat man jemals einen Löwen gesehen, der Gold vergräbt, oder einen Stier, der um eine bessere Weide kämpft? Wenn ein Eber durstig ist, trinkt er, soviel er braucht, nicht mehr; und wenn sein Magen voll ist, hört er auf zu fressen. Nur wir Menschen sind maßlos in beidem wie auch in der Sinnenlust, denn während die Tiere nur zu gewissen Zeiten in Brunst sind, suchen wir uns ständig zu paaren und ruinieren so unsere körperliche Gesundheit. Und verdient der verliebte Narr etwa nicht ausgelacht zu werden, der sich nach einem Weibsbild verzehrt, einer ungestalten und ungewaschenen Schlampe hinterhergreint und heult, obwohl er zwischen den schönsten Frauen wählen könnte? Gibt es dagegen in der Medizin ein Mittel? Ich seziere und zerlege diese armen Tiere, um die Ursache solcher geistigen Störungen, Eitelkeiten und Torheiten herauszupräparieren, obwohl ich, wenn meine empfindsame Natur das zuließe, besser menschliches Anschauungsmaterial benutzen sollte.

Von der Stunde seiner Geburt an ist der Mensch elend, schwach und kränklich; während er noch an der Brust hängt, wird er von anderen angeleitet, wenn er erwachsen und kräftig ist, übt er sich im Unglückzufügen, und im Alter wird er wieder zum Kind und bereut sein vergangenes Leben. An dieser Stelle wurde Demokrit von jemandem unterbrochen, der ihm Bücher brachte, und dann bekräftigte er seine Ansicht von neuem, daß alle verrückt, unbedacht und dumm seien. Um das, was ich ausgeführt habe, zu belegen, braucht man sich nur die Gerichte und die Privatsphäre anzusehen. Richter urteilen zu ihrem eigenen Vorteil und fügen den Armen schreiendes Unrecht zu, um sich bei anderen beliebt zu machen. Anwälte ändern Urteile und lassen gegen Bestechung wichtige Urkunden unauffindbar werden. Einige sind Falschmünzer, andere manipulieren Gewichte. Einige verunglimpfen ihre eigenen Eltern oder stürzen ihre leiblichen Schwestern ins Verderben, andere fertigen lange Klage- und Schmähschriften an, bringen anständige Menschen um ihren guten Ruf und rühmen die Unzüchtigen und Lasterhaften über den grünen Klee. Einige berauben diesen Klienten, andere jenen; Richter machen Gesetze gegen Diebe und sind doch selbst die größten Langfinger. Manche bringen sich um, andere verzweifeln, wenn sie nicht ans Ziel ihrer Wünsche gelangen können. Andere tanzen, singen, lachen, feiern Feste und Gelage, während ihre Nächsten seufzen, schmachten, wehklagen, weil sie weder zu essen oder zu trinken haben noch Kleidung besitzen. Etliche schmücken ihre Körper, und ihre Gedanken kreisen um die abscheulichsten Laster. Wieder andere lungern herum, um falsch Zeugnis abzulegen, und sind für Geld zu jeder Aussage bereit. Obwohl die Richter davon wissen, drücken sie, bestechlich wie sie sind, beide Augen zu und dulden, daß falsche Verträge über die Gerechtigkeit siegen. Frauen verbringen den ganzen Tag damit, sich herauszuputzen, um in der Öffentlichkeit anderen Männern den Kopf zu verdrehen, laufen aber zu Hause wie Schlampen herum, ohne sich für ihre Ehemänner, denen sie gefallen sollten, im mindesten herzurichten. Wenn ich solche Unbeständigkeit, Unvernunft und Maßlosigkeit sehe, kann ich gar nicht anders, als über diejenigen zu lachen, die sich in ihrer Torheit weise dünken, ihre Geistesverwirrung nicht bemerken und also auch nicht von ihr geheilt werden wollen.

Es wurde spät, und Hippokrates verabschiedete sich. Kaum hatte er Demokrit verlassen, sammelten sich die Städter um ihn, um zu erfahren, was er von dem Fall halte. Hippokrates antwortete ihnen knapp, daß die Welt trotz gewisser Nachlässigkeiten in Kleidung, Körperpflege und Ernährung keinen weiseren, klügeren, ehrenhafteren Menschen besitze als Demokrit und daß die sehr im Irrtum seien, die ihn als verrückt bezeichneten.

Pseudo-Aristoteles

Problem XXX, 1

Warum sind alle hervorragenden Männer, ob Philosophen, Staatsmänner, Dichter oder Künstler, offenbar Melancholiker gewesen? Und zwar einige in solchem Maße, daß sie sogar unter den von der schwarzen Galle verursachten krankhaften Anfällen litten, wie in der Heroensage von Herakles berichtet wird. Denn dieser scheint eine solche Naturanlage besessen zu haben, weshalb auch die Alten die Anfälle der Epileptiker nach ihm die »heilige Krankheit« nannten. Sowohl die Wahnsinnstat gegen seine Kinder als auch das Aufbrechen seiner Wunden vor der Entrückung auf dem Öta macht dies deutlich – denn solches wird bei vielen durch die schwarze Galle bewirkt: ebendies geschah auch mit den Wunden des Lysander von Sparta vor seinem Tode. Ferner die Geschichten von Ajax und Bellerophon, von denen der eine völlig wahnsinnig wurde, der andere in die Einsamkeit floh, weshalb auch Homer über ihn folgendermaßen gedichtet hat:

»Aber nachdem auch jener verhaßt war allen Göttern,
Irrt' er umher, einsam, durch die Aleïsche Flur,
Sein Herz in Kummer verzehrend, der Menschen Pfade vermeidend.«

Auch viele andere unter den Heroen litten offenbar in derselben Weise wie diese. Unter den Späteren waren es Empedokles, Platon und Sokrates und zahlreiche andere berühmte Männer, sowie auch die meisten Dichter. Viele von ihnen werden von Erkrankungen befallen infolge einer derartigen Mischung in ihrem Körper, bei andern zeigt die Naturanlage eine deutliche Neigung zu diesen Leiden. Alle aber, um es knapp zu sagen, sind also, wie bereits erwähnt, von Natur aus so beschaffen.

Wir müssen nun die Ursache hiervon herausfinden, indem wir uns zunächst eines Vergleiches bedienen. Wein in großer Men-ge genossen versetzt offensichtlich Menschen in solche Zu-stände, wie wir sie bei den Melancholikern finden, und ruft bei den Trinkenden die verschiedensten Charakterzüge hervor, indem er sie zum Beispiel jähzornig, menschenfreundlich, rührselig oder draufgängerisch macht; doch weder Honig noch Milch, noch Wasser, noch etwas anderes dieser Art hat eine solche Wirkung.

Daß der Wein bei den Menschen die verschiedensten Charakterzüge hervorbringt, kann man auch sehen, wenn man beobachtet, wie er die Trinkenden allmählich verändert: diejenigen, welche am Anfang, in nüchternem Zustand, kühl und schweigsam waren, macht er, wenn sie nur ein wenig zuviel getrunken haben, geschwätziger; trinken sie noch ein wenig mehr, macht er sie großsprecherisch und übermütig und, wenn sie fortfahren, draufgängerisch. Trinken sie noch mehr, so macht er sie frevelhaft und schließlich rasend. Ein allzu großes Übermaß jedoch erschöpft sie und macht sie stumpfsinnig wie jene, die von Kindheit an Epileptiker waren oder deren Zustand an extreme Melancholie grenzt.

Wie nun der einzelne Mensch seinen Charakter ändert beim Trinken, je nach der Menge des Weines, die er zu sich genommen hat, so gibt es – entsprechend jeder solchen temporären Verhaltensweise – gewisse Menschentypen, die sie verkörpern. Denn so wie der eine in diesem Augenblick der Trunkenheit ist, so ist ein anderer von Natur: der eine geschwätzig, der andere erregbar, der dritte stets den Tränen nahe – denn auch in diesen Zustand bringt der Wein den Menschen, weshalb es auch bei Homer heißt:

»Und sie sagt, daß ich in Tränen schwimme, weil mir der Sinn vom Wein beschwert ist.«

Manchmal werden sie auch rührselig oder grausam oder stumm (denn einige versinken in völliges Schweigen, und zwar besonders Melancholiker, die zu Verzückungen neigen). Der Wein macht Menschen aber auch zärtlichkeitsbedürftig; ein Zeichen dafür ist, daß ein Trinkender sich hinreißen läßt, Leute zu küssen, die wegen ihres Aussehens oder ihres Alters wohl kein Nüchterner liebkosen würde. Wein bringt nun die Menschen in einen außergewöhnlichen Zustand, nicht für lange Zeit, sondern nur kurz, die Naturanlage aber für immer, auf Lebenszeit, denn die einen sind tollkühn, andere schweigsam, andere mitleidig, wieder andere feige, von Natur. Daher ist es offenbar dieselbe Ursache, durch die der Wein und die Naturanlage des einzelnen den Charakter bestimmen: alle Prozesse werden nämlich durch Wärme reguliert.

Nun ist sowohl der Saft der schwarzen Galle als auch das Temperament lufthaltig. Daher rechnen auch die Ärzte Blähungsbeschwerden sowie Unterleibsleiden zu den melancholischen Krankheiten. Auch Wein hat eine lufterzeugende Kraft, und somit sind der Wein und das Temperament einander von Natur ähnlich. Daß Wein lufthaltig ist, zeigt sein Schaum. Öl erzeugt nämlich keinen Schaum, selbst wenn es warm ist, Wein jedoch sehr viel, und zwar der dunkle mehr als der helle, weil er wärmer und konzentrierter ist.

Aus diesem Grunde erregt Wein Liebesverlangen in den Menschen, und mit Recht sagt man, daß Dionysos und Aphrodite zusammengehören; auch sind die meisten Melancholiker wollüstig. Der Geschlechtsakt ist nämlich mit der Erzeugung von Luft verbunden. Ein Zeichen dafür ist, daß das männliche Glied aus einem kleinen Umfang schnell anwächst, weil es aufgebläht wird. Noch bevor sie Samen auswerfen können, haben Knaben, die kurz vor der Pubertät stehen, ein gewisses Lustempfinden, wenn sie in unbeherrschter Weise ihr Glied reiben. Das hat offenbar seinen Grund darin, daß die Luft durch die Poren entweicht, durch die sich später die Flüssigkeit ergießt. Die Ergießung des Samens beim Geschlechtsverkehr und sein

Herausschleudern wird offenbar bewirkt durch das Nachstoßen der Luft. Daraus ergibt sich, daß diejenigen Speisen und Getränke den Geschlechtstrieb anregen, welche die Gegend um die Geschlechtsorgane mit Luft anfüllen. Daher bringt auch der dunkle Wein die Menschen in dieselbe Verfassung, in der sich die Melancholiker befinden. Daß diese Luft enthalten, wird an einigen Symptomen deutlich: die meisten Melancholiker sind nämlich mager und haben hervortretende Adern; die Ursache dafür ist aber nicht die Menge des Blutes, sondern die der Luft. Warum aber nicht alle Melancholiker mager sind und nicht alle dunkel sind, sondern nur die, welche besonders schlechte Säfte in sich tragen, das gehört in eine andere Untersuchung.

Doch um zu unserem ursprünglichen Thema zurückzukehren: daß dieser melancholische Saft in der Naturanlage von Anfang an gemischt ist (denn er ist eine Mischung aus Warm und Kalt; aus diesen beiden besteht seine Natur). Deswegen kann die schwarze Galle sowohl sehr heiß als auch sehr kalt werden, denn ein und dasselbe kann von Natur beide Zustände annehmen, wie auch Wasser, das an sich kalt ist, dennoch, wenn es genügend erwärmt wird, zum Beispiel wenn es kocht, wärmer ist als die Flamme selbst. Auch Stein und Eisen können, wenn sie durchglüht sind, wärmer werden als die Kohle, obwohl sie von Natur kalt sind. Genauer ist dies in der Abhandlung über das Feuer dargelegt.

So kann auch die schwarze Galle – die von Natur aus, und nicht nur oberflächlich betrachtet, kalt ist –, wenn sie sich in dem beschriebenen Zustand befindet, d. h., wenn sie im Körper das rechte Maß überschreitet, Schlagflüsse, Lähmungen, Depressionen oder Angstzustände hervorrufen. Wird sie aber übermäßig erwärmt, bewirkt sie übersteigerte Hochgefühle und Sangesfreude, Ekstasen, Aufbrechen von Wunden und anderes dergleichen. Bei den meisten Menschen bewirkt die durch die tägliche Nahrung entstehende Galle keine Veränderung des Charakters, sondern ruft nur im Körper einen entsprechenden schwarzgalligen Krankheitsanfall hervor. Unter denjenigen aber, die von Natur ein solches Temperament besitzen, zeigt sich sogleich große Mannigfaltigkeit von Charakteren, verschieden je nach der Art der Mischung. So sind zum Beispiel diejenigen, bei denen kalte Galle in großer Menge vorhanden ist, schlaff und stumpfsinnig, diejenigen aber, die übermäßig viel warme Galle besitzen, sind geneigt, in Verzückung zu geraten, oder sie sind von Natur besonders talentiert oder stark erotisch veranlagt oder leicht zu Zorn oder Begierde zu erregen; einige wiederum werden schwatzhafter. Viele aber werden auch, weil diese Wärme nahe dem Sitz des Verstandes ist, von krankhaften Anfällen der Raserei und der Verzückung ergriffen; so entstehen die Sibyllen, die Wahrsager und alle Gottbegeisterten, soweit sie nicht durch Krankheit, sondern durch ihr physisches Temperament so geworden sind. – Marakos von Syrakus war immer dann ein besserer Dichter, wenn er in Ekstase war. – Diejenigen jedoch, bei denen die übermäßige Wärme auf ein Mittelmaß abgeschwächt ist, die sind dann zwar Melancholiker, aber besonnener und weniger exzentrisch, in vieler Hinsicht anderen überlegen, sei es durch geistige Bildung, sei es durch künstlerische Begabung, sei es durch staatsmännische Fähigkeit.

Auch zeitigt eine solche Anlage große Unterschiede im Verhalten angesichts von Gefahren, indem viele dieser Menschen in bezug auf ihre Reaktion in furchterregenden Situationen unberechenbar sind. Denn je nachdem ihr körperlicher Zustand jeweils auf ihr Temperament abgestimmt ist, benehmen sie sich bald so, bald anders. Wie die schwarzgallige Mischung in Krankheiten die verschiedensten Symptome verursacht, so kann sie auch selbst die verschiedensten Erscheinungsformen annehmen, denn wie Wasser ist sie manchmal kalt, manchmal warm.

Wenn daher etwas Furchterregendes gemeldet wird und die Mischung zufällig gerade ziemlich kalt ist, dann macht sie den Menschen feige, denn sie hat der Furcht den Weg freigemacht, und Furcht macht kalt. – Das beweisen die Schreckhaften, denn sie zittern. – Ist die Mischung aber eher warm, dann hat die Furcht den Menschen auf eine gemäßigte Temperatur gebracht, und er ist seiner selbst Herr und affektlos.

Ähnlich verhält es sich mit den alltäglichen Depressionen, denn wir sind ja oft in einer traurigen Stimmung, aber ›warum‹, das können wir nicht sagen. Ein anderes Mal sind wir wohlgemut ohne ersichtlichen Grund. In geringem Maße sind alle diesen und den vorher erwähnten Stimmungen ausgesetzt, denn allen ist etwas von dieser Veranlagung beigemischt. Wenn aber diese Veranlagung in die Tiefe geht, prägt sie den Charakter. Denn wie sich die Menschen ihrem Aussehen nach nicht dadurch voneinander unterscheiden, daß sie ein Gesicht haben, sondern dadurch, daß sie ein so oder so beschaffenes Gesicht haben, die einen ein schönes, andere ein häßliches, noch andere ein in keiner Weise außergewöhnliches – die durchschnittlichen Naturen –, so halten auch diejenigen, welche nur ein wenig von einem solchen Temperament haben, die Mitte ein, die aber viel davon besitzen, unterscheiden sich bereits von der Mehrzahl der Menschen. Wenn nämlich ihre melancholische Mischung sehr gesättigt ist, sind sie zu melancholisch, wenn sie aber einigermaßen gemischt ist, sind sie hervorragende Menschen. Wenn sie sich nicht in acht nehmen, neigen sie jedoch zu den melancholischen Krankheiten, die einen an diesem, die anderen an jenem Teil des Körpers: Bei den einen zeigt es sich durch Epilepsie, bei anderen durch Neigung zu Schlagflüssen, bei anderen durch starke Depressionen oder Angstvorstellungen, bei wieder anderen durch Tollkühnheit, wie es bei Archelaos, dem König von Mazedonien, der Fall war.

Der Grund aber für eine solche Veranlagung ist die Mischung in ihrem Verhältnis zu Kälte und Wärme. Wenn sie nämlich über das rechte Maß abgekühlt ist, bewirkt sie grundlose Depressionen. Daher kommt Selbstmord durch Erhängen am meisten bei jungen Menschen vor; bisweilen aber auch bei älteren. Viele bringen sich auch nach dem Rausch um. Einige

Melancholiker verfallen nach dem Trinken in Depressionen; die Wärme des Weines bringt nämlich die natürliche Wärme zum Erlöschen. Wärme in der Region des Körpers, in der wir denken und hoffen, macht uns wohlgemut; deswegen sind auch alle Menschen geneigt, bis zur Berauschtheit zu trinken. Denn eine Menge Wein macht alle Menschen hoffnungsvoll, so wie Jugend die Kinder. Alter ist arm an Hoffnung, Jugend aber voller Hoffnung. Es gibt auch vereinzelte Fälle, in denen Menschen schon während des Trinkens von Depressionen ergriffen werden, aus dem gleichen Grund, aus dem dies bei einigen anderen nach dem Trinken geschieht. Diejenigen nun, bei denen Depressionen auftreten, wenn die Wärme in ihnen schwindet, neigen dazu, sich aufzuhängen. Daher kommt Selbstmord durch Hängen am meisten bei jungen, aber auch bei alten Leuten vor. Denn in dem einen Fall bringt das Alter die Wärme zum Schwinden, in dem andern ein Leiden, das auch etwas Physisches ist. Die meisten von denen, bei denen die Wärme plötzlich erlischt, begehen Selbstmord, zur allgemeinen Verwunderung, da sie vorher überhaupt kein Anzeichen für ein solches Vorhaben gegeben haben.

Wenn nun die schwarzgallige Mischung zu kalt wird, ruft sie, wie gesagt, verschiedenartige Depressionen hervor; wird sie aber wärmer, Heiterkeit. Daher sind auch die Kinder fröhlicher, die Greise aber mißgestimmter, denn die einen sind warm, die anderen aber kalt. Altern ist nämlich eine Art Abkühlung. Das plötzliche Erlöschen geschieht manchmal aber auch durch äußere Ursachen, wie Brennstoffe, die wider ihre Natur zum Erlöschen gebracht werden, wie zum Beispiel Kohle, wenn sie mit Wasser übergossen wird. Darum bringen sich auch einige nach dem Rausche um, denn die vom Wein verursachte Wärme ist von außen hinzugeführt, und wenn sie erlischt, tritt ein solcher Zustand ein. Auch werden nach dem Geschlechtsverkehr die meisten Menschen etwas mißgestimmt, diejenigen aber, die viel überflüssige Stoffe mit dem Samen ausstoßen, werden heiterer, denn sie fühlen die Erleichterung von den überschüssigen

Stoffen, sowie von überflüssiger Luft und Wärme. Jene andern aber werden oft mißgestimmter, denn sie erkalten nach dem Geschlechtsverkehr, weil von den notwendigen Stoffen ihnen etwas abhanden kommt, was sich daran zeigt, daß nicht viel Ausfluß stattgefunden hat.

Um es also noch einmal zusammenfassend zu sagen: Da die Wirkung der schwarzen Galle ungleichförmig ist, sind auch die Melancholiker nicht gleichförmig, denn die schwarze Galle kann sehr kalt und sehr warm sein. Da sie aber den Charakter bestimmt – denn das Warme und das Kalte in uns ist das, was am meisten unseren Charakter bestimmt –, bewirkt sie, wie der Wein, wenn er in größerer oder geringerer Menge unserem Körper zugeführt wird, daß unser Charakter eine bestimmte Beschaffenheit annimmt. Beides ist lufthaltig, sowohl Wein als auch die schwarze Galle. Da es möglich ist, daß die variable Mischung gut ausgewogen ist und sich in gewisser Weise günstig erweist, das heißt, daß sie, je nachdem es nötig ist, in einem wärmeren oder wiederum kälteren Zustand ist, oder umgekehrt, weil er zum Übermaß neigt, deshalb sind alle Melancholiker hervorragende Menschen, nicht durch Krankheit, sondern durch ihre Naturanlage.

Abû Ma'sar

Das Wesen des Saturn

Was Saturn betrifft, so ist seine Natur kalt, trocken, bitter, schwarz, dunkel, heftig, rauh. Manchmal ist sie auch kalt, feucht, schwer und stinkenden Windes. Er ißt viel und ist aufrichtig in der Freundschaft. Er weist hin auf Werke der Feuchtigkeit, des Ackerbaus und Landbaus und auf Besitzer von Landgütern, auf Arbeiten an Ländereien und Bauten an Wassern und Flüssen, auf das Abmessen von Dingen, auf das Teilen von Ländereien, auf Land und viel Vermögen und Landgüter mit ihrem Reichtum, auf Geiz und bittere Armut, auf Wohnsitze, auf Reisen zur See und langen Aufenthalt in der Fremde, auf weite schlimme Reisen, auf Verblendung, Verderbtheit, Haß, List, Verschlagenheit, Betrügerei, Treulosigkeit, Schädlichkeit (oder Schaden), auf ein In-sich-Zurückgezogensein, auf Einsamkeit und Ungeselligkeit, auf Großmannssucht, Machtsucht, Stolz, Hochmut und Prahlsucht, auf solche, die Menschen unterjochen und herrschen, sowie auf jede Tat von Bosheit, Gewalt, Tyrannei und Zorn, auf Kämpfer (?), auf Haft, Gefangenschaft, Pfändung, Fesselung, aufrichtiges Reden, Bedächtigkeit, Besonnenheit, Verstehen, Prüfen, Erwägen ... auf vieles Denken, Sich-Fern-halten von Rede und Zudringlichkeit, auf das Verharren auf einem Wege. Beinahe nie wird er zornig, aber wenn er zornig wird, beherrscht er sich nicht; er gönnt anderen nichts Gutes; er weist sodann hin auf Greise und mürrische Menschen, auf Furcht, Widerwärtigkeiten, Sorgen, Trauerzustände, Schreiben, Verwirrung ... Bedrängnis, hartes Leben, Enge, Verlust, Todesfälle, Erbschaften, Totenklage und Verwaistheit, auf alte Dinge, Großväter, Väter, ältere Brüder, Diener, Stallknechte,

Geizige und Leute, deren Aufmerksamkeit die Frauen erfordern (?), auf die mit Schande Bedeckten, Diebe, Totengräber, Leichenräuber, Gerber und auf Leute, die die Dinge zählen, auf Zauberei und Empörer, auf niedrige Leute und Eunuchen, auf langes Nachdenken und wenig Reden, auf Geheimnisse, während keiner weiß, was in ihm ist und er es auch nicht zeigt, wissend von jeder dunklen Angelegenheit. Er zeigt hin auf Selbstvernichtung und Fragen der Langeweile.

Aus der ›Enzyklopädie der Lauteren Brüder‹

Von der Sphäre des Saturn strömen Geistwesen aus, die die ganze Welt, Sphären, Elemente und die drei Reiche durchdringen. Durch sie wird das Festbleiben der Formen in der Hyle bewirkt; sie geben den Dingen die Schwere und das Stehen und die Langsamkeit. Ihr Platz im Körper des Menschen ist die Milz und die von ihr in den Körper ausströmende schwarze Galle; dadurch entstehen die Teile des Körpers, die Knochen und Nerven und die Haut und das Festwerden der Flüssigkeiten, die Kälte und die Trockenheit sind ihre Wirkung. Ihnen gehört zu von den Tieren und Pflanzen alles, was schwarz an Farbe und häßlich von Gestalt ist, und von den Mineralien das schwarze Blei und das Pech und alles, was schwarze Farbe und stinkenden Geruch hat, und von der Erde die schwarzen Berge und die dunklen Täler und die rauhen Wege und die schrecklichen und unheimlichen Einöden, und von der Welt des Menschen die, die solche Eigenschaften haben. Und zu den Werken dieser Geistwesen gehört der Tod und das Aufhören der Bewegung. Die Engel, die von ihm aus sich verstreuen, sind von derselben Art wie die von ihnen ausgeübten Wirkungen und Taten, damit dadurch die sündigen Seelen und leichtsinnigen Geister gequält werden; und das sind ausgelöschte Bücher und umgekehrte Gestalt (?). Und die Wirkungen seines Geistwesens in der Welt sind Kälte und Trockenheit. Und die Engel, die herabsteigen, um die Lebensgeister wegzunehmen und die Leiber zu töten, sind [Geistwesen, die] über die Stunden der Nacht gesetzt [sind].

Ihre Zahl zählt niemand außer Gott, sie reiten auf schwarzen Reittieren und werden angeführt von einem Engel, der eine schwarze Fahne in der Hand hält, auf der geschrieben steht: ›Es gibt keinen Gott außer *dem* Gott, der Tag und Nacht bestimmt und Finsternis und Licht einsetzt. Gelogen haben die, die Gott ein anderes Wesen gleichsetzen, und sind in die Irre gegangen; er hat sich keinen Sohn zugelegt, und es gibt keinen Gott neben ihm.‹ Von den Orten auf der Erde aber gehören ihm (dem Saturn) zu die verfallenen Orte und die unzugänglichen Ortschaften und die hohen Berge und die rauhen Wege. Sie (die Geistwesen) sind es, die die verfallenen Orte aufbauen, durch sie werden die Meere an ihren Orten festgehalten, und durch sie bleiben die Pflöcke der Erde stehen und werden festgehalten; sonst würden ihre Teile auseinanderfließen und sich mit dem Wasser vermischen und in den Meeren schwimmen. Darum sind diese Engel eingesetzt, um sie festzuhalten, mit Erlaubnis Gottes, des Erhabenen. Die Philosophen aber nennen diese Engel Geistwesen des Saturn, die heilige Offenbarung (namus) aber nennt sie Engel des Zornes, Heerscharen und Gehilfen [...]

Die erste Kraft, die die (All)seele in den vier Elementen Feuer, Luft, Wasser, Erde, betätigt, ist Hitze, Kälte, Feuchtigkeit und Trockenheit, und die ersten Wirkungen dieser Kräfte in diesen Elementen sind Bewegung, Beruhigung, Abkühlung, Erhitzung, Auflösung, Erstarrung, Schmelzung, Vertröpfelung, Mischung, Verbindung, Zusammensetzung, Formung, Zeichnung, Färbung und dergleichen. Alles das geschieht durch diese Kräfte in diesen Elementen unter Mithilfe der Kräfte der himmlischen Individuen mit Erlaubnis Gottes, des Erhabenen. So bewegen sie das Element des Feuers zur Erwärmung der Welt stets durch Mithilfe der Kraft der Sonne und halten das Element der Erde in Ruhe stets durch Mithilfe der Kraft des Saturn, und sie lösen das Element des Wassers auf im Fließen stets durch Mithilfe der Kraft des Jupiter, und verdünnen das Element der Luft stets durch Mithilfe der Kraft des Mars und vertröpfeln das Element des feuchten Dampfes stets durch Mithilfe der Kraft der Venus und mischen den trockenen Dampf mit dem feuchten Dampf stets durch Mithilfe der Kraft des Merkur und geben weiter an die drei Naturreiche durch das Element der Säfte stets durch Mithilfe der Kraft des Mondes [...]

Ishaq Ibn 'Imran

Abhandlung über die Melancholie

Die Symptome für die vornehmlich das *Gehirn* befallende Art von Melancholie aber sind Schlaflosigkeit und Kopfschmerz, starkes Funkeln der Augen und Seitenblicke, manchmal mit eingekniffenen oder gesenkten Lidern, manchmal mit starkem Zwinkern in vielen Spielarten, ferner Trockenheit ihrer Nasen. Unter den [Kranken] gibt es auch solche, die ihre Ernährung zu üppig gestalten, so daß sie zur Gefräßigkeit und zum Anfang einer Krankheit wird. Wenn man so einem die Speise einen Augenblick vorenthält, ist seine Seele nahe daran, zu verderben und zugrunde zu gehen, und es stellt sich bei ihnen an übeln Symptomen etwas ein, wodurch der Betreffende alle Beherrschung verliert, weil die schwarze Galle in ihnen kocht. Dann gibt es Leute unter ihnen, deren Appetit gestört und deren Lebensunterhalt und Verpflegung mit Speise und Trank kümmerlich ist, die solche ganz entschieden verabscheuen, derart daß, wenn sie essen, ihnen das schadet; wenn sie aber nicht essen, schadet es ihnen auch. Diese Kategorie von ihnen ist im Befinden am schlimmsten dran, weil sie körperlich ausdorren, abmagern und schnell dahinsiechen. Nur selten überlebt, wer so ist. Diejenigen aber, die essen, sind, selbst wenn die Menge der Nahrung ihnen zum Schaden gereicht, da sie die Materie ihrer Krankheiten verstärkt, im Befinden gesünder, weil sie nach reichlicher Nahrung für ihre Körper verlangen. Bleibt alsdann bei ihnen ein Rückstand, der einen Zuwachs in der Krankheitsmaterie bedeutet, so vermag die Natur oder die künstliche Einwirkung dies zu entfernen und von ihnen abzuwenden.

Ebenso verhält es sich mit der Art von Melancholie, die infolge des *Aufstiegs der Schwarzgalle* aus dem untersten Teil des Körpers zum Gehirn zustande kommt, indem diese sie mit genau den gleichen Symptomen bekleidet, die jene Art trägt, welche speziell im Gehirn auftritt. Doch ist hinzuzufügen, daß bei den [Kranken] Depressionen, Schrecken, Angst und die [sonstigen] melancholischen Symptome vielmehr mit Unterbrechungen, aber häufig vorzukommen pflegen, weil der aufsteigende Zustrom an schwarzer Galle zu ihren Gehirnen nur gemäß dem erfolgt, was sich im Körper nach und nach ansammelt.

Was nun die *epigastrische* von den Arten der Erkrankung an Melancholie betrifft, so sind die von uns anfangs erwähnten Symptome allgemein bei den [Kranken] verbreitet. Hinzu kommen bei ihnen noch solche, die sie verspüren infolge der Aufschlauchung und Aufgetriebenheit in ihren Leibern von den blähenden schwarzgalligen Winden her. Manchmal spüren sie auch eine Fülle und Aufschlauchung im Äußeren ihrer Körper, so daß diese beinahe platzen und zerreißen. Manchmal spüren sie Verworrenheit und Schweregefühl in ihren Köpfen. Bisweilen speien sie auch saure schwarzgallige Feuchtigkeit aus wegen des starken Überflusses an Schwarzgalle in ihnen am Magenmund. Wie ich beobachtete, diente das einer Reihe von ihnen zur Genesung und vermehrte noch ihre Erreichung von der Trockenheit ihrer Bäuche durch Fahrenlassen der Winde schwarzer Galle aus ihren Gedärmen auf dem Wege des Kots.

Hierher gehört auch eine Art, die Niedergeschlagenheit, Ermattung sowie der Hang zur Zurückgezogenheit, zum Dunkeln und zur Absonderung von den Menschen befällt. Zu ihnen gehören auch Leute, die Erholung in fernen weiten Landen lieben, die das Reiten schätzen, Spaziergänge oder -fahrten, Gärten, das Anhören von Musik und die Unterhaltung mit Menschen. Wenn so einer sich isoliert und für sich bleibt, gerät er an den Rand des Verderbens, und es überkommt ihn aus den Anfällen der Krankheit etwas, wodurch er alle Beherrschung verliert. Einige von ihnen treibt es zur Schlafsucht, bei andern tritt häufiges Weinen auf, bei wieder andern häufiges Lachen. Für jedes einzelne dieser Symptome liegt ein Grund vor, aus dem sie jeweils bei dieser Krankheit entstehen. Jedoch treten diese Symptome oft eines infolge des andern auf.

Was nun diejenigen betrifft, deren Niedergeschlagenheit und Ermattung von Dauer ist wie auch ihr *Hang zur Einsamkeit,* Dunkelheit und Absonderung von den Menschen und dem Verkehr mit ihnen, so liegt der Grund hierfür darin, daß der Rauch den *Lebensgeist* und das *Herz* einhüllt, daß die ängstliche Erwartung von Widerwärtigkeiten dominiert, in der Erzeugung von schwarzem Rauch in der Phantasie, d. h. der Einbildungskraft, wie schließlich in einer Umnachtung und einem Dahindämmern, derart daß die [Einbildungskraft] verabscheute Dinge aufnimmt und der [Mensch] sich böse Sachen einbildet. Nachdem es zum Abschluß gekommen ist, ist es widerwärtig, aber nicht furchtbar.

Was aber diejenigen von ihnen betrifft, die weiträumige Plätze lieben und die *Erholung* in menschlicher Gesellschaft, *Spaziergänge,* das Anhören einer schönen *Melodie,* bei denen liegt der Grund dafür in der geringen Bösartigkeit der Schwarzgalle, die ihre Krankheit verursacht, und darin, daß der Rauch mehr ins Denken aufsteigt und sich am Verstand versündigt, als daß er eine entzündliche und schädliche Wirkung am Herzen auslöst. Und deswegen erfolgt ihre Genesung schneller und ist ihre Heilung leichter.

Für die *Schlafsüchtigen* unter ihnen besteht aber die Krankheitsursache in der Schwäche der Empfindungskraft wie in ihrer Heimsuchung und Erstickung durch den Rauch der schwarzen Galle. Was die schwarze Galle bewirkt bei den Melancholiekranken, ist sowohl Schlaf wie auch Schlaflosigkeit und liegt zwischen zwei Extremen. Wenn sie mit ihrer Substanz selbst (d. h. unvermischt) die Oberhand gewinnt, so daß sie das Gehirn erstickt durch die Menge ihres Qualms, macht sie lethargisch und schläfert ein. Wenn sie aber in Form einer Mischung wirksam ist, indem sie erst beginnt, den Weg der Verbrennung zu beschreiten – oder die Verbrennung ist bereits vollendet; ja, wenn ihre Verbrennung bereits vollendet und sie zu echter schwarzer Galle geworden oder solche von Natur aus ist, dann bewirkt sie Lethargie und Schlaf – wenn sie aber noch auf dem Wege der Verbrennung ist, so trocknet sie das Gehirn aus, sticht es, überkommt es mit der Bösartigkeit ihrer Mischung und bewirkt Schlaflosigkeit. Auf diese Weise verläuft also der Vorgang von Schlaf und Schlaflosigkeit infolge der schwarzen Galle bei der Melancholie und anderen Krankheiten.

Melancholicus (1491)

Marsilio Ficino

Melancholie und Saturn

Aus ›Drei Bücher vom Leben‹

Gelehrte Menschen sind anfällig für Schleim und schwarze Galle
(Buch I, Kap. III)

Gelehrte sollten nicht nur äußerst gewissenhaft auf diese Glieder und auf ihre Kräfte und Lebensgeister achten, sondern auch stets sorgfältig Schleim und schwarze Galle meiden, nicht anders als der Seemann Skylla und Charybdis. Denn so untätig ihr restlicher Körper ist, so rege sind ihr Gehirn und ihr Geist. Ersteres nötigt sie, Schleim zu erzeugen, welchen die Griechen Phlegma nennen, letzteres, schwarze Galle zu erzeugen, welche die Griechen Melancholie nennen. Der Schleim betäubt und erstickt oftmals den Verstand, während die Melancholie, sofern sie im Übermaß vorhanden ist und alles entbrennt, die Seele mit unablässiger Sorge und häufigen Einbildungen quält und die Urteilskraft trübt, so daß man mit vollem Recht behaupten kann, daß gelehrte Menschen sogar ganz außerordentlich gesund sein müßten, würde ihnen der Schleim nicht so zusetzen, und daß sie die glücklichsten und weisesten aller Sterblichen sein müßten, würden sie nicht durch die schädlichen Wirkungen der schwarzen Galle dazu getrieben, sich häufig der Trübsal oder mitunter gar närrischen Einbildungen hinzugeben.

Wieviele Ursachen es dafür gibt, daß Gelehrte melancholisch sind oder dies werden können
(Buch I, Kap. IV)

Dafür, daß Gelehrte melancholisch sind, gibt es vornehmlich drei Ursachen: die erste ist himmlischer, die zweite natürlicher und die dritte menschlicher Art. Die himmlische Ursache lautet, daß sowohl Merkur, der uns dazu verlockt, nach Grundsätzen zu forschen, als auch Saturn, der dafür sorgt, daß wir beharrlich in diesen Forschungen fortfahren und unsere Entdeckungen bewahren, von den Astronomen als ziemlich kalt und trocken bezeichnet werden – und sollte Merkur möglicherweise nicht kalt sein, so bewirkt gleichwohl seine Nähe zur Sonne, daß er oftmals überaus trocken ist – Eigenschaften, die laut den Ärzten auch die Natur der Melancholie ausmachen; und ebenjene Natur übertragen Merkur und Saturn von Anbeginn auf ihre Anhänger, die Gelehrten, und erhalten und vermehren sie Tag um Tag.

Die natürliche Ursache wiederum scheint folgende zu sein, daß die Seele, insbesondere beim Studium der schwierigen Wissenschaften, sich von den äußeren Dingen abwenden und ins Innere zurückziehen muß, gleichsam vom Äußeren ins Zentrum hinein, und während sie sich der Spekulation widmet, muß sie völlig reglos ganz im Zentrum des Menschen (wie ich es nennen würde) verharren. Sich aber im Zentrum zu sammeln und dort zu verharren ist vor allem eine Eigenschaft der Erde selbst, welche ja auch Ähnlichkeit mit der schwarzen Galle besitzt. Folglich treibt die schwarze Galle die Seele unablässig dazu an, sich gleich ihrer selbst zu Einem zu verdichten, Eines zu bleiben und über sich selbst nachzudenken. Und da sie dem Zentrum der Welt ähnlich ist, zwingt sie den Forschenden, die Aufmerksamkeit auf das Zentrum der einzelnen Sachverhalte zu richten, und führt uns hinauf zu den höchsten Dingen, die es zu erfassen gibt, so wie sie ja auch mit Saturn, dem obersten der Planeten, die größte Übereinstimmung besitzt. Und die

Kontemplation selbst führt wiederum aufgrund der unablässigen Sammlung und gewissermaßen Verdichtung zu etwas, das Ähnlichkeit mit der Natur der schwarzen Galle hat.

Die menschliche Ursache, die in uns selbst gründet, ist folgende: weil die rege geistige Tätigkeit das Gehirn stark austrocknet, und infolgedessen die Säfte, welche der natürlichen Wärme als Nahrung dienen, zum großen Teil aufgebraucht sind, so ist meistens auch keine Wärme mehr vorhanden; daher wird das Gehirn trocken und kalt, was man als tellurische und melancholische Qualität bezeichnet. Überdies werden durch die häufigen Bewegungen des Erforschens die dabei mitbewegten Lebensgeister fortwährend zerstreut. Die zerstreuten Lebensgeister müssen aber aus dem feineren Blut wieder aufgefrischt werden. Und wenn die feineren und klareren Teile des Blutes solcherart immer wieder verbraucht werden, wird das restliche Blut notwendigerweise dick, trocken und schwarz. Dazu kommt noch, daß bei der Kontemplation die Natur ganz auf das Gehirn und das Herz gerichtet ist und sich aus Magen und Leber zurückzieht. Aus diesem Grunde werden insbesondere die üppigeren und schwerverdaulicheren Speisen nur schlecht verarbeitet, und in der Folge wird das Blut kalt, dick und schwarz. Schließlich werden aufgrund der übermäßigen Trägheit der Glieder auch die überschüssigen Stoffe nicht ausgeschieden, und die dichten und dunklen Dämpfe können nicht entweichen. All diese Dinge bewirken gewöhnlich, daß der Geist melancholisch und die Seele schwermütig und ängstlich wird, da ja die innere Dunkelheit in der Tat weitaus mehr als die äußere die Seele mit Betrübnis füllt und sie in Schrecken versetzt. Doch von allen Gelehrten werden insbesondere jene von der schwarzen Galle niedergedrückt, die sich eifrig dem Studium der Philosophie widmen, dabei ihr Denken vom Körper und körperlichen Dingen abwenden und es auf unkörperliche Dinge richten; einmal weil ihre Arbeit, je schwieriger sie ist, desto größere Aufmerksamkeit des Verstandes erfordert; zum anderen, weil sie ihr Denken, je stärker sie es auf unkörperliche Wahrheiten richten, desto mehr vom Körper abspalten müssen. Daher ist ihr Körper in der Folge häufig geradezu halbtot und melancholisch. Dies hat unser Platon in seinem *Timaios* deutlich gemacht, in dem er sagte, daß die Seele, wenn sie auf höchst unermüdliche und eifrige Weise über die göttlichen Dinge nachdenkt, durch diese Art von Nahrung so sehr wächst und so kräftig wird, daß sie ihren eignen Körper, mehr als seine Natur es zuläßt, überragt, und ihm durch ihre allzu heftigen Bewegungen bisweilen gewissermaßen entweicht oder ihn geradezu aufzulösen scheint.

Weshalb Melancholiker so klug sind, ferner welche dies sind und welche nicht
(Buch I, Kap. V)

Nun haben wir soweit zur Genüge dargestellt, aus welchem Grunde die Priester der Musen entweder bereits von Anbeginn an melancholisch waren oder dies durch ihre wissenschaftlichen Studien wurden, indem wir dies erstens himmlischen, zweitens natürlichen und drittens menschlichen Ursachen zuschrieben. Aristoteles bestätigt dies in seinem Buch *Probleme*, in dem er sagt, daß all jene, die in irgendeiner Fähigkeit herausgeragt haben, Melancholiker gewesen seien. Damit bekräftigte er die in dem Buch *De scientia* dargelegte platonische Vorstellung, daß die meisten klugen Menschen zur Reizbarkeit und zum Wahnsinn neigen. Auch Demokrit sagt, daß sich unter den Menschen, die sich durch besondere Klugheit auszeichnen, keiner finden ließe, den nicht irgendeine Art von Wahnsinn antriebe. Was unser Platon im *Phaedrus* zu bestätigen scheint, wo er sagt, ohne Wahnsinn klopfe man vergebens an die Pforten der Dichtkunst. Auch wenn er hierunter wohl den göttlichen Wahnsinn verstanden haben will, so wird nichtsdestotrotz laut den Naturforschern ein Wahnsinn dieser Art nur bei den Melancholikern hervorgerufen.

Nun müssen wir aber noch die entsprechenden Gründe anfügen, warum Demokrit, Platon und Aristoteles behaupten, eine nicht geringe Zahl an Melancholikern übertreffe zuweilen alle anderen Menschen so sehr an Klugheit, daß sie nicht menschlich, sondern vielmehr göttlich zu sein schienen. Demokrit, Platon und Aristoteles behaupten dies ohne jeden Zweifel, scheinen jedoch die Gründe für eine so bedeutende Sache nicht zufriedenstellend zu erläutern. Man muß jedoch den Mut haben, nach den Gründen zu suchen, und Gott weist uns den Weg dabei. Es gibt zwei Arten von Melancholie oder schwarzer Galle: die eine wird von den Ärzten natürlich genannt, die andere aber kommt durch Verbrennen zustande. Die natürliche ist nichts anderes als ein dicker und trockener Teil des Blutes. Die verbrannte Form aber läßt sich in vier Arten aufteilen: sie entstammt der Verbrennung entweder der natürlichen Melancholie oder des reineren Blutes oder der Galle oder des salzigen Schleims. Jede Melancholie, die auf Verbrennung zurückzuführen ist, schadet der Urteilskraft und der Weisheit, denn wenn dieser Saft entzündet wird und verbrennt, versetzt dies die Menschen gewöhnlich in einen Zustand der Erregung und der Raserei, den die Griechen als Manie bezeichnen, wir hingegen als Tollheit. Doch sobald dieses Feuer erloschen ist, die subtileren und klareren Teile zerstreut wurden und nur noch ein übelriechender schwarzer Ruß übrigbleibt, macht es die Menschen dumm und stumpfsinnig. Dieser Zustand wird von ihnen korrekterweise Melancholie genannt, auch Blödsinn (amentia) oder Wahnsinn (vecordia).

Nur jene schwarze Galle, die wir natürlich nennen, führt uns zu Urteilskraft und Weisheit – doch auch das nicht immer. Denn wenn nur sie allein am Werke ist, dann umnebelt sie den Geist mit einer schwarzen und dichten Masse, ängstigt die Seele und betäubt den Scharfsinn. Wenn sie zudem aber noch mit einfachem Schleim vermischt ist, wenn kaltes Blut um das Herz herum im Wege steht, dann führt sie durch ihre derbe Kälte zu Trägheit und Erstarrung; und wie es der Natur eines jeden sehr dichten Stoffes entspricht, so wird eine solcherart beschaffene Melancholie, wenn sie einmal erkaltet, dann auch in äußerste Kälte versetzt. Wenn wir uns in einem solchen Zustand befinden, erhoffen wir uns nichts, fürchten wir uns vor allem und sind noch zu träge, zum Himmelsgewölbe aufzublicken. Wenn die schwarze Galle – die einfache oder die gemischte – verdirbt, führt dies zu Wechselfieber, zu Schwellungen der Milz und vielen weiteren Übeln dieser Art. Wenn die schwarze Galle überhandnimmt, entweder allein oder gemischt mit Schleim, dann macht sie die Lebensgeister schwerfälliger und kälter, plagt die Seele mit ständigem Überdruß, stumpft die Schärfe des Geistes ab und hindert das Blut daran, das Herz Arkadiens zu umspülen. Doch die schwarze Galle sollte auch nicht so spärlich vorhanden sein, daß Blut, Galle und Lebensgeister gewissermaßen nicht mehr gebändigt werden, was zu einem unbeständigen Verstand und einem schlechten Gedächtnis führt; sie sollte aber auch nicht in so reichlichem Maße vorhanden sein und uns durch ihr Gewicht nicht so sehr niederdrücken, daß es scheint, als schliefen wir oder als müßten wir mit Sporen angetrieben werden. Deshalb ist es nötig, daß sie im ganzen so fein ist, wie ihre Natur dies gestattet. Wenn sie nämlich entsprechend ihrer Natur möglichst verdünnt ist, kann sie sogar reichlich vorhanden sein, ohne Schaden anzurichten, und zwar sogar so reichlich, daß sie, zumindest an Gewicht, der gelben Galle gleichkommt.

Daher sollte die schwarze Galle reichlich, aber sehr verdünnt vorhanden sein. Man achte darauf, daß sie die Feuchtigkeit des etwas feineren Schleims hat, der sie umgibt, so daß sie nicht hart wird und völlig austrocknet. Doch sie darf auch nicht nur mit Schleim gemischt sein, vor allem nicht mit dem eher kälteren oder mit zuviel davon, denn sonst wird sie kalt. Man sorge vielmehr dafür, daß sie so mit Galle und Blut gemischt ist, daß aus den drei Säften ein Körper entsteht, wobei der Anteil an Blut doppelt so groß sein sollte wie die übrigen beiden zusammen; auf acht Teile Blut sollten zwei Teile gelber Galle und zwei Teile schwarzer Galle kommen. Die schwarze Galle darf nur ganz leicht von den anderen beiden entfacht werden, damit sie nach dem Entfachen leuchte, aber nicht brenne, denn auch bei ihr gilt, was bei jeder härteren Materie gilt: wenn sie zu stark kocht, brennt sie allzu heftig und gerät in Bewegung, oder aber sie wird, wenn sie erkaltet, dementsprechend besonders kalt. Denn die schwarze Galle ist wie Eisen – wenn es erkaltet, wird es ganz besonders kalt; wenn es sich hingegen erhitzt, wird es ganz besonders heiß. Es sollte auch nicht überraschen, daß die schwarze Galle leicht entzündet werden kann und daß sie, einmal entzündet, schnell verbrennt, denn etwas Ähnliches können wir beim Kalk beobachten, der sich, wenn man ihn mit Wasser übergießt, sogleich entzündet und verbrennt. Die Melancholie hat eine ähnlich große Neigung zu diesen beiden Extremen, entsprechend ihrer stabilen und unveränderlichen Natur. Diese Neigung zum Extrem trifft man bei den anderen Säften nicht an. Wenn sie besonders heiß ist, ruft sie besonderen Mut, ja sogar Wildheit hervor; wenn sie besonders kalt ist, bewirkt sie hingegen Angst und besonders große Feigheit. Doch in den verschiedenen Zuständen zwischen diesen beiden Stufen von kalt und heiß bewirkt sie unterschiedliche Zustände, in etwa wie reiner Wein, besonders der starke, charakteristischerweise jene in unterschiedliche Zustände versetzt, die entweder bis zur völligen Betrunkenheit oder nur etwas über den Durst davon genossen haben.

Daher muß die schwarze Galle stets die rechte Temperatur besitzen. Ist diese gemäßigt, wie wir gesagt haben, und ist sie mit Galle und Blut vermischt – denn von Natur aus ist sie trocken und so stark verdünnt, wie ihre Natur dies gestattet –, dann kann sie von diesen leicht entzündet werden; weil sie dickflüssig und äußerst zäh ist, brennt sie nach dem Entzünden länger; weil sie durch ihre einheitlich zähe Trockenheit besonders wirksam ist, brennt sie heftiger. Gleich Holz, das man mit Stroh umwickelt und beides angezündet hat, brennt und leuchtet sie nach dem Anzünden stärker und länger. Aber durch die langanhaltende und heftige Hitze kommt es zu einem großen Leuchten und zu einer starken und langandauernden Bewegung. Dies meinte auch Heraklit mit den Worten: »Trockenes Licht – höchst weise Seele.«

Auf welche Weise die schwarze Galle die Menschen klug macht
(Buch I, Kap. VI.)

Man könnte sich vielleicht fragen, wie dieser Säfte-Körper, der sich in dem von uns angeführten Verhältnis aus jenen Säften zusammensetzt, eigentlich beschaffen sei. Was die Farbe anbelangt, ähnelt er sehr dem Golde, spielt jedoch ins Purpurrote hinein. Und wenn er – sei es durch natürliche Wärme, sei es durch die Bewegung des Körpers oder der Seele – entzündet wird, brennt und leuchtet er nicht anders als rotglühendes Gold mit Purpur vermischt und nimmt im glühenden Herzen mitunter Farben an gleich denen des Regenbogens.

Man könnte sich wiederum fragen, wie ein Saft dieser Art den Menschen klug machen kann. Zunächst einmal sind die aus diesem Saft entstandenen Lebensgeister so fein wie jenes Wasser, das wir in dem üblichen Destillationsverfahren über dem Feuer dem dickeren Wein entziehen und dann *aqua vitae* oder *vitis* sowie *aqua ardens* nennen. Denn die Lebensgeister dieser Art von schwarzer Galle werden durch den Druck in den engeren Durchgängen und durch die Hitze, die aufgrund ihrer Konzentration stärker ist, in höchstem Maße verdünnt; und nachdem sie durch diese engen Durchgänge gepreßt worden sind, kommen sie noch feiner wieder heraus; zweitens sind sie entsprechend heißer und aus eben jenem Grunde heller; drittens sind sie durch ihre rasche Bewegung auch stärker in ihrer Wirkung; viertens kann ihre Wirkung sehr lange anhalten, da sie fortlaufend einem dickflüssigen und beständigen Saft entströmen. Solcherart hilfreich unterstützt, forscht unsere Seele mit um so größerem Eifer und um so größerer Beharrlichkeit. Wonach auch immer sie auf der Suche ist, sie findet es leicht, erkennt es klar, beurteilt es mit Vernunft und hält lange an ihrem Urteil fest.

Hinzu kommt, daß die Seele, wie wir bereits weiter oben gesagt haben, mit einem Mittel oder Ansporn dieser Art – der gewissermaßen mit dem Zentrum der Welt übereinstimmt und, wie ich sagen würde, die Seele in ihr eigenes Innere sammelt, stets das Zentrum aller Dinge sucht und in deren Innerstes eindringt. Zudem dies Merkur und Saturn entspricht, von denen letzterer, der oberste der Planeten, den Forscher zu den höchsten Dingen emporführt. Hieraus entwickeln sich einzigartige Philosophen, insbesondere wenn deren Seele, hierdurch von äußeren Bewegungen und ihren eigenen Körpern abgelenkt, in höchstem Maße in die Nähe des Göttlichen gelangt und sich zu einem Werkzeug des Göttlichen wandelt. Folglich wird sie aus der Höhe von göttlichen Einflüssen und Orakeln erfüllt, erfindet stets neue und ungewöhnliche Dinge und sagt die Zukunft voraus. Nicht nur Demokrit und Platon sind dieser Ansicht, dies bestätigen auch Aristoteles in seinem Buch *Probleme* und Avicenna in den Büchern *Divinorum* und *De anima*.

Welchen Sinn hat es, so viel von diesem Saft, der schwarzen Galle, zu sprechen? Es soll uns an folgendes erinnern: während wir die schwarze Galle – ich sollte sie besser weiße Galle nennen – so gut wie möglich erstreben und nähren sollten, desgleichen sollten wir das, was ihr (wie wir gesagt haben) entgegengesetzt ist, als das schlimmste aller Übel meiden. Denn dies ist eine so unheilvolle Sache, daß Serapion sagt, sein Ausbruch werde von einem bösen Dämon verursacht, und auch der weise Avicenna streitet dies nicht ab.

Von den sieben Wegen, wie wir uns den himmlischen Dingen anpassen können, davon, wem Saturn schadet und wem er nutzt, und wen Jupiter vor Saturn schützt. Ferner wie der Himmel auf den Geist, den Körper und die Seele wirkt.
(Buch III, Kap. XXII)

Da die Himmel nach einem harmonischen Plan geschaffen wurden und sich auf harmonische Weise bewegen und alles durch harmonische Klänge und Bewegungen hervorbringen, folgt daraus, daß nicht nur die Menschen, sondern auch alle Dinge hienieden allein durch Harmonie darauf vorbereitet werden, entsprechend ihren jeweiligen Fähigkeiten himmlische Dinge zu empfangen. Im vorigen Kapitel haben wir die Fähigkeit der Harmonie, die höheren Dinge zu empfangen, in sieben Grade unterschieden: nämlich durch Bilder, die, wie man glaubt, auf harmonische Weise zusammengestellt sind, durch Arzneien, die mit einer gewissen eigenen Konsonanz temperiert sind, durch Dämpfe und Gerüche, die mit einer ähnlichen Stimmigkeit zusammengestellt sind, durch musikalische Lieder und Töne, mit deren Ordnung und Kraft wir Körpergesten, Sprünge und Tanzschritte in Verbindung bringen möchten; durch wohlabgestimmte Vorstellungen und Bewegungen unserer Imagination, durch miteinander harmonierende Gedankengänge, und durch die ruhige Kontemplation des Geistes. Denn ebenso wie wir den Körper zu gegebener Zeit dem Licht und der Wärme der Sonne in ihrer täglichen Harmonie aussetzen, das heißt aufgrund seiner Position, Stellung und Gestalt, so setzen wir auch unseren Geist aus, um die verborgenen Kräfte der Sterne durch eine ähnliche, ihnen eigene Harmonie zu empfangen, was (wie man annimmt) durch Bilder und ganz gewiß durch Arzneien und harmonisch aufeinander abgestimmte Düfte geschehen kann. Schließlich setzen wir unsere Seele und unseren Körper durch den Geist, den wir solcherart auf die höheren Dinge vorbereitet haben, wie ich bereits gesagt habe, solchen okkulten

Kräften aus – ja, unsere Seele, insofern sie durch ihre Stimmungslage dem Geist und dem Körper zugeneigt ist.

Nun ist ja die Seele für uns der Ort der Imagination, der Vernunft und des Verstandes. Zumal unsere Imagination so dem Mars oder der Sonne zugeneigt, von ihnen beherrscht und ihnen unterworfen sein kann (entweder aufgrund der Qualität und Bewegung unseres Geistes oder durch unsere Wahl oder durch beides), daß sie augenblicklich ein geeigneter Empfänger für den Einfluß von Phoibos und Mars sein kann. Desgleichen ist unser Verstand in der Lage, sich – entweder durch Imagination und Geist oder durch reifliche Überlegung oder durch beides – Jupiter aufgrund seiner Würde und Nähe durch Imitation so stark anzupassen, daß er Jupiter und dessen Verdienste besser empfangen kann, als die Imagination oder der Geist dies könnten, während aus demselben Grund die Imagination und der Geist die himmlischen Dinge viel leichter empfangen können, als niedrige Dinge und Stoffe dies vermöchten. Schließlich setzt sich der in Kontemplation versunkene Verstand in gewisser Weise dem Saturn aus, und insofern er sich nicht nur von den Dingen entfernt, die wir fühlen, sondern auch von den Dingen, die wir uns üblicherweise vorstellen und die wir als Beweis für menschliches Verhalten anführen, und insofern er sich in Gefühl, Aufmerksamkeit und Leben auf das Abstrakte zurückzieht. Saturn wirkt sich nur auf diese Fähigkeit günstig aus. Denn ebenso wie die Sonne den Nachttieren feindlich, denen des Tages aber freundlich gesinnt ist, desgleichen ist Saturn ein Feind jener Menschen, die entweder nach außen hin ein normales Leben führen oder zwar den geselligen Umgang mit der Menge meiden, aber dennoch nicht von ihren gewöhnlichen Gefühlen ablassen. Denn das gewöhnliche Leben hat Saturn dem Jupiter überlassen, für sich selbst jedoch fordert er ein abgeschiedenes und göttliches Leben. Dem Verstand der Menschen jedoch, die wirklich so zurückgezogen wie möglich leben, ist er so freundlich gesinnt wie seinen Blutsverwandten. Denn Saturn selbst nimmt (um mit Platon zu sprechen) für die

Geister, welche die höheren Sphären bewohnen, Jupiters Platz ein, ebenso wie Jupiter für die Menschen, die ein gewöhnliches Leben führen, ein helfender Vater ist. Seine Feindschaft ist jedoch um so erbitterter gegenüber jenen, die den anderen ein kontemplatives Leben vortäuschen, indes nicht wirklich ein solches Leben führen. Diese erkennt weder Saturn als die Seinen an, noch hilft ihnen Jupiter, der die Wirkungen des Saturn abmildert, da sie die Gesetze, die Sitten und die Gesellschaft der gemeinen Menschen fliehen. Denn diesen Bereich hat Jupiter, so sagt man, im Bündnis mit Saturn unter seine Herrschaft genommen, das Abstrakte hingegen Saturn.

Aus diesem Grunde genießen jene lunarischen Menschen das Glück des Saturn, die Sokrates im *Phaidon* beschreibt, welche die höchste, über den Wolken gelegene Erdoberfläche bewohnen, dort ein enthaltsames Leben führen, sich mit den Früchten der Erde als Nahrung bescheiden, sich dem Studium der geheimeren Weisheit und der Religion widmen und so das Glück des Saturn schmecken; und sie führen ein so glückliches und langes Leben, daß man sie nicht für sterbliche Menschen, sondern für unsterbliche Dämonen hält, die von vielen als Heroen bezeichnet werden und als goldenes Geschlecht, das sich eines saturnischen Zeitalters und Reiches erfreut. Ich schätze, daß die Araber wohl dies damit meinten, als sie behaupteten, südlich der Linie der Tagundnachtgleiche lebten völlig körperlose Dämonen, die offenbar weder geboren wurden noch sterben, und Saturn und der Schwanz des Drachen hätten dort die Macht. Tatsächlich scheint dies Abû Ma'sar in seinem Buch *Sadar* zu bestätigen, in dem er sagt, bestimmte Gebiete in Indien seien dem Saturn unterworfen, und die Menschen dort seien sehr langlebig und würden in überaus hohem Alter sterben. Als Grund dafür nennt er, daß Saturn nur den Außenseitern schadet, nicht aber seinen eigenen Familienmitgliedern.

Tatsächlich solltest du die Macht des Saturn nicht unterschätzen. Die arabischen Autoren sagen nämlich, er sei der mächtigste von allen. Denn die Planeten übertragen fürwahr ihre Kraft an jene Planeten, die sich ihnen nähern, und sie nähern sich alle eher ihm als umgekehrt, und die Planeten, die mit ihm in Verbindung stehen, verhalten sich gemäß seiner Natur. Denn er ist von allen Planeten der Herrscher mit der größten Sphäre. Gewiß ist jeder beliebige Planet der Herrscher seiner Sphäre sowie sein Herz und sein Auge. Außerdem ist Saturn ein Nachbar der zahllosen Fixsterne und ähnelt tatsächlich stark dem Primum Mobile, denn er durchläuft eine lange Bahn. Er ist der oberste der Planeten, weshalb man jene Menschen glücklich nennt, denen Saturn freundlich gesinnt ist. Und obgleich viele Menschen ihn fürchten, da er dem gewöhnlichen Leben der Menschen gewissermaßen entfremdet ist, meinen die Araber, daß er dem gewöhnlichen Leben geneigt ist, sobald er bei seinem Aufstieg große Macht und Würde besitzt oder sein Jupiter in günstigem Aspekt zu ihm steht oder ihn in seinem Bereich gut aufnimmt. Andernfalls jedoch, wenn er von einer ungünstigen, besonders dicken Materie aufgenommen wird, wirkt sein Einfluß wie ein Gift, geradeso wie ein Ei durch Fäulnis oder Brand giftig wird. Unter diesem Einfluß sind manche Menschen unrein schon von Geburt an oder werden später unrein, faul, traurig, neidisch und dem Einfluß der unreinen Dämonen ausgesetzt. Halte dich vom Umgang mit diesen so weit wie möglich fern. Denn das Gift des Saturn liegt anderswo schlafend verborgen wie der Schwefel fern der Flamme, doch in lebendigen Körpern entflammt es häufig, und gleich entzündetem Schwefel brennt es nicht nur, sondern erfüllt auch die ganze Umgebung mit giftigen Dämpfen und vergiftet alle Umstehenden. Gegen diesen Einfluß des Saturn, der den Menschen im allgemeinen fremd und für sie gewissermaßen unstimmig ist, wappnet uns Jupiter mit folgendem: mit seiner natürlichen Eigenschaft, mit bestimmten Nahrungsmitteln und Arzneien, mit Bildern (wie man annimmt) und mit Verhaltensweisen, Geschäften, Studien und Dingen, die ihm eigen sind. Aber nicht nur jene flüchten sich zu Jupiter, die dem schädlichen Einfluß des Saturn entfliehen und sich seinem günstigen Einfluß aussetzen wollen, sondern auch jene, die sich mit ihrem ganzen Sinn der göttlichen Kontemplation hingeben, wie sie von Saturn selbst zu erkennen gegeben wurde. Die Chaldäer, Ägypter und Platoniker glauben, daß man auf diese Weise dem bösen Schicksal entgehen kann. Denn da diese glauben, daß die himmlischen Körper nicht hohl, sondern vielmehr vom Göttlichen beseelt und überdies von göttlichem Verstand geleitet sind, ist es kein Wunder, daß sie glauben, von diesen komme denkbar viel Gutes auf die Menschen, das nicht nur unserem Körper und Geist zugute kommt, sondern von dem auch gewissermaßen etwas in unsere Seele überfließt, und zwar nicht von ihren Körpern, sondern von ihren Seelen in unsere Seelen. Und sie glauben auch, daß dieselbe Art von Dingen und sogar noch mehr diesen Intelligenzen über dem Himmel entströmen.

Wenn du in Anbetracht all dieser Dinge sämtliche Gründe anführen willst, die Moses veranlaßt haben, den Hebräern die Sabbatruhe aufzutragen, wirst du dahinter vielleicht eine höhere und geheimere Allegorie entdecken: der Tag des Saturn eignet sich nicht für politische und kriegerische Handlungen, doch er eignet sich für die Kontemplation und dafür, an diesem Tag göttlichen Schutz gegen Gefahren zu erflehen. Abraham und Samuel und die meisten der hebräischen Astrologen haben bekannt, daß sie dies trotz der Bedrohung durch Mars und Saturn zu erreichen vermochten, indem sie ihren Sinn zu Gott erhoben, Schwüre leisteten und Opfer darbrachten, wie dies ein Rat der Chaldäer bestätigt: »Denke daran: wenn du deinen glühenden Sinn auf ein Werk der Barmherzigkeit richtest, wirst du auch deinen vergänglichen Leib bewahren.« Auch ein Ausspruch des Iamblichus ist der Beachtung wert: »Die himmlischen und weltlichen Gottheiten verfügen über Kräfte, von denen manche größer sind als sie selbst, manche geringer.« Durch letztere werden wir an die Wirkungen des Schicksals gebunden, erstere hingegen befreien uns vom Schicksal, als hätten sie Schlüssel, wie Orpheus sagt, mit denen man öffnen und schließen kann. Um wieviel mehr erlöst uns dann eine übernatürliche Gottheit von der Notwendigkeit des Schicksals! Es wäre sehr nützlich, die Vorstellung der Hebräer zu ergründen, daß durch die Opferung von Tieren und Dingen das Übel, das uns vom Himmel droht, von uns selbst auf unsere Besitztümer abgelenkt wird. Doch diese Dinge zu ergründen wollen wir unserem Freund Pico [della Mirandola] überlassen.

Und schließlich, wann immer wir sagen, daß göttliche Geschenke auf uns herniederkommen, verstehen wir darunter, daß erstens Gaben der himmlischen Körper durch einen wohlvorbereiteten Geist in unseren Körper gelangen, daß zweitens, noch vor alledem, ebenjene Gaben durch die Strahlen dieser Körper in einen Geist eingehen, der ihnen entweder auf eine natürliche oder sonstige Weise ausgesetzt wurde, und daß drittens die guten Gaben der himmlischen Seelen teils durch Strahlen in eben diesen Geist eindringen und von dort in unsere Seelen übergehen, teils direkt von deren Seelen oder von Engeln in die menschlichen Seelen eingehen, die ihnen ausgesetzt sind – und zwar sind diese, so sage ich, nicht so sehr auf irgendeine natürliche Weise ausgesetzt, sondern vielmehr durch die Entscheidung des freien Willens oder durch Affektion. Bedenke also, daß jene, die durch ihr Gebet, ihre Studien, ihre Lebensweise und ihr Verhalten die Wohltaten, die Handlungen und die Ordnung der Himmlischen imitieren, da sie den Göttern ähnlicher sind, auch reichere Gaben von diesen erhalten. Bedenke aber auch, daß Menschen, die auf künstliche Weise der Veranlagung der Himmlischen entfremdet wurden und uneins mit ihnen sind, im Verborgenen elend sind und am Ende öffentlich unglücklich werden.

Matthias Gerung, Melancholia 1558

Timothy Bright

Traktat über die Melancholie

Kapitel I

In welch verschiedenem Sinne das Wort Melancholia verstanden wird

Bevor ich mich anschicke, das Wesen der Melancholie, und was sie ist, zu bestimmen, wird es zum klaren Verständnis dessen, worin den Leser zu belehren ich mir vorgesetzt habe, notwendig sein, darzulegen, auf welch verschiedene Weise das Wort Melancholia verstanden werden kann und auf welch verschiedene Dinge dieser Eine Name angewandt werden kann. Es bezeichnet, insgesamt genommen, entweder eine gewisse furchtsame Verfassung des Geistes, der von der Vernunft abgekommen ist, oder anderenfalls einen Körpersaft, der gewöhnlich als die einzige Ursache dafür angesehen wird, daß der Verstand durch die Furcht auf solche Weise getrübt ist. Dieser Saft ist von zweierlei Art: natürlich oder unnatürlich. Wenn natürlich, so ist er entweder der dickere Bestandteil des Blutes, welcher die Ernährung befördert, und welcher nun, entweder durch Überfluß oder unzuträgliche Hitze, die ein jedes Maß übersteigt, den Körper zu stark belastet und gewisse Dämpfe zum Gehirne aufsteigen läßt, wodurch der Verstand verdunkelt wird, oder anderenfalls ein Exkrement, das aus dem Leibe ausgeschieden werden muß, da ihm durch den beständigen Wechsel der natürlichen Körpertemperatur und die mannigfachen Vorgänge der Verdauung und Sekretion nicht Ein Tropfen nährenden Saftes verblieben, durch den der Leib, entweder an Stärke oder im Stoffe, gewönne. Dieses Exkrement, wenn es die Grenzen seiner eigenen Natur wahrt, verursacht sowohl dem Leibe wie auch dem Geiste nur wenig Störung: wenn es aber verdirbt oder weiter von sich selbst und der Beschaffenheit des Leibes abgerät, sind alle Leidenschaften stürmischer und setzen dem ruhigen Sitz des Verstandes mit solch wütender Heftigkeit zu, daß allen organischen Handlungen dadurch eine melancholische Tollheit beigemischt ist und der Verstand von eitler Furcht oder schierer Verzweiflung erfüllt wird, da das Hirn in seiner Komplexion nun ein anderes ist und gleichsam in ein Instrument von anderer Art verwandelt, als es ursprünglich bestimmt gewesen: dies beides wirkt, je nach dem unterschiedlichen Grade der Leidenschaftlichkeit, auf entsprechend unterschiedliche Weise auf den Verstand und wandelt die Regungen des Gemütes, besonders wenn durch Verderbtheit der Natur oder üble Angewohnheit der Betroffene von übermäßiger Leidenschaftlichkeit ist. Der unnatürliche Saft entsteht aus der vorerwähnten Melancholie oder anderenfalls aus dem Blut oder der gelben Galle, die zuvor unter der Kontrolle der Natur stand und in Ordnung gehalten wurde, nun aber durch eine ungemäße Hitze eine gänzlich andere Beschaffenheit von so gänzlich abstoßender Qualität angenommen hat, daß ihre Substanz und Ausdünstung allen Teilen so schädlich ist, daß sich, je nachdem, ob sie weicht oder sich niederläßt, merkwürdige Veränderungen in unserem Verhalten ergeben, mögen unsere Handlungen nun geistig sein und vom Willen gelenkt werden oder natürlich, ohne vom Willen abzuhängen; und diese alle werden mit dem Namen Melancholia bezeichnet. Nun ihre Definition und was sie ist: Wie die Dinge je verschieden liegen, so bezieht auch sie sich entweder auf den Saft oder die Leidenschaft; und da der Saft entweder ein nährender Körpersaft oder ein unverträgliches Exkrement ist, bestimme ich den Saft nicht anders denn als jenen Bestandteil des Blutes, der von Natur aus den anderen gegenüber am dicksten ist, und das

Exkrement als den Überschuß desselben: welcher, wenn er in Zersetzung übergeht, den Namen eines in Wesen und Beschaffenheit noch gänzlich anderen Dinges erhält, das schwarze Galle genannt wird. Die Leidenschaft der Melancholie ist eine Trübung des Verstandes durch eitle Furcht, die durch eine fehlerhafte Beschaffenheit des melancholischen Saftes herbeigeführt wird. So kurz und klar möge der Leser verstehen, was das Wesen der Melancholie ist und was der Name für gewöhnlich bezeichnet. [...]

Kapitel XVII

Wie die Melancholie Furcht, Traurigkeit, Verzweiflung und andere solche Leidenschaften erzeugt

Nun wollen wir betrachten, was für Leidenschaften es sind, in welche die Melancholie uns treibt, und aus welchem Grunde sie diejenigen, die von ihr befallen sind, auf solch verschiedene Weise plagt. Die Störungen, welche die Melancholie hervorruft, sind zumeist Furcht und Traurigkeit und solche, die sich daraus ergeben: wie Mißtrauen, Argwohn, Zaghaftigkeit oder Verzweiflung, die sich manchmal rasend und manchmal heiter gebärdet, mit einer Art sardonischem und falschem Gelächter, je nachdem, wie der Saft beschaffen ist, der jene verschiedenen Stimmungen erzeugt. Die traurigen und nachdenklichen entstehen aus jenem melancholischen Saft, welcher der dickste Bestandteil des Blutes ist, ob er nun Körpersaft oder Exkrement ist, und welcher nicht über die natürliche Temperatur hinausgeht, an der er Anteil hat, und nur vergleichsweise kalt genannt wird. Dieser hat seinen Sitz zum größten Teile in der Milz, beschwert mit seinen Dünsten das Herz und gaukelt, wenn er zum Gehirne aufsteigt, der Einbildungskraft schreckliche Gegenstände vor und verdirbt sowohl die Substanz als auch den Geist des Gehirns und zwingt es, ohne äußeren Anlaß ungeheuerliche und der Vernunft furchtbare Einbildungen zu erzeugen, welche die Urteilskraft so, wie sie von dem in Unordnung geratenen Instrument dargestellt werden, dem Herzen überliefert, das selbst keine Unterscheidungskraft besitzt, sondern, dem falschen Berichte des Hirnes Glauben schenkend, wider die Vernunft in jene unmäßige Leidenschaft ausbricht. Dies geschieht, weil das Instrument der Unterscheidungskraft von jenen melancholischen Geistern verdorben ist und die düsteren Wolken melancholischer Dünste, die von jenem Gefäße der Milz aufsteigen, die Klarheit verdunkeln, mit welcher unser Geist ausgestattet ist und welche zur gebührenden Unterscheidung der äußeren Objekte erforderlich ist. Dies ist zuerst nicht so unmäßig und zeigt sich auch nicht so deutlich wie im Laufe der Zeit, wenn die Substanz des Gehirnes reichlich von jenem Milzdunst gesättigt ist, wodurch ihre Beschaffenheit von selber Art wird und der reine und klare Geist so befleckt und verdunkelt, daß seine Unvoreingenommenheit gegenüber allen Dingen der Wahrnehmung nun zu einer Einseitigkeit und Vorliebe hingezogen wird, wie eben die Melancholie ihn zwingt. Denn wo jenes natürliche und innere Licht verdunkelt wird, steigen die Einbildungen eitel, falsch und unbegründet auf, so wie in der Außenwelt die wahrnehmbare Dunkelheit, die eher unser Wesen angreift als unser Äußeres, Grund größerer Ängste ist und uns mit ärgeren Schrecken plagt als das, welches uns die Sicht wahrnehmbarer Dinge nimmt, besonders da sie sich nicht allein aus der Abwesenheit des Lichtes ergibt, sondern aus einem Vorhandensein einer substantiellen Dunkelheit, die mit einer tatsächlichen Handlungskraft ausgestattet ist: diese ergreift Besitz vom Gehirne und verleiht ihm mit der Zeit die Gewohnheit eines verderbten Denkens, wodurch es seine Einbildungen nicht der Wahrheit entsprechend erzeugt, sondern, da die Natur jenes Saftes es leitet, stets auf verschlossene und verängstigte Weise. Dies ruft nicht nur phantastische Erscheinungen hervor, die lediglich durch Wahrnehmung des die sinnlichen Eindrücke zusammenfassenden

Verstandes erzeugt worden sind, sondern die Einbildung bemächtigt sich auch eines weiteren Bestandteiles des inneren Sinnes und erzeugt fälschliche Trugbilder, die dem Herzen einen großen Schrecken bereiten und es dazu bringen, sich durch ein Zusammenziehen in allen Teilen mit seinem Lebensgeiste so gut, wie es nur kann, vor jenen trügerischen Schemen zu verbergen, die das Gehirn, der rechten Unterscheidungskraft beraubt, dem Herzen vortäuscht. Auch werden nicht nur der Verstand und die Einbildungskraft solcherart vom Wahne überwältigt, sondern auch das Gedächtnis erhält hierbei eine Wunde, die es außer Stande setzt, jene Dinge, deren es sich vor dieser Leidenschaft angenommen hat, sowohl in Erinnerung zu behalten als auch aufzuzeichnen, und die somit verunstaltet werden. Denn da der Verstand und die Einbildungskraft, die dem Gedächtnis die Möglichkeit zur Sammlung seines Vorrats bieten, nur Hirngespinste statt wahrer Berichte überliefern, und diese so verhängnisvoll sind, daß sie unsere gesamte körperliche Verfassung erschüttern, so wird entweder das Gedächtnis durch die Vorherrschaft jener Zweifel und Ängste so gänzlich verstört, daß es die Obhut über seinen anderen Vorrat vernachlässigt, oder nimmt anderenfalls aufgrund jener Vorherrschaft nur mehr solche Dinge auf und wahr, durch die es auf nichts anderes gestoßen wird als Dunkelheit, Gefahr, Zweifel, Furcht und was immer das Herz des Menschen verabscheut. Und all dies übermitteln die Sinne auf so melancholische Weise der Erwägung des Gehirnes (das von solchen Dingen so urteilt, wie sie ihm angeboten werden, und dessen Aufgabe nicht in einer gründlicheren Prüfung besteht), daß es jene gewissen ihm eingeborenen Bestandteile von Vernunft und Weisheit auf einen trügerischen Fall anwendet, obwohl es im Allgemeinen und, wenn Besonderheiten richtig übermittelt werden, auch in ihnen gewiß und sicher urteilt. Denn was jene Dinge der Wahrnehmung betrifft, die gleichsam die Imitationen äußerer Geschöpfe sind, so hat Gott es so angeordnet, daß der Bericht von ihnen an die Instrumente des Gehirnes ergehe, die von Seinem Geiste erfüllt sind, und der Verstand die Dinge so beurteile und bestimme, wie sie in der Natur sind, und sich nicht weiter dazu herablasse, die Glaubwürdigkeit jener Sinne in Frage zu stellen, welche [...] niemals in ihrer Tätigkeit versagen, sondern die allererste Grundlage bilden für all dies Einwirken von Leben und Weisheit auf den Leib, welches der Verstand hier größtenteils nach außen hin betreibt.

Kapitel XX

Die Leiden, welche melancholische Personen befallen

Wie jeder andere körperliche Zustand, so macht sich der melancholische entweder körperlich oder in den Handlungen bemerkbar. Was die körperlichen Eigentümlichkeiten betrifft, die sich in erster Ableitung aus den Elementen ergeben, so ist der melancholische Zustand des Leibes, der nicht aus Verbrennung herrührt, kalt und trocken. Was die zweiten betrifft, die sich aus den ersten ergeben, so ist der Leib von schwarzer oder schwärzlicher Färbung, von einer Substanz, die zur Härte neigt, mager und nur wenig fleischig ist, was Hohläugigkeit und gramvollen Gesichtsausdruck zur Folge hat; all dies mehr oder weniger, einiges oder alles: je nachdem, ob die Melancholie angeboren ist oder durch falsche Ernährung erworben wurde oder längere oder kürzere Zeit angedauert hat. Was die Handlungen und die Tätigkeit des Gehirnes betrifft, sowohl die Sinne wie auch die Bewegungen, so ist der Melancholiker dumpf und träge, sowohl in den äußeren Sinnen wie auch in der Auffassungsgabe; von annehmbar gutem Gedächtnis, wenn es nicht durch Einbildungen getrübt wird; fest in der Meinung und kaum umzustimmen, wenn er seine Entscheidung getroffen hat; zunächst voll Bedenken und alles reiflich erwägend; mißtrauisch; gründlich und umsichtig im Studieren; angstvollen und schrecklichen Träumen ausgeliefert, in der Erregung traurig und voller Furcht; kaum zum Zorne zu reizen, aber ihn lange hegend und nicht leicht wieder versöhnlich zu stimmen; neidisch und eifersüchtig; dazu neigend, alles von der schlimmsten Seite zu sehen; und über die Maßen leidenschaftlich, wenn dazu bewegt. Aus diesen beiden Veranlagungen des Gehirnes und Herzens ergeben sich Einsamkeit, Trauern, Weinen und (wenn die Melancholie durch sanguinische Verbrennung entstanden ist) melancholisches Gelächter, Seufzen, Schluchzen, Klagen, gesenkter Blick, schamhaftes Erröten, langsamer Gang, Schweigsamkeit, Nachlässigkeit, eine Scheu vor dem Lichte und der menschlichen Gesellschaft und eine Vorliebe für das Dunkel und die Einsamkeit. Dies sind die Handlungen, die auszuüben in unserer Macht steht und die willkürliche genannt werden. Was die natürlichen Handlungen betrifft, so ist der Appetit der Melancholiker größer als ihre innere Sekretion, die Verdauung langsam und die Ausscheidung träge, der Puls flach und selten. Und so ergeht es melancholischen Personen in ihren willkürlichen und natürlichen Handlungen. Andere Vorgänge sind gewisse Ergebnisse und Auswirkungen ihrer natürlichen Handlungen: wie daß ein nährender Saft wie das Blut und die minderen Körpersäfte, die aus ihm hervorgehen, dick und grob sind, und das Blut ist schwarz und schal. Ihr melancholisches Exkrement ist sehr reichlich, wenn die Milz ihre Arbeit verrichtet. Wenn sie versagt, entweder durch unzureichende Absorption oder irgendein anderes störendes Hindernis, dann bleibt mehr davon in den Blutgefäßen und bewirkt eine starke Änderung der Gesichtsfarbe: wenn sie sich nicht jenes Übermaßes an dem Exkremente entledigt, das sie aus dem Blute gezogen hat, so schwillt sie davon an und ruft Störungen hervor, verursacht Atemnot, besonders nach dem Essen, und ein unnatürliches Aufwallen von Hitze, mit Blähungen auf der linken Seite und reichlicher Feuchtigkeit im Magen, die Spucken bewirkt und so die erste Verdauung im Magen verhindert, und schädlichen Dünsten, die heftiges

Herzklopfen verursachen. Die Ausscheidung des Stuhles ist hart, schwarz und selten; der Urin sehr weißlich und blaß und von geringer Menge.

Domenico Fetti, Melancholie (ca. 1614)

John Earle

Ein Missvergnügter

ist Jemand, der sich mit der Welt entzweit hat und dies am eigenen Leibe zu spüren bekommt. Fortuna hat ihm etwas vorenthalten, und nun ist er darüber verstimmt und wird ihr zum Trotze unglücklich sein. Die Wurzel seiner Krankheit ist ein sich selbst schmeichelnder Stolz und eine zur Gewohnheit gewordene Empfindlichkeit, wenn etwas seinen Launen zuwider läuft; und der Grund dafür ist gewöhnlich einer von diesen dreien: ein strenger Vater, ein zänkisches Weib oder sein gescheiterter Ehrgeiz. Er hat das Wesen der Welt nicht eher in Rechnung gezogen, als bis er es zu spüren bekam; und nun fallen alle Streiche um so schwerer auf ihn, weil sie nicht seiner Erwartung entsprechen. Er hat nunmehr allem außer seinem Stolze entsagt und ist doch noch voller Dünkel in der eitlen Zurschaustellung seiner Melancholie. Seine Haltung ist von einer einstudierten Achtlosigkeit; er hält die Arme verschränkt und läßt den Kopf ebenso nachlässig hängen wie ihm der Mantel am Leibe hängt; und einem Hutbande ist er ebenso feindlich gesonnen wie dem Glücke. Er klagt über die Zeitläufte und die Aufsteiger und seufzt über die Vernachlässigung von Männern von Talent, das heißt solchen, wie er selber einer ist. Sein Leben lang befleißigt er sich der Satire, und beständig geißelt er die Eitelkeit des Zeitalters. Es bereitet ihm höchstes Unbehagen, wenn er Menschen fröhlich sieht, und er fragt sich, welchen Grund zu lachen sie finden können. Er verzieht seine Lippen niemals zu mehr als zu einem Lächeln, und bevor er die Vierzig erreicht, hat ihm das Stirnrunzeln Falten eingetragen. Schließlich fällt er in jene tödliche Melancholie, die ihn zu einem erbitterten Menschenfeinde macht, und das ist des Unfriedens liebster Gefährte. Er ist der Funke, der das Gemeinwohl in Brand steckt; und betätigt sich selbst als Blasebalg, um das Feuer noch recht anzufachen; und wenn irgend etwas aus ihm wird, dann gewöhnlich eines von diesen dreien: Klosterbruder, Verschwörer oder Tollhäusler.

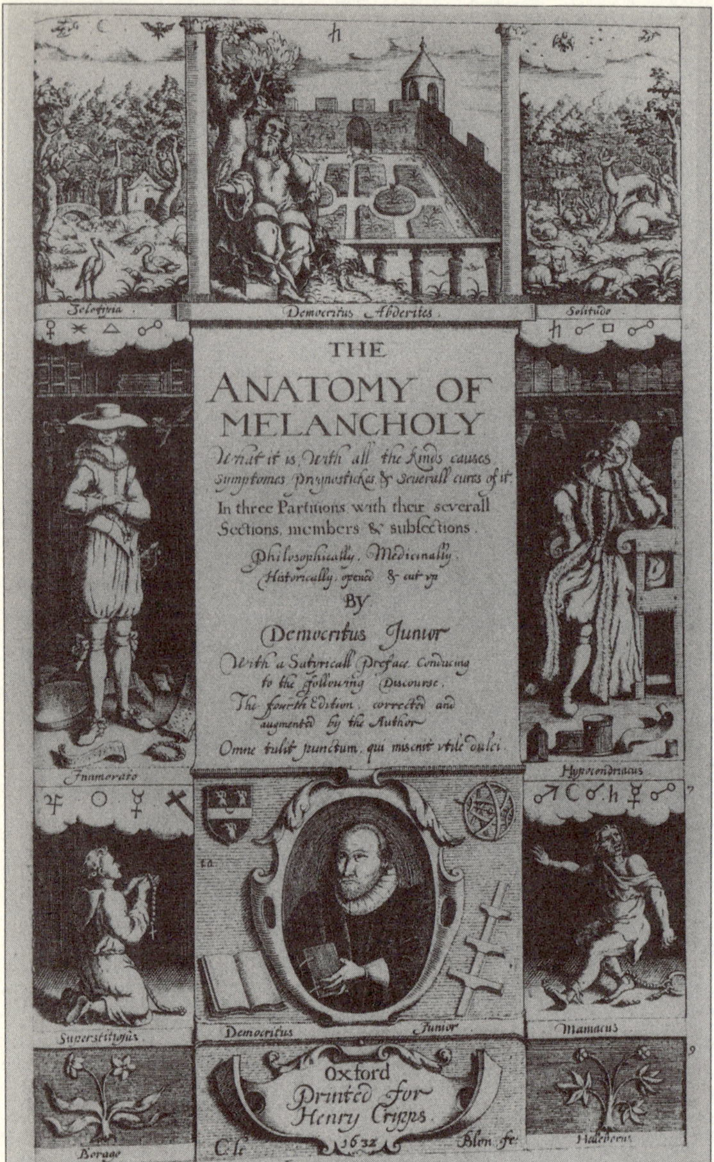

Frontispiz aus Robert Burton, The Anatomy of Melancholy (1628)

Robert Burton

Demokrit Junior an den Leser

Aus der ›Anatomie der Melancholie‹

Der geneigte Leser wird wohl neugierig sein, welcher Possenreißer und Schauspieler sich hier auf der allgemeinen Weltbühne so unverschämt in den Vordergrund spielt, und sich fragen, warum er sich eines anderen Menschen Namen anmaßt, woher er kommt, wieso er es tut und was er zu sagen hat. Nun könnte ich mit Seneca erwidern, ich bin frei geboren, wer also sollte mich gegen meinen Willen zu einer Antwort zwingen. Aber dem, der in mich dringt, will ich gleichwohl so bereitwillig Auskunft geben wie jener Ägypter bei Plutarch, von dem eine neugierige Seele partout erfahren wollte, was er in seinem Korb trage. Er ist eben deshalb bedeckt, war die Antwort, damit sein Inhalt verborgen bleibt. Man suche also auch hier nicht das, was sich verhüllt. Wenn nur die Darstellung gefällt und dem Leser von Nutzen ist, soll meinethalben der Mann im Mond als Autor gelten – ich gebe mich nicht zu erkennen. Trotzdem will ich, was die Namensaneignung, den Titel und die Materie angeht, freiwillig Auskunft geben. Der Name Demokrits dient hier nicht wie üblich zur Ankündigung einer Schmähschrift, einer Satire, einer lachhaften Abhandlung oder abstrusen Demonstration; Paradoxien wie die der sich bewegenden Erde oder der unendlichen Welten, die gleichsam durch die zufällige Kollision atomarer Sonnenstäubchen in grenzenloser Leere entstanden sein sollen, stehen hier nicht zu erwarten, wenn diese Lehren auch einst von Demokrit, Epikur und ihrem Lehrer Leukipp aufgestellt und kürzlich von Kopernikus, Giordano Bruno und anderen wiederbelebt worden sind. Und auch die bei späteren Schriftstellern und literarischen Schwindlern weitverbreitete Übung, unter dem Namen eines so edlen Philosophen wie Demokrit absurde und unverschämte Lügengeschichten zu verbreiten, um Glaubwürdigkeit und Respekt einzuheimsen, findet bei mir keine Fortsetzung. Vielmehr halte ich es mit Martial:

> Keine Centauren und nicht Gorgonen oder Harpyien
> findest du hier; mein Blatt gibt von dem Menschen ein Bild,

und handele wie Juvenal nicht von Chimären, sondern von unseresgleichen:

> Was nur Menschen beginnen, Erwünschtes, Zorn und Besorgnis,
> Wollust, Freuden, Gespräch, es vereint mein Büchelein alles.

Ich benutze also den Namen Demokrits nicht anders als etwa Mercurius Gallobelgicus oder Mercurius Britannicus von dem des Merkur Gebrauch machen. Allerdings gibt es noch andere Gründe, warum ich mich hinter dieser Maske verberge, Gründe, die ich aber schwerlich offenlegen kann, bevor ich nicht ein kurzes Charakterbild Demokrits entworfen und einen Abriß seines Lebens gegeben habe. Nach der Beschreibung des Hippokrates und Laertius war Demokrit ein kleiner und schwächlicher Mensch von sehr melancholischem Gemüt. Dieser schon zu Lebzeiten berühmte Philosoph und Zeitgenosse des Sokrates wurde im Alter menschenscheu, suchte die Einsamkeit und widmete sich bis zuletzt ganz seinen Forschungen. In seiner Zurückgezogenheit verfaßte er viele hervorragende Werke, die ihn – wie beispielsweise seine Schrift *Diacosmus* – als großen Gottesgelehrten, fähigen Arzt, Politiker und bemerkenswerten Mathematiker ausweisen. Er fand auch Vergnügen am Studium des Landbaus, wie Columella ausführt, und wird von Constantinus und anderen bei der Behandlung dieses Gegenstandes häufig zitiert. Darüber hinaus kannte er die unterschiedliche Natur der Tiere, Pflanzen, Fische, Vögel und verstand sogar, wie einige meinen, ihre Stimmen. Mit einem Wort, er war ein Universalgelehrter und großer Forscher und soll sich sogar, um ungestörter nachdenken zu können, im Alter selbst geblendet haben. Gleichwohl sah er immer noch mehr als das übrige Griechenland und äußerte sich zu allen Fragen der Naturphilosophie. Er verfügte über einen scharfen Geist und eine profunde Bildung und war in seiner Jugend nach Athen und Ägypten gereist, um sich dort – von manchen bewundert, von anderen verachtet – zur Vervollkommnung seines Wissens mit den Gelehrten zu unterreden. Nach diesen Wanderjahren ließ er sich in Abdera, einer Stadt in Thrakien, nieder und wirkte dort als Gesetzgeber oder, nach anderen Quellen, als Stadtrichter und Syndikus. Vielleicht wurde er auch an diesem Ort geboren und aufgezogen. Wie dem auch sei, er lebte schließlich weltabgewandt in einem Garten vor der Stadt, ganz seinen Studien hingegeben, die er nur manchmal unterbrach, um zum Hafen hinunterzugehen und von Herzen über all die komischen Dinge, die er dort zu sehen bekam, zu lachen. So ein Mensch war Demokrit.

Was hat das alles aber nun mit mir zu tun, und mit welchem Recht mache ich mir seinen Habitus zu eigen? Mich auf der Grundlage der bisherigen Ausführungen mit ihm zu vergleichen, wäre – das gestehe ich ein – ein Zeichen der Anmaßung und des Dünkels, und ich unterstelle hier keinerlei Ähnlichkeiten. Allerdings kann ich immerhin behaupten, und zwar hoffentlich ohne mich dem Verdacht der Einbildung und des Stolzes auszusetzen, daß ich an der Universität Oxford eine ruhige, seßhafte, einsiedlerische und zurückgezogene Existenz geführt habe, die beinahe so lange währte wie die Lehrzeit des Xenokrates in Athen. Meistenteils eingeschlossen in meinem Studierzimmer, habe ich wie er dem Studium der Weisheit oblegen. Erzogen wurde ich am Christ Church College, der blühendsten Hochschule Europas, und es fehlt nicht viel, so könnte ich mich mit Jovius rühmen: In jener in aller Welt berühmten Bibliothek des Vatikans habe ich in den letzten 37 Jahren mein Wissen fleißig gemehrt. Schließlich habe ich inzwischen dreißig Jahre als Gelehrter in Oxford zugebracht und hatte keine schlechtere Büchersammlung zur Verfügung als er. Deshalb möchte ich durch eine drohnenhafte Lebensweise auch nicht gern in den Ruch kommen, ein nutz- und wertloses Mitglied dieser gebildeten und edlen Gemeinschaft zu sein, oder etwas zu Papier bringen, was einer derart königlichen und stattlichen Einrichtung in irgendeiner Beziehung zur Unehre gereichte. Einiges habe ich zustande gebracht; doch wenngleich ich von Haus aus Theologe bin, drängte mich mein unbeständiger, sprunghafter, ausschweifender Geist dazu, mich in allen Disziplinen umzutun, mir ein breites Allgemeinwissen zu erwerben, aber mich nirgendwo als Spezialist hervorzutun, wie im übrigen schon Platon empfiehlt, woraus wiederum Lipsius folgert, daß es jedem Wißbegierigen gut anstünde, nicht Sklave einer Wissenschaft zu werden oder sich wie die meisten auf einem Forschungsgebiet anzusiedeln, sondern umherzustreifen als Diener von hundert Künsten, ein Ruder in jedem Boot zu haben, jede Speise zu kosten, an jedem Becher zu nippen, was nach Montaigne von Aristoteles ebenso praktiziert wurde wie von seinem gelehrten Landsmann Adrian Turnebus. Eben dieses unstete Wesen, das mir allerdings nicht zu vergleichbaren Erfolgen verholfen hat, habe ich von jeher besessen, und wie ein herumstöbernder Spaniel, der jeden Vogel verbellt, den er sieht, und darüber seine Beute vergißt, bin ich allem hinterher, nur nicht meinen eigentlichen Pflichten, und kann mich wahrlich mit Seneca beklagen, daß der, der überall ist, nirgendwo weilt. Viele Bücher habe ich gelesen, aber in Ermangelung der richtigen Methode mit wenig Nutzen; in meiner Verwirrung bin ich in unserer Bibliothek über die unterschiedlichsten Autoren gestolpert und habe doch, stümperhaft, unsystematisch, vergeßlich und urteilsunfähig wie ich bin, nur wenig damit anfangen können. Gereist bin ich immer nur mit dem Finger auf der Landkarte, wobei sich meine Gedanken so grenzenlos ausgebreitet haben, wie das bei einem Liebhaber der Kosmographie zu erwarten steht. Unter der Herrschaft des Saturn wurde ich geboren, und Mars, der die natürlichen Anlagen bestimmt, stand teilweise in Konjunktion mit meinem Aszendenten und beide günstig in ihren Häusern. Arm bin ich nicht und auch nicht reich; ich habe wenig, leide aber keinen Mangel, denn mein ganzer Schatz liegt in Minervas Turm. Da mir nie ein hohes Amt zuteil wurde, stehe ich dafür in niemandes Schuld; dank meiner edlen und großzügigen Gönner habe ich mein Auskommen, wenngleich ich immer noch im College lebe wie Demokrit in seinem Garten. Ich existiere dort wie im Kloster, mir selbst Unterhaltung genug, abgesondert vom Aufruhr und dem Hader der Welt, die Zeitalter, Vergangenheit und Gegenwart, wie ein weiser Stoiker von einem erhöhten Standort aus betrachtend. Ich höre und sehe, was im Ausland geschieht, wie andere hasten, eilen, sich plagen und schinden in Stadt und Land. Fern halte ich mich den Händeln und Prozessen, den Eitelkeiten des Hofes und Intrigen der Politik und verlache alle, weil ich nicht in Unruhe sein muß, daß mein Verfahren eine schlechte Wendung nimmt, daß die Schiffe untergehen, das Korn und Vieh verdirbt und der Handel leidet. Ich habe nämlich kein Weib und keine gut oder schlecht geratenen Kinder, für die ich zu sorgen hätte. Als bloßer Beobachter der Geschicke und Abenteuer anderer Menschen kommt es mir vor, als spielten sie ihre Rollen in einem unserer Theater. Tagtäglich höre ich neueste Nachrichten und landläufige Gerüchte über Kriege, Seuchen, Feuer, Überschwemmungen, Diebstähle, Morde, Massaker, Meteore, Kometen, Geister, Wunder, Erscheinungen, über belagerte und eroberte Städte in Frankreich, Deutschland, der Türkei, Persien, Polen, von Aushebungen und Kriegsvorbereitungen, Schlachten und Gefallenen, über Zweikämpfe, Schiffsuntergänge, Piraterie und Seeschlachten, von Friedensschlüssen, Bündnissen, Kriegslisten und neuen Mobilmachungen, wie sie diese stürmischen Zeiten erzeugen. Ein großes Durcheinander von Schwüren, Wünschen, Klagen, Edikten, Petitionen, Prozessen, Gesetzen, Proklamationen und Beschwerden kommt uns täglich zu Gehör. Neue Bücher erscheinen Tag um Tag, Pamphlete, Flugschriften, Geschichten, ganze Kataloge mit den unterschiedlichsten Titeln, neue Paradoxa, Meinungen, Schismen, Ketzereien, Kontroversen in der Philosophie, Theologie usw. Eben erreichen uns Neuigkeiten über Hochzeiten, Maskenspiele, Mummenschanz, Lustbarkeiten, Jubiläen, Gesandtschaften, Turniere, Trophäen, Triumphzüge, Gelage, Wettkämpfe, Theaterstücke, dann wieder wie nach dem Umbau eines Bühnenbildes Nachrichten von Verrat, Betrügereien, Räubereien, Schurkenstreichen aller Art, Trauerfeiern, Beerdigungen, vom Ableben der Herrscher, von neuen Entdeckungen und Expeditionen, von mal komischen, mal tragischen Ereignissen. Heute erfahren wir etwas über Erhebungen in den Adelsstand und militärische Beförderungen, morgen über Absetzungen und dann wieder über neue Ehrungen. Einer wird freigelassen, der andere ins Gefängnis geworfen; einer kauft, der andere ruiniert sich, jener hat Erfolg, sein Nachbar macht bankrott; hier Hülle und Fülle, dort Hunger und Not; einer hastet zu Fuß, der andere reitet. Inmitten solcher Galanterie und solchen Elends, umgeben von Frohsinn, Stolz, Verwirrung und Sorgen, Einfalt und Schurkerei, Offenheit und Anstand, Gerissenheit und Gaunertum in allen möglichen Schattierungen friste ich meine ganz und gar zurückgezogene Existenz. Wie ich immer gelebt habe, so lebe ich weiter und überlasse mich ganz der Einsamkeit und meinen privaten Kümmernissen. Nur manchmal habe ich mir – um der Wahrheit die Ehre zu geben – wie Diogenes, der die Stadt, und wie Demokrit, der den Hafen aufsuchte, dadurch Unterhaltung und Kurzweil verschafft, daß ich herumspazierte und die Augen offenhielt. Dabei konnte ich nicht umhin, die eine oder andere Beobachtung zu machen, und zwar nicht wie sie, um über das Verhalten der Menschen zu spotten oder sie auszulachen, sondern eher mit gemischten Gefühlen:

Wie habt ihr mir oftmals
Galle erregt, oft lachenden Scherz mit eurem Getobe.
(Horaz)

Zwar habe ich des öfteren mit Lukian gelacht und gespottet, mit Menippus satirisch getadelt, mit Heraklit lamentiert, aber mir ist auch das Lachen im Hals steckengeblieben und die Galle hochgestiegen, wenn ich Zeuge von Mißständen wurde, die ich nicht ändern konnte. Allerdings benutze ich den Namen Demokrits nicht, um in solchen Fällen mein Mitgefühl zu verschleiern, sondern ich hülle mich in dieses Gewand, weil ich mir auf diese Weise ein wenig mehr Redefreiheit sichern kann, also – wenn man es denn unbedingt wissen will – aus eben dem Grund, von dem schon Hippokrates ausführlich in seinem Brief an Damagetus berichtet. In diesem Schreiben erzählt er von einem Besuch bei Demokrit, den er in seinem Garten vor den Toren Abderas in einer schattigen Laube antrifft, versunken in seine Überlegungen, ein Buch auf den Knien und manchmal hineinschreibend, dann wieder auf und ab gehend. Das Thema dieser Studie war Melancholie und Geisteskrankheit, und um ihn verstreut lagen die Kadaver der unterschiedlichsten Tiere, die er vor kurzem seziert und zerlegt hatte, um den Ursprung der schwarzen Galle ausfindig zu machen und zu erkunden, woher sie kommt und wie sie im menschlichen Körper erzeugt wird. Das tat er mit dem Hintergedanken, sich selbst von der Melancholie zu heilen und seine Mitmenschen durch seine Schriften und Beobachtungen darüber aufzuklären, wie man dieser Erkrankung zuvorkommen und ihr Ausbrechen verhindern könne. Eine gute Absicht, die Hippokrates rühmlich findet und der ich hier als Demokrit Junior in aller Demut nacheifern will. Demokrits Schrift blieb unfertig und ist verloren; quasi als sein Stellvertreter belebe ich sein Anliegen wieder, greife seine Forschungen auf und bringe sie in diesem Buch zum Abschluß.

Deshalb also benutze ich seinen Namen. Falls Titel und Zuschreibung aber weiterhin auf Bedenken stoßen und ich mich dadurch rechtfertigen wollte, daß ich andere anklagte, könnte ich zahllose Abhandlungen und sogar Predigtsammlungen anführen, die trotz ihrer Schlichtheit auf ihren Titelblättern noch ausgefallenere Pseudonyme aufweisen. Außerdem ist es heutzutage Usus, Büchern eine phantastische Titelei voranzustellen, damit sie sich besser verkaufen. Eingebildete Leser werden davon angelockt wie Lerchen von Leimruten oder wie Passanten, die ein Kunstwerk keines Blickes würdigten, von den billigen Machwerken einer Malerwerkstatt. Denn nichts nimmt – wie schon Scaliger weiß – einen Leser mehr gefangen als eine außergewöhnliche und unerwartete Beweisführung, und nichts findet schnelleren Absatz als ein skurriles Pamphlet, dessen Neuigkeitskitzel Appetit macht. Viele Autoren bilden sich, so Aulus Gellius, auf ihre Titel etwas ein und formulieren so, daß der, der eigentlich für seine niederkommende Tochter die Hebamme holen wollte, die Zeit vertrödelt. Ich für meinen Teil aber habe ehrbare Vorbilder für mein Vorgehen, und ich nenne als eines unter vielen nur die *Anatomie der Gewitztheit* von Anthony Zara, die in unseren Bibliotheken einzusehen ist.

Falls jemand an meiner Materie und der Art ihrer Behandlung Anstoß nimmt und eine Begründung wünscht, kann ich mehr als eine liefern. Ich habe über die Melancholie geschrieben, um sie mir mit dieser Unternehmung vom Leibe zu halten. Es gibt nämlich keine gewichtigere Ursache der Schwermut als den Müßiggang und kein besseres Heilmittel, als sich zu beschäftigen, wie schon Rhazes behauptet. Und wenngleich gilt: Sich mit Torheiten zu befassen, bringt wenig Nutzen, so heißt es doch auch beim göttlichen Seneca: Besser Zweckloses tun als nichts. Und eben um die aus der Untätigkeit geborene Lethargie nicht aufkommen zu lassen, habe ich mich dem, was bei Macrobius spielerische Mühe heißt, unterzogen und meine freien Stunden sinnvoll genutzt:

Zu singen, was lieblich zugleich und tauglich fürs Leben,
was so den Leser zugleich aufheitert und lehrend ermahnt.

(Horaz)

Zu diesem Zweck schreibe ich wie diejenigen, die nach Lukian aus Mangel an Zuhörern vor Bäumen und Säulen rezitieren. Nicht, weil etwas unbekannt oder unerwähnt wäre, sondern, mit Paulus Aegineta, um mich zu üben (eine Methode, die auch anderen körperlich und vor allem seelisch gut täte) oder vielleicht auch, um wie andere rühmlich hervorzutreten. Möglicherweise halte ich es mit Thukydides, der meinte, etwas zu wissen und es nicht in Worte zu fassen, sei das gleiche wie Ignoranz. Als ich meine Aufgabe zuerst anging, zielte ich darauf ab, mir schreibend den Kummer zu vertreiben, denn ich hatte ein schweres Herz und umwölktes Haupt, eine Art Abszeß im Kopf, von dem ich gern befreit werden wollte, und vermochte mir keine bessere Art der Entfernung vorzustellen als diese. Außerdem konnte ich mir selbst schlecht Fesseln anlegen, denn wen's juckt, der kratzt sich. Diese Krankheit, soll ich sagen meine Göttin Melancholie oder mein böser Geist, hat mir nicht wenig Verdruß bereitet, und deshalb bekämpfte ich wie der, der von einem Skorpion gestochen wird, Gleiches mit Gleichem, entfernte einen Nagel mit Hilfe eines zweiten, trieb eine Sorge mit der anderen aus, Müßiggang mit Zeitvertreib, und bereitete mir ein Gegengift aus dem, was die Hauptursache meines Leidens war. Oder vielleicht verhalte ich mich auch wie jener Mensch, der, wie bei Felix Platter nachzulesen ist, glaubte, einige der quakenden Frösche des Aristophanes im Bauch zu haben, deshalb sieben Jahre lang Medizin studierte und auf der Suche nach Linderung ganz Europa bereiste. Um mir selbst zu helfen, habe ich fast alle medizinischen Werke studiert, die sich in unseren Bibliotheken befinden oder die mir meine Freunde zugänglich machen konnten, und alle Mühen auf mich genommen. Warum auch nicht? Cardano gibt zu, daß er sein Buch *De Consolatione* nach dem Tod seines Sohns geschrieben hat, um sich zu trösten, ebenso schrieb Cicero nach dem Hinscheiden seiner Tochter in keiner anderen Absicht über das nämliche Thema, wenn das Werk authentisch ist und nicht, wie Lipsius vermutet, von einem Betrüger unter seinem Namen herausgebracht wurde. Was meine Person angeht, so kann ich vielleicht mit Sallusts Marius für mich in Anspruch nehmen, daß ich das gefühlt und praktiziert habe, was sich andere anlesen mußten oder nur vom Hörensagen kennen. Sie haben ihr Wissen aus Büchern, ich verdanke meins meinen melancholischen Anwandlungen selbst. Ich rede aus schmerzlicher Erfahrung und ich möchte anderen aus Mitgefühl helfen. Wie jene tugendhafte Frau, die selbst aussätzig war und ihr Erbteil darauf verwandte, ein Hospital für Aussätzige zu bauen, will ich die größten Schätze, die ich besitze, nämlich meine Zeit und mein Wissen, zum Nutzen aller einsetzen.

Schön und gut, wird man einwenden, aber das sei eine unnötige und zwecklose Unternehmung. Denn wie viele ausgezeichnete Ärzte haben nicht schon Wälzer und ausgefeilte Abhandlungen zu diesem Thema veröffentlicht. Bei mir gibt es denn auch keine neuen Erkenntnisse; was ich aufschreibe, habe ich anderen entwendet, und jede Seite klagt mich des Diebstahls an. Allein, was sollte aus den meisten Schriftstellern werden, wenn man das Verdikt des Synesius vollstreckte, nach dem es ein größeres Verbrechen ist, sich am geistigen Eigentum von Toten zu vergreifen als an ihren Kleidern. Auf der Anklagebank hebe ich meine Hand mit den anderen, bekenne mich schuldig und bin es zufrieden, mit den übrigen im Druck zu sein. Es ist wahr, vielen juckt ihr literarisches Fell, und das Bücherschreiben nimmt kein Ende, besonders in unseren Kritzelzeiten, in denen die Druckerzeugnisse Legion sind, sich die Pressen im Belagerungszustand befinden und es jeden gelüstet, sich als Autor einen Namen zu machen. Sie schreiben über alles Mögliche und kratzen es von anderswo zusammen. Verhext von Ruhmsucht, ruinieren sie ihre Gesundheit, und daß sie kaum noch die Feder halten können, bringt sie ebensowenig vom Publizieren ab wie der Niedergang und Bankrott ihrer Mitmenschen. Unter die Schriftsteller wollen sie gerechnet werden, als Polyhistoren und Universalisten gelten, sich in diesen Zeiten ehrgeizigen Gerangels mit ihrer brotlosen Kunst ein papierenes Königreich erwerben; und die, die noch kaum das Zeug zum Zuhören haben, müssen partout schon als Lehrer und Magister auftreten. Sie stürzen sich auf alle Disziplinen, auf theologische und weltliche Autoritäten, klappern die Indizes und Pamphlete so nach Bemerkenswertem ab wie unsere Handelsleute fremde Häfen nach Handelsware, schreiben Wälzer, auch wenn sie dadurch nicht bessere Gelehrte, sondern nur größere Schwätzer werden. Gewöhnlich schieben sie das Gemeinwohl vor, und doch ist es, wie Gessner bemerkt, Stolz und Eitelkeit, was sie vorantreibt, keine neuen und wertvollen Erkenntnisse, sondern das alte Lied mit neuen Worten. Sie werden Schriftsteller, damit die Drucker nicht zufällig einen freien Tag haben, und schreiben, um sich davon zu überzeugen, daß sie am Leben sind. Wie Apotheker rühren wir jeden Tag neue Mixturen an und gießen den Inhalt eines Gefäßes in ein anderes; wie die Römer alle Städte der Welt plünderten, um ihr schlecht gelegenes Rom auszustaffieren, so schöpfen wir den Rahm von fremder Milch und pflücken in kultivierten Gärten die auserlesensten Blumen, um damit unsere unfruchtbaren Parzellen herauszuputzen. Sie spicken ihre mageren Bändchen mit dem Fett fremder Werke. Alle haben sie wie ich an anderen etwas auszusetzen und dabei doch immer selbst Dreck am Stecken; Diebesgesindel, das die Alten bestiehlt, um seine neuen Kommentare aufzuplustern, auf dem Misthaufen des Ennius herumscharrt oder wie ich in der Abfallgrube Demokrits. Und so kommt es denn, daß nicht nur unsere Bibliotheken und Läden voll sind von unseren modrigen Papieren, sondern auch unsere Nachtstühle und Abtritte. Man benutzt sie als Unterlage für Pasteten, packt Gewürze darin ein und bewahrt mit ihrer Hilfe den Braten vor dem Verkohlen. Bei uns in Frankreich, sagt Scaliger, hat jeder die Freiheit zu schreiben, aber kaum einer die Fähigkeit. Früher waren kluge Gelehrte die Zierde der Wissenschaft, aber heute wird sie durch elende und ungebildete Schreiberlinge verunglimpft, die entweder aus Aufgeblasenheit, Bedürftigkeit und Geldgier schreiben oder, um sich als Parasiten bei den Großen einzuschmeicheln, Banalitäten, Unrat und Schund auf den Markt bringen. Unter Tausenden von Schriftstellern findet sich kaum einer, dessen Lektüre uns besser machte, sondern sie alle verderben ihre Leser, die sie anstecken, statt ihnen ein Licht aufzustecken.

So geschieht es oft, daß ein dickes Buch großes Unheil anrichtet. Cardano tadelt die Franzosen und Deutschen wegen ihres zwecklosen Geschreibsels. Dabei verbietet er ihnen die Schriftstellerei keineswegs, solange sie eigene und neue Ideen vortragen; aber wir weben immer noch am selben Stoff, flechten wieder und wieder dasselbe Seil, oder wenn wir tatsächlich auf etwas Neues verfallen, dann ist es nur eine Kinderei – Tand, den Hohlköpfe zu Papier bringen, damit andere Hohlköpfe ihn lesen – und wer könnte solche Erfindungen nicht machen. Denn der muß in der Tat einen seichten Geist besitzen, der in diesen Kritzelzeiten nicht wenigstens das eine oder andere zusammenpfuscht. Fürsten lassen ihre Armeen defilieren, die Reichen protzen mit ihren Häusern, Soldaten mit ihrer Mannhaftigkeit, die Gelehrten schreien ihre Kinkerlitzchen aus, und alle müssen hören und lesen, ob sie wollen oder nicht:

> Und was auf das Papier einmal er gesudelt, verlangt ihn
> allen zur Kunde zu bringen, die vom Backofen und
> Schöpfteich
> kehren, so Knaben wie Vetteln. (Horaz)

Welch eine Schar von Dichtern hat dieses Jahr hervorgebracht, beklagt sich schon Plinius bei Sossius Senecio, den ganzen April tagtäglich Rezitationen. Welche von Neuerscheinungen schwellenden Kataloge haben Frankfurter Messen und Inlandsmessen aufzuweisen. Zweimal jährlich strapazieren wir unser Genie und bieten die Ergebnisse feil, wobei die enormen Anstrengungen rein gar nichts bewirken. Und wenn nicht die von Gessner gewünschte schleunige Reform stattfindet und die Narrenfreiheit durch königlichen Erlaß und energisches

Durchgreifen eingeschränkt wird, geht alles ad infinitum so weiter. Wer aber ist ein solcher literarischer Vielfraß, daß er alles, was auf den Markt kommt, zur Kenntnis nehmen könnte. Wie schon jetzt werden wir uns mit einem immensen Chaos von Büchern, einem solchen erstickenden Durcheinander herumschlagen müssen, daß uns die Augen vom Lesen und die Finger vom Umblättern schmerzen. Ich selbst bin in dieser Beziehung keine Ausnahme, das bestreite ich nicht, aber ich habe mit Macrobius zu meiner Verteidigung vorzubringen, daß meine Arbeiten mein Eigentum sind und doch auch wieder nichts davon mir gehört. Wie eine gute Hausfrau aus der Wolle etlicher Schafe ein einziges Stück Stoff webt, eine Biene ihren Honig vielen Blüten verdankt, so habe ich für diese Kompilation zahlreiche fremde Autoren benutzt. Dabei habe ich niemandem Unrecht getan, sondern jedem das Seine gelassen, und zwar nach dem Vorbild des von Hieronymus gerühmten Nepotian, der nicht, wie es heute üblich ist, ganze Verse, Seiten, Traktate stahl, ohne die Namen ihrer Urheber zu nennen, sondern jeweils auf das geistige Eigentum des Cyprian, Lactantius, Hilarius, Minucius Felix, Victorinus oder Arnobius verwies. Und ebenso zitiere ich meine Gewährsleute, selbst wenn das einige ungebildete Tintenkleckser für pedantisch halten, weil es ihren aufgeblasenen Stilvorstellungen nicht entspricht. Ich habe geborgt, aber nicht gestohlen, und wenn Varro von den Bienen sagt, sie richteten keinen Schaden an, wenn sie Honig saugen, so frage ich für meinen Teil: Wem habe ich ein Leid zugefügt? Die Materie ist größtenteils die ihre und doch auch von mir angeeignet nach der Art, in der die Natur mit den Nahrungsmitteln verfährt, die sich unser Körper einverleibt, die er verdaut und assimiliert. Ganz ähnlich halte ich es mit der geistigen Nahrung. Ich fordere meinen Nahrungsquellen gleichsam einen Tribut ab, um dieses Potpourri zu Papier zu bringen, wobei nur die Methode der Verknüpfung meine eigene ist, ich mich aber im übrigen Wecker anschließe, der meinte, wir könnten nichts sagen, was nicht schon gesagt worden sei, deshalb beweise sich der Gelehrte allein in der methodischen Anordnung. Oreibasios, Aëtios, Avicenna stützen sich ganz auf Galen, haben aber ihren eigenen Darstellungsstil. Unsere Dichterlinge dagegen bestehlen Homer, und was er ausspeit, lecken sie auf. Theologen schreiben Augustinus immer noch verbatim ab, und unsere Geschichtsklitterer verfahren ähnlich, wobei der neueste jeweils als der beste gilt. Obwohl sich die Naturkunde und Philosophie der Alten vieler Giganten rühmen kann, behaupte ich doch mit Didacus Stella, daß ein Zwerg, der auf den Schultern eines Hünen steht, weiter sieht als der Riese selbst, und ebenso bin ich meinen Vorgängern dadurch über, daß ich hinzuzufügen und sie zu korrigieren weiß. Folglich bin ich ebensowenig voreingenommen, wenn ich mich anderen anschließe, wie es der berühmte Arzt Aelianus Montaltus war, der über die Krankheiten des Kopfes schrieb und sich dabei an Jason Pratensis, Heurnius und Hildesheim orientierte. Viele Pferde bestreiten ein Rennen, auch in den Wissenschaften. Der Leser mag sich widersetzen, soviel er will:

> Wenn auch immer und immer du mich anbellst
> und mich reizest durch unverschämtes Kläffen,
> (Martial)

ich bleibe bei meiner Methode. Was aber jene anderen Fehler angeht – die Barbarismen, das Dorisierende und Extemporierende, meine Tautologien, Nachäffereien, diese Rhapsodie der von allen möglichen Abfallhaufen zusammengeklaubten Lumpen, die tolle Mischung der Ausscheidungen fremder Schriftsteller mit Tand und Ziererei ohne Kunst, Geist, Originalität, Urteil und Bildung, grob, ungehobelt, roh, aberwitzig, absurd, anmaßend, unverschämt, zusammengeschustert, unverdaut, eingebildet, skurril, nutzlos, langweilig und trocken –, so gestehe ich das alles ein, und kein Leser kann schlimmer von mir denken, als ich es selbst tue. Das Buch ist die Lektüre nicht wert, das konzediere ich, und die Beschäftigung mit diesem fruchtlosen Thema Zeitverschwendung. Wenn mir meine Leser so etwas vorsetzten, wäre ich vielleicht nicht weniger abgeneigt, weil es sich nicht lohnt. Alles, was ich zu bedenken gebe, ist, daß ich auf Präzedenzfälle verweisen kann, die Isokrates die Zuflucht der Sünder nennt, und auf Produkte, die nicht weniger absurd, eingebildet, seicht und unwissend waren. Andere haben Ähnliches oder vielleicht Schlimmeres auf dem Gewissen, und möglicherweise sogar mancher meiner Leser. Wir alle haben unsere Fehler, und ich, der ich andere kritisiert habe, entkomme meinen Kritikern nicht, denen ich wiederum Gleiches mit Gleichem vergelte. Wer will, der tadle, kritisiere, schimpfe und schmähe also nach Herzenslust, ich habe immer noch eine schlechtere Meinung von mir selbst:

> Magst großnäsig sein, wie du willst, ja, werde zur Nase,
> setztest du doch nicht mehr unsere Possen herab,
> als wir selber getan. (MARTIAL)

Wie wenn Weiber keifen, habe ich als erster »du Hure« geschrien, und ich fürchte, bei manchem Tadel zu dick aufgetragen. Die Eitlen loben, die Dummen tadeln sich. Weil ich mir nichts anmaße, will ich andere nicht herabsetzen. Ich bin keiner der Besten, aber auch keiner der Geringsten. So wie ich einen Zoll, mehrere Fuß oder soundsoviele Klafter hinter diesem oder jenem zurück sein mag, so bin ich euch womöglich doch um Haaresbreite voraus. Sei es, wie es wolle, gut oder schlecht, jedenfalls habe ich es auf einen Versuch ankommen lassen und mich selbst ins Rampenlicht gerückt, also muß ich auch den Tadel über mich ergehen lassen, dem ich nicht entkommen werde. Allzu wahr ist es, daß unser Stil uns verrät, und wie Jäger nur den Spuren ihrer Beute folgen müssen, um sie aufzuspüren, so wird die geistige Eigenart eines Menschen in seinen Werken sichtbar, und aus seinem Redestil erfahren wir – nach der Maxime Catos – mehr über seinen Charakter als aus seinen Gesichtszügen. Auch ich habe mich in dieser Abhandlung zu erkennen gegeben, das weiß ich, und mein Innerstes nach außen gekehrt, und fraglos werde ich mir Kritik einhandeln, weil ich mich mit Erasmus von der Einsicht leiten lasse, daß es nichts Verbohrteres gibt als Werturteile, wobei es immerhin tröstlich scheint, daß die Maßstäbe dabei so verschieden sind wie die Geschmäcker:

> Fast mißstimmen, so scheint's, drei Gäste in ihrem
> Geschmacke,
> gänzlich Verschiednes verlangt ihr mannigfaltiger
> Gaumen. (Horaz)

Unsere Schriften sind wie Speisen, unsere Leser wie Gäste, unsere Bücher wie die Schönheit, was der eine bewundert, weist der andere zurück, und man schätzt uns je nach Gusto und Mode. Die Grillen des Lesers bestimmen das Schicksal der Bücher, und was dem einen gefällt, das findet der andere so widerwärtig wie die Sau Majoran. So viele Menschen, so viele Köpfe, und was dieser verdammt, entflammt jenen. Der hält auf Substanz, für seinen Nachbarn zählt allein die Sprache, mancher liebt den freien und ungebundenen Stil, ein vierter tritt für einen klaren Aufbau ein, für kraftvolle Zeilen, Hyperbeln, Allegorien. Der wünscht ein gediegenes Frontispiz und entzückende Illustrationen, um die Aufmerksamkeit des Lesers zu erregen; ein anderer lehnt alle Bebilderung ab. Was diesem bewundernswert dünkt, verwirft jener als lächerlich und absurd. Und wer mit dem Temperament seines Lesers, mit seiner Methode und seinen Vorstellungen nicht haargenau auf einer Linie liegt, wer nicht nach dessen Vorlieben und Abneigungen dazusetzt oder ausläßt, der gilt ihm als ein ungebildeter Klotz, als Trottel und Esel, als Plagiator, oberflächlicher Pfuscher und Hohlkopf. Oder aber das Buch wird als bloße Fleißleistung abgetan, als Kompilation ohne Witz und Erfindungsgabe, als Bagatelle. Was einmal bewerkstelligt wurde, das scheint anschließend allen leicht, und an den holprigen Weg denkt niemand mehr, sobald die Straße gepflastert ist. Nicht anders werden Autoren bewertet und ihre Leistungen von

Taugenichtsen heruntergemacht, die nichts Vergleichbares fertigbrächten. Jeder hält große Stücke auf seinen eigenen Verstand, und da es jeder Partei so geht, kann man es unmöglich jedem recht machen. Wie soll ich alle zufriedenstellen und jedes Temperament, jede Marotte treffen? Einige haben einen zu engen, andere einen zu weiten Horizont und bewerten Bücher, wie Augustinus bemerkt, nach dem Namen ihrer Verfasser, so wie gewisse Leute andere nach ihrer Kleidung beurteilen. Ihnen ist wichtig, wer schreibt, nicht, was geschrieben steht; der Ruhm des Autors verkauft das Buch, und sie achten auf den Becher, nicht das Getränk, die Prägung und nicht den Metallgehalt der Münze. Wenn der Verfasser nicht reich ist, in hoher Stellung, vornehm und angesehen, ein bedeutender Gelehrter und überhäuft mit den großartigsten Titeln, die er allesamt nicht verdient, dann ist er ein Trottel, obwohl schon Baronius im Zusammenhang mit dem Werk Caraffas feststellt, jemand, der einen anderen wegen seiner Armut herabsetze, sei ein Banause. Einige sind wie Freunde zu parteilich und großzügig, andere tragen ihre vorgefaßte Meinung nur heran, um zu kritteln, zu verunglimpfen, herabzusetzen und zu schelten (und halten vielleicht meine Hervorbringungen für ganz verabscheuungswürdig). Manche kommen wie Bienen um des Honigs willen, andere suchen wie Spinnen nach Gift. Was bleibt in solchem Fall zu tun? Ich nehme mir einen deutschen Wirt zum Vorbild, der in seinem Gasthaus demjenigen, dem Speise, Trank und Unterkunft nicht behagt, in barschem Ton zu verstehen gibt, dann solle er sich eben eine andere Unterkunft suchen, und verkünde entsprechend: Lest etwas anderes, wenn euch mein Buch nicht gefällt. Ich mache mir nicht viel aus eurem Tadel, denn am Ende geht es weder nach eurem noch nach meinem Willen, und Plinius Secundus behält recht, der Trajan schrieb, daß die Mühen des Geistes nichts fruchten, wenn nicht Gegenstand, Thema, Anlaß und förderndes Lob zusammenkommen. Während also die einen mit mir ins Gericht gehen und mich zerreißen, werden mich glücklicherweise andere anerkennen und empfehlen, und ich kann mit Jovius, dem es nicht anders erging, in aller Bescheidenheit feststellen, daß ich das Vertrauen und die Freundschaft bedeutender Kirchenfürsten und Adliger genossen habe und von vielen gelobt worden bin, die selbst in hohem Ansehen stehen. Auch die Reaktion auf die Satiren des Persius, die bei ihrer Veröffentlichung nach Probus sowohl bewundert wie auch heftig angefeindet wurden, findet etliche Parallelen in meinem Fall. Denn die erste, zweite und dritte Auflage war schnell vergriffen und wurde eifrig gelesen, wobei Spott und Zurückweisung allerdings den Beifall übertönten. Aber auch Demokrit wurde bewundert und heruntergemacht, und nicht einmal das Schicksal Senecas, dieses führenden Kopfes, dessen Gelehrtheit ans Wunderbare grenzt, bildet eine Ausnahme. Denn selbst dieser nach Plutarch unübertroffene Schriftsteller und berühmte Kritiker des Lasters, wie ihn Fabius nennt, dieser sorgfältige und allwissende Philosoph, der so hervorragend und bewundernswert formulierte, konnte es nicht allen Parteien recht machen und entkam dem Tadel nicht. Wie wird er von Caligula, A. Gellius, Fabius und sogar seinem Hauptadvokaten Lipsius verunglimpft. Nach Fabius finden sich viele kindische Passagen und Sätze, nach A. Gellius schreibt er oft nachlässig, sorglos, hausbacken und seicht, und Lipsius wirft ihm vor, zu Teilen seien seine Ausführungen gestelzt und verworren und besonders in seinen Briefen würfle er nach Art der Stoiker vieles ganz unmethodisch zusammen. Wenn schon Seneca und andere Berühmtheiten, die ich nennen könnte, so gegeißelt wurden, werde ich mich keinen falschen Hoffnungen hingeben. Wie soll ich, kaum der Schatten eines so großen Denkers, zu gefallen hoffen? Niemand ist nach Erasmus so vollkommen, daß er alle zufriedenstellen könnte, es sei denn, die Überlieferung macht ihn zum unangreifbaren Klassiker. Daß es selbst in solchen Fällen bisweilen anders aussieht, habe ich am Beispiel Senecas belegt. Wie sollte ich mich diesem allgemeinen Schriftstellerschicksal entziehen? Vielmehr nehme ich es auf mich. Ich suche keinen

Beifall und buhle nicht um die Zustimmung des wankelmütigen Pöbels:

Reichlich gelobt sein
werd' ich, wenn, Leser, ich nicht werde verschmäht von dir.
(OVID)

Für den Tadel der Tugendhaften dagegen bin ich empfänglich, und ich unterbreite ihm das Ergebnis meiner Mühen in der Hoffnung auf günstige Aufnahme; nur auf Sklavenzungen gebe ich nichts. Vielmehr achte ich die böswilligen und unflätigen Schmähungen, Spottreden und Verleumdungen solcher Lästermäuler nicht höher als Hundegekläff. Alles andere ist nicht der Rede wert, und ich habe dem, was ich in meiner Schlichtheit ausgeführt habe, kein Wort hinzuzusetzen.

Ein oder zwei Dinge hätte ich bei der Behandlung meines Gegenstandes allerdings gern anders und besser gemacht, wenn das in meiner Macht stünde. Für diese Versäumnisse bitte ich meine geneigten Leser um Entschuldigung; auch halte ich es für ratsam, ihn wissen zu lassen, daß es nicht meine Absicht war, meine Muse auf englisch zu verkuppeln oder die Geheimnisse Minervas auszuplaudern. Vielmehr wollte ich das alles konziser in latein vortragen, hätte ich dafür einen Verlag gefunden. Jedes halbseidene Machwerk ist unseren geschäftstüchtigen Verlegern willkommen, in englisch drucken sie alles, aber Lateinisches vertreiben sie nicht, und das ist einer der von Nicholas Car in seiner Rede über die Armseligkeit der englischen Literatur angeführten Gründe dafür, daß in unserem Vaterland so viele geistreiche Köpfe dem Vergessen anheimgefallen, tot und begraben sind. Mein zweites großes Versäumnis liegt darin, daß ich die Vorlage nicht überarbeitet und meinen Stil nicht verbessert habe, der immer noch durch die Nachlässigkeiten des ersten Entwurfs geprägt ist. Aber mir fehlte die nötige Muße. Mein Buch entspricht also zugestandenermaßen weder meinen Wünschen noch den allgemeinen Erwartungen:

Les' ich es doch, so schäm' ich mich sein; denn ich sehe,
das meiste
ist, urteil' ich auch selbst, wert, daß es gestrichen wird.
(Ovid)

Und was das Schlimmste ist, ich bin mit vielen Punkten der Darstellung heute nicht mehr einverstanden, weil ich sie zu Papier brachten, als ich noch grün hinter den Ohren war. Vieles also würde ich gern widerrufen, aber dafür ist es zu spät, und ich kann für das, was fehlerhaft ist, nur um Nachsicht bitten.

Ich hätte mich in der Tat an die Vorschrift des Horaz halten sollen, nach der man ein Buch besser neun Jahre liegen läßt, bevor man es publiziert, und sorgfältiger vorgehen müssen. Wie Alexander der Arzt seinen Lapislazuli fünfzig Mal wusch, bevor er ihn benutzte, so wäre ich gut beraten gewesen, diese Abhandlung zu überarbeiten, zu berichtigen und zu ergänzen. Aber, wie gesagt, es fehlte mir dazu die Muße und jedwede Unterstützung oder Assistenz. Bei Lukian nimmt Pankrates, als er in Ägypten von Memphis nach Koptos reist und ihm ein Diener fehlt, den Querbalken, mit dem man eine Tür versperrt, spricht einige Zauberworte und verwandelt ihn in einen Bediensteten, der Wasser holt, der den Bratspieß dreht und ihm das Essen bringt. Und als er alle gewünschten Arbeiten verrichtet hat, verwandelt er ihn wieder in Holz zurück. Ich verfüge nicht über diese Fähigkeit, mir nach Belieben Menschen zu machen, und habe auch nicht die Mittel, sie anzuheuern oder sie wie ein Kapitän nach meiner Pfeife tanzen zu lassen. Ich besitze keine Befehlsgewalt und auch keinen solchen Gönner wie Origenes in dem edlen Ambrosius, der ihm sechs oder sieben Gehilfen bezahlte, die seine Diktate ins reine schrieben. Ich muß alle meine Geschäfte selbst erledigen und war daher wie ein Bär gezwungen, ein unförmiges Etwas in die Welt zu setzen, das ich dann aus Zeitmangel noch nicht einmal, wie jenes Tier es mit seinen Jungen tut, in die richtige Gestalt lecken konnte. Mein Buch kommt als Rohentwurf auf den Markt, als

Frucht jenes improvisierenden Stils, den ich auch bei allen anderen Übungen benutze, wo ich das verströme, was mir meine Erfindungsgabe eingibt. Es ist aus einem Wirrwarr von Notizen hervorgegangen und wurde so spontan zu Papier gebracht, wie ich im Normalfall rede – ohne den falschen Prunk großer Worte, ohne schwülstige Phrasendrescherei und Begriffsgeklingel, ohne Tropen und bombastische Zeilen, die wie die Pfeile des Akestes im Flug Feuer fangen, ohne Geistesakrobatik, hitziges Pathos, Lobhudelei, übertriebene Verblümtheiten und anderen Zierat, wie ihn viele zur Schau stellen. Ich trinke Wasser und keinen Wein, der bekanntlich unsere modernen Geistesgrößen befeuert, ich schreibe in einer ungezwungenen, direkten, rüden Art, die das Kind beim Namen nennt. Es geht mir um die Sache, nicht um Worte. Ich rufe mir den Satz Cardanos in Erinnerung: Wörter sollen der Sache dienlich sein, nicht umgekehrt, und interessiere mich mit Seneca eher dafür, was ich schreibe, als dafür, wie ich es ausdrücke. Denn für denjenigen – so schon Philon –, der wirklich Sachverstand besitzt, sind Formulierungen zweitrangig, und denjenigen, die die Kunst des gewählten Ausdrucks pflegen, mangelt es an profundem Wissen. Außerdem bemerkt der weise Seneca, daß sorgfältige Wortwahl und sprachliches Raffinement mit Sicherheit auf einen verspielten Intellekt ohne Tiefgang hindeuten. Ein hübscher Stil ist keine männliche Zier, denn wie sagt er von der Nachtigall: Du bist nur Stimme und sonst nichts. Ich bin in dieser Beziehung also ein erklärter Anhänger des Sokratesschülers Apollonios, ich vernachlässige die schöne Rede und gebe mir alle Mühe, an den Verstand meines Lesers zu appellieren und nicht sein Ohr zu kitzeln. Es ist nicht mein Ehrgeiz oder meine Absicht, etwas wie ein Redner rhetorisch geschickt durchzukonstruieren, sondern mich selbst so einfach und klar wie möglich auszudrücken. Wie ein Fluß strömt, manchmal steil herabstürzend und geschwind, dann träge und langsam, mal geradeaus, mal sich schlängelnd, mal tief, mal seicht, mal trüb, mal klar, mal breit, mal eingeengt, so fließt auch mein Stil, mal ernst, mal heiter, mal komisch, mal satirisch, mal ausgefeilter, mal ungekünstelter, gerade wie es der jeweilige Gegenstand verlangt oder wie ich aufgelegt bin. Wer immer also diese Abhandlung lesen mag, dem wird es unterwegs nicht anders ergehen als einem gewöhnlichen Reisenden. Mal ist der Weg angenehm, mal beschwerlich, mal geht es durch freies Feld, mal zwischen Hecken hindurch, mal ist das Land öde, mal ist der Boden besser; durch Wälder, Haine, Berge, Täler, Ebenen kommt er, und ich werde ihm mancherlei bieten, was ihm zusagt, mancherlei, was ihm mißfällt.

Falls meine Methode die Sache fehlerhaft oder unvollständig darstellen sollte, gebe ich mit Columella zu bedenken, daß niemand alles beachten kann, also vieles unvollkommen bleibt, mit Recht kritisierbar ist und abgeändert und korrigiert gehörte – selbst bei so großen Gelehrten wie Galen und Aristoteles. Derjenige ist ein guter Jäger, der einiges fängt, nicht alles, und darum habe ich mich bemüht. Überhaupt bin ich nicht in der Materie zu Hause, sondern eher ein Dilettant und Außenstehender, der hier und da Blumen pflückt. Und wenn ein strenger Kritiker sich meiner Ausführungen annähme, wäre ich der letzte, der ihm bestritte, daß er nicht drei Fehler finden würde wie Scaliger bei Terenz, sondern dreihundert – soviel also, wie jener in Cardanos *De subtilitate* aufdeckte, oder Gul. Laurembergius, der verstorbene Rostocker Professor, in der Anatomie des Laurentius nachwies oder Barocius aus Venedig bei Sacroboscus. Und obwohl ich in dieser sechsten Auflage hätte genauer vorgehen und alle früheren Ungereimtheiten und Entgleisungen korrigieren sollen, erwies sich das als so schwierig und mühsam, daß ich mich an die praktische Erfahrung der Zimmerleute halte, nach der es bisweilen besser ist, ganz neu zu bauen, als ein altes Haus wieder instand zu setzen. Es würde mich jedenfalls dieselbe Mühe kosten, noch einmal ein Werk gleichen Umfangs zu schreiben oder aber das Vorliegende zu überarbeiten. Falls mir Irrtümer unterlaufen sind, was ich zugestehe, sind deshalb freundliche Ermahnungen geboten, keine verletzenden Schmähungen. Überhaupt sollten Männer der Wissenschaft nicht lauthals miteinander streiten und rechten, denn wir sind

> beide Arkader, jugendlich blühend, im Singen einander
> völlig gewachsen, auch schlagfertig schon zum Wechsel-
> gesange, (VERGIL)

und haben nichts davon, wenn wir uns öffentlich in den Haaren liegen. Wenn wir uns gegenseitig einen Tort antun, amüsiert das nur die Außenstehenden. Sollte ich eines Irrtums überführt werden, will ich ihn liebend gern berichtigen, sollte sich etwas eingeschlichen haben, was der Moral oder der Wahrheit zuwiderläuft, erkläre ich es für ungeschrieben. Ansonsten wünschte ich mir eine wohlwollende Kritik aller Versäumnisse, des ungehobelten Satzbaus, der Pleonasmen und Tautologien, der falschen Zeiten, Numeri und Druckfehler. Meine Zitatwiedergaben sind oft eher Umschreibungen als wörtliche Übersetzungen, aber als Autor nehme ich mir diese Freiheit, und ich habe nur das ausgewählt, was mir zweckdienlich schien. Nicht selten unterbrechen die Zitate den Text, was auf Kosten der stilistischen Eleganz geht. Griechische Autoren wie Platon, Plutarch, Athenaios und andere habe ich der Einfachheit halber in lateinischer Übersetzung zitiert. Ich habe Theologisches und Weltliches vermischt und hoffentlich das erstere dadurch nicht profanisiert und bei Aufzählungen Autorennamen nicht in der chronologischen Reihenfolge, sondern nach dem Zufallsprinzip angeführt, so daß je nach Gedächtnisleistung manchmal die Modernen vor den Alten zu stehen kamen. Etliches habe ich geändert und in dieser sechsten Auflage getilgt, anderes verbessert und manches hinzugesetzt, weil mir unterdessen viele weitere bemerkenswerte Autoren in die Hände gekommen sind und ich es nicht für nachteilig, unschicklich oder fahrlässig halte, sie erst jetzt zu berücksichtigen:

Nie hat jemand seine Rechnung für das Leben gemacht
so gut,
daß nicht Schicksal, Alter, Erfahrung stets was Neues
gebracht
oder gelehrt; so daß du, was du glaubtest zu wissen,
doch nicht weißt,
und was dir das Beste schien, da wo's Versuchen gilt,
verschmähst. (TERENZ)

Allerdings bin ich entschlossen, keine weitere Überarbeitung vorzunehmen. Ich werde nichts mehr hinzusetzen, ändern oder widerrufen. Das Buch ist abgeschlossen. Der letzte und gewichtigste Einwand nun ist gleichsam der des Menedemus an die Adresse des Chremes, daß ich mich nämlich als Theologe in die Heilkunst eingemischt hätte:

Vergönnt dir soviel Muße dein Geschäft,
daß Fremdes dich bekümmert, was dich nichts angeht?
(TERENZ)

Habe ich etwa so viel freie Zeit, bin ich in meinem eigenen Metier so unterbeschäftigt, daß ich die Medizin nicht den Medizinern überlassen kann und mich der Angelegenheiten Dritter annehmen müßte, die mich nichts angehen? Was habe ich mit der Heilkunde zu schaffen? Als einst die Lakedämonier eine öffentliche Angelegenheit berieten, hielt ein verkommenes Subjekt eine glänzende Rede, die allgemeine Zustimmung fand. Da erhob sich ein ehrwürdiger Senator und wollte den Vorschlag auf jeden Fall zurückgewiesen wissen, weil er trotz seiner Qualitäten keinen besseren Urheber habe. Ein tugendhafter Mensch solle dieselbe Argumentation nochmals vortragen, und dann möge man ihr zustimmen. Dieser Empfehlung wurde Folge geleistet, und der gute Rat, nachdem der liederliche Ratgeber ausgetauscht worden war, in die Tat umgesetzt. Vielleicht behauptet irgendein Miesepeter ähnliches von mir und möchte das, was ich auf dem Feld der Heilkunde geschrieben habe, nur gelten lassen, wenn ein ausgebildeter Mediziner es zu Papier gebracht hätte. Der soll mich anhören. Ich gestehe ihm ohne weiteres zu, daß es viele menschliche und göttliche Gegenstände gibt, die es wert sind, behandelt zu werden. Und wenn ich geschrieben hätte, um mich zu produzieren, hätte ich sicherlich eine andere Wahl treffen müssen, denn auf Gebieten, auf denen ich mich besser auskenne, hätte ich leichter brillieren und mich und andere eher zufriedenstellen können. Aber wie das Schicksal es wollte, war ich damals auf den Fels der Melancholie aufgelaufen, wurde von jenem Nebenfluß fortgetragen, der zuerst wie ein Rinnsal vom Strom meiner eigentlichen Studien abzweigte, und habe mich in meinen Mußestunden mit dieser Materie beschäftigt und vergnügt. Natürlich ziehe ich das dringend notwendige und zweckdienliche Studium der Melancholie nicht dem der Theologie vor, die ich als Königin der Wissenschaften anerkenne, der alle anderen Disziplinen zu dienen haben; trotzdem sah ich hier keinen so großen Bedarf. Theologische Kommentare, Abhandlungen, Darlegungen und Predigtsammlungen gibt es zuhauf, und ein Ochsengespann reichte nicht aus, um das alles zu transportieren. Wäre ich so vorlaut und ehrgeizig wie andere, hätte ich vielleicht eine Predigt in Paul's Cross, eine in St. Mary's Oxon, eine dritte in Christ-Church in Druck geben können, Predigten vor dem ehrenwerten Soundso, vor Ihrer Hochwürden und Hochwohlgeboren, Predigten in Latein, in Englisch, berühmte und vergessene und so weiter und so fort. Nur war ich gleichermaßen begierig, solche Arbeiten in der Schublade zu behalten, wie andere darauf aus sind, sie drucken und verlegen zu lassen. Sich an theologischen Debatten zu beteiligen, hätte bedeutet, der Hydra einen Kopf abzuschlagen, wobei ein Händel den nächsten erzeugt und einen solchen Wust an Zweit- und Drittschriften, solche Problemschwärme in die Welt setzt, daß ich bis an mein Lebensende diesem heiligen Krieg der Federfuchser nicht mehr entkommen wäre. Man kann eher, was schon Papst Alexander VI. bemerkte, einen großen Fürsten herausfordern als einen Bettelmönch, einen Jesuiten oder – wie ich hinzusetze – das Mitglied eines Priesterseminars, denn das ist eine unfehlbare Gesellschaft, die sich das letzte Wort nicht nehmen läßt. Und dabei gehen sie mit solcher Unduldsamkeit, solcher Frechheit, solchem widerwärtigen Lug und Trug, solcher unerbittlichen Härte ans Werk, daß man sich mit Horaz nicht erklären kann, ob sie blinde Wut, der Irrtum, die Unbesonnenheit oder etwas anderes dazu aufhetzte. Mit Augustinus bin ich gewiß, daß die Heiterkeit der Nächstenliebe nur zu oft von diesem Unwetter des Haders verdüstert wird und daß in allen Disziplinen auf diese Weise schon mehr Dämonisches heraufbeschworen worden ist, als wir wieder zu bannen wissen. Diese Geister wüten dermaßen und verursachen einen solchen Radau, daß Fabius meinte, es wäre für manchen besser gewesen, stumm und tumb zur Welt zu kommen, als sich so um sein Seelenheil zu spintisieren. Nach Severinus dem Dänen ist es auch ein weitverbreiteter Fehler der Mediziner, daß diese Unglücklichen ihre Tage mit nutzlosen Fragestellungen, Disputationen und Spitzfindigkeiten vertun und die wahren Schätze der Natur unberührt lassen. Obwohl dort die besten Heilmittel für alle möglichen Krankheiten zu finden wären, vernachlässigen sie nicht nur diese Quelle, sondern hindern auch noch andere, die sie verdammen und verspotten, daran, hier Nachforschungen anzustellen. Dies sind die Motive, die mich zur Wahl meines heilkundlichen Gegenstandes veranlaßt haben.

Sollte ein Arzt daraus ein »Schuster bleib bei deinen Leisten« ableiten wollen und sich grämen, daß ich ihm ins Handwerk pfusche, so gebe ich ihm nur kurz Bescheid, daß ich ihn und seine Kollegen nicht anders behandle als sie uns. Ich kenne viele Mitglieder dieser Zunft, die sich, sobald sie sich einen Vorteil und eine Pfründe davon versprachen, ordinieren ließen, und sehe nicht ein, warum sich, wenn das ein ganz üblicher Berufswechsel ist, ein melancholischer Theologe, der es sonst nur durch Simonie zu etwas bringen kann, nicht in der Heilkunde umtun soll. Der Italiener Drusianus – von Trithemius fälschlich Crusianus genannt – gab seinen Beruf, den er ohne großen Erfolg praktizierte, auf und schrieb theologische Bücher. Marsilio Ficino war beides, zugleich Arzt und Seelsorger, und T. Linacre ließ sich noch im Alter zum Priester weihen. Auch die Jesuiten können beides gleichzeitig und praktizieren mit Erlaubnis ihrer Oberen als Chirurgen, Zuhälter, Kuppler und Geburtshelfer. Viele arme Landpfarrer, die über keine anderen Mittel verfügen, müssen sich als Quacksalber und Kurpfuscher über Wasser halten. Und weil unsere geizigen Patronatsherren uns nur einen so kargen Lebensunterhalt zukommen lassen, wie das gang und gäbe ist, zwingen sie die meisten von uns dazu, zusätzlich wie Paulus ein Handwerk auszuüben und sich als Heuerling, Mälzer, Obst- und Gemüsehändler, Viehzüchter, Schankwirt oder Schlimmeres zu verdingen. Ich hoffe jedoch, daß ich bei diesem meinem Geschäft, wenn ich es recht bedenke, nicht gegen die guten Sitten verstoße, und kann mich mit jenen beiden gelehrten Theologen Georgius Braunus und Hieronymus Hemingius rechtfertigen, von denen sich – um ein oder zwei Zeilen bei meinem älteren Bruder auszuleihen – der eine zu Abbildungen und Karten, Ansichten und kurzweiligen länderkundlichen Studien hingezogen fühlte und einen umfassenden Städteführer schrieb, während der andere aufgrund seiner Liebe zur Stammbaumforschung sein *Theatrum Genealogicum* verfaßte. Oder ich kann mir das Argument zu eigen machen, das der Jesuit Lessius in einem vergleichbaren Fall benutzte, daß ich nämlich eine Krankheit der Seele behandle, was ebenso in die Kompetenz eines Theologen wie die eines Mediziners fällt, wobei die zahlreichen Berührungspunkte zwischen beiden Berufen bekannt sind. Schließlich ist ein guter Gottesmann auch ein guter Arzt, oder er sollte es wenigstens sein, ein Arzt der Seele, wie sich unser Heiland nennt und 4. Matth. 23, 5. Luk. 18 und 7. Luk. 21 bezeugen. Beide unterscheiden sich nur nach ihrem Gegenstand, der eine zielt mit seinen Medikamenten auf den Körper, der andere auf die Seele; dieser heilt die Seele über den Leib, jener den Leib über die Seele, wie D.

Clayton, unser Regius-Professor der Medizin, kürzlich in einer gelehrten Vorlesung überzeugend dargelegt hat. Der eine lindert die Laster und Leidenschaften der Seele, Zorn, Begierde, Verzweiflung, Stolz, Dünkel, indem er geistliche Arzneien verschreibt, der andere benutzt Heilmittel im Wortsinn bei körperlichen Gebrechen. Weil nun die Melancholie eine Krankheit sowohl des Leibes wie der Seele ist und als solche eine geistliche wie eine medizinische Behandlung verlangt, könnte ich mich gar nicht nutzbringender beschäftigen und kein geeigneteres, dringlicheres und passenderes Thema finden, welches sowohl alle Stände angeht wie auch einen ganzen Arzt und einen ganzen Seelsorger erfordert. Allein kann ein Theologe gegen diese komplizierte und vielschichtige Krankheit wenig ausrichten, und bei einigen Arten der Melancholie ist der Arzt noch hilfloser, aber zusammen können sie das Übel mit Sicherheit auskurieren:

Es bedingt so eines des anderen Hülf'. (Horaz)

Was beiden ansteht, ist, hoffe ich, auch für mich nicht unziemlich, der ich von Haus aus Theologe bin und der Neigung nach Mediziner. Jupiter stand bei meiner Geburt im sechsten Haus, und ich kann mit Beroaldus von mir sagen, daß ich zwar kein Arzt bin, aber doch in der Heilkunde nicht ganz unbewandert. Mit der theoretischen Medizin habe ich mich auseinandergesetzt, wenn auch nicht, um zu praktizieren, sondern um meine Neugier zu stillen, was gleichfalls Anlaß gab, um dieses Projekt in Angriff zu nehmen.

Sollten dem geneigten Leser diese Begründungen noch nicht zureichend erscheinen, folge ich dem Beispiel des freigebigen Alexander Munificus, Prälat und längere Zeit Bischof von Lincoln. Camden erzählt von ihm, er habe sechs Burgen gebaut, und anschließend, um damit keinen Neid zu erwecken – diese Formulierung hat Nubrigensis wortwörtlich von Roger, dem wohlhabenden Bischof von Salisbury, der während der Regierungszeit König Stephans die Schlösser Sherborne und Devizes errichtete – und um den Skandal und Makel abzuwenden, die ihm daraus hätten erwachsen können, Gotteshäuser in gleicher Zahl. Also verspreche auch ich für den Fall, daß diese Darlegung zu medizinisch ausfällt oder der alte Adam zu sehr im Vordergrund steht, Wiedergutmachung durch einen theologischen Traktat. Und damit wird man sich hoffentlich zufriedengeben, nachdem man sich mit dem Gegenstand meiner Untersuchung, der krankhaften Melancholie, näher vertraut gemacht und meine Beweggründe bedacht hat, nämlich die Allgegenwart dieses Übels, die Notwendigkeit einer Behandlung und die Vorteile und Wohltaten, die allen Menschen aus der Kenntnis dieser Krankheit erwachsen werden – Gründe, die ich im folgenden genauer erläutern will. Am Ende wird man mir fraglos zustimmen, daß die alle Teile unseres leibseelischen Mikrokosmos umfassende Anatomie dieses Temperaments eine ebenso große Aufgabe darstellt wie die Auflösung der chronologischen Irrtümer in der assyrischen Thronfolge, die Quadratur des Zirkels, die Vermessung der Buchten und Meerengen der Nordost- und Nordwestpassagen, daß sie als Entdeckung ebensoviel wert ist wie die der Terra Australis Incognita durch jenen landhungrigen Spanier und daß sie schließlich und endlich ebensoviel Mühe und Anstrengung gekostet hat wie die genaue Berechnung der Mars- und Merkurbahnen, die unsere Astronomen zur Verzweiflung treibt, oder die Berichtigung des Gregorianischen Kalenders. Für meinen Teil kommt es mir wenigstens so vor, und ich hoffe wie Theophrast nach der Abfassung seiner *Charaktere,* daß dieses Buch, o Freund Polykles, den Nachgeborenen dadurch von Nutzen sein wird, daß sie das, was bei ihnen in Unordnung ist, nach unseren Beispielen berichtigen und unsere Vorschriften und Warnungen zum eigenen Vorteil beherzigen. Wie jener große Heerführer Zisca nach seinem Tode eine Trommel aus seiner Haut angefertigt wissen wollte, weil er glaubte, noch ihr Klang würde seine Feinde in die Flucht schlagen, so zweifle ich nicht daran, daß der Vortrag oder die Lektüre der folgenden Zeilen –

auch wenn ich nicht mehr sein werde – die Melancholie so verläßlich vertreiben wird, wie Ziscas Trommel seine Widersacher in Furcht und Schrecken versetzte. Aber eine Mahnung gebe ich meinen gegenwärtigen und zukünftigen Lesern mit auf den Weg: Der akut Schwermütige überschlage die Abschnitte über Symptomatik und Heilungschancen, damit er das Gelesene nicht auf sich selbst bezieht und durch Personalisierung allgemeiner Beobachtungen sein Leiden verschlimmert, sich Sorgen macht und wehtut und also am Ende mehr Schaden als Nutzen hat. Man lese solche Passagen also mit Bedacht, denn, so Agrippa, der Autor spricht Steine, und seine Leser müssen auf der Hut sein, damit er ihnen nicht den Schädel einschlägt. Der Rest ist zweifellos unbedenklich, und jeder wird Gewinn davon haben. Aber ich schweife ab und will fortfahren.

Wer an der Notwendigkeit meiner Unternehmung und der Allgegenwart der Melancholie Zweifel hegt, dem empfehle ich wie einst Cyprian dem Donatus, einmal die Welt Revue passieren zu lassen, sich selbst in Gedanken auf den Gipfel eines hohen Berges zu versetzen und von dort auf das Durcheinander und die Unberechenbarkeit dieses Gewoges herabzusehen. Er wird nicht umhin können, über dem Treiben entweder in Lachen auszubrechen oder Mitleid zu empfinden. St. Hieronymus besaß eine so starke Einbildungskraft, daß er in der Wildnis die Einwohner Roms tanzen sehen konnte, und wenn der Leser entweder seine Imagination bemüht oder emporklettert, wird er bald merken, daß die ganze Welt verrückt, melancholisch und toll ist. Sie gleicht, wie es Epichthonius Kosmopolites kürzlich auf einer Karte verbildlicht hat, einem Narrenschädel, einem Wolkenkuckucksheim oder nach Apollonius einem normalen Zuchthaus voll von Tölpeln, Betrügern, Schmeichlern und ist also dringend reformbedürftig. Strabon vergleicht Griechenland im neunten Buch seiner Geographie mit der Gestalt eines Mannes, ein Vergleich, den Nic. Gerbelius in seiner Erläuterung der Karte des Sophianus gutheißt. Die Brust dehnt sich von den Akrokeraunischen Bergen in Epirus bis zum Kap Sunion in Attika; Pagä und Megara bilden die beiden Schultern, der Isthmus von Korinth den Hals, die Peloponnes den Kopf. Wenn diese Anspielung zutrifft, ist es fraglos ein verrückter Kopf. Um es frei heraus zu sagen, die Einwohner des modernen Griechenland weichen nicht weniger von Vernunft und wahrer Religion ab als die Peloponnes vom Bild eines Menschen. Und wenn man die übrige Welt auf die gleiche Weise untersucht, wird man feststellen, daß die Königreiche und ihre Provinzen melancholisch sind, ebenso wie alle Städte und Familien und alle pflanzliche, tierische und vernunftbegabte Kreatur, daß alle Stände, Konfessionen, Altersgruppen, Charaktere sich in Disharmonie befinden und wir alle uns, wie auf dem Bild des Cebes dargestellt, schon vor unserer Geburt am Becher des Irrtums berauscht haben und also vom Höchsten bis zum Geringsten ein Gegenmittel benötigen. Und jene seltsame Vorgehensweise bei Seneca, wo Vater und Sohn sich gegenseitig ihren Wahnsinn beweisen, ist vielleicht allgemeine Übung; und Porcius Latro zeugt gegen uns alle. Denn wer ist kein Dummkopf, wer ist nicht melancholisch, verrückt, geisteskrank? Narrheit, Schwermut, Irrsinn bilden eine einzige Krankheit, und Delirium kann als ihre umfassende Bezeichnung dienen. Alexander Gordonius, Jason Pratensis, Savonarola, Guianerius, Montaltus wollen sie fälschlich auseinanderdividieren, und ein altes stoisches Paradox lautet, alle Narren sind verrückt, aber einige mehr als andere. Doch wer ist kein Narr? Wer ist frei von Melancholie? Wessen Wesen und Verhalten ist nicht mehr oder weniger damit durchtränkt? Nach Plutarch erzeugen schlechte Veranlagungen, wenn man sie nicht bekämpft, schlimme Gewohnheiten, und diese sind schon oder werden rasch zu Gebrechen. Die gleiche Ansicht vertritt Cicero im zweiten seiner *Gespräche in Tusculum:* Narren sind krank wie alle, die im Kopf nicht ganz richtig sind, denn was ist nach der Definition von Gregorius Tholosanus Krankheit anders als eine Auflösung und Zerrüttung jenes körperlichen Bundes, den die Gesundheit stiftet. Und wer ist nicht krank oder anfällig? Wen übermannt nicht Leidenschaft, Zorn, Neid, Mißgunst, Furcht und Sorge? Wer laboriert nicht an diesen Gebrechen? Nur ein wenig Geduld, und man wird sehen, welche Zeugnisse, Bekenntnisse und Belege ich zum Beweis der These anführen kann, daß die meisten Menschen verrückt sind und es zu Zeiten Strabons ebenso nötig hatten, nach Anticyrae, wo die Nieswurz wächst, zu pilgern wie heute nach Compostela, zur Lieben Frau von Sichem oder nach Loreto, wo sie sich Hilfe erhoffen, daß solche Wallfahrten wahrscheinlich so gedeihlich sind wie eine Reise nach Guyana und daß der Bedarf an Nieswurz den an Tabak bei weitem übersteigt.

Daß die Menschen übellaunig, schwermütig, verrückt, wirrköpfig sind, bezeugt der Prediger Salomo im zweiten Kapitel, Vers 12: Da wandte ich mich zu sehen die Weisheit und die Tollheit und Torheit, und Vers 23: Denn alle seine Lebtage hat er Schmerzen mit Grämen und Leid, daß auch sein Herz des Nachts nicht ruht. So kann man unter Melancholie vieles verstehen und sie begreifen als Schwermut im eigentlichen oder uneigentlichen Sinn, als Anlage oder Gewohnheit, als Auslöser von Schmerz- oder Lustempfindungen, als Schwachsinn, Mißmut, Furcht, Kummer, Verrücktheit, sie das alles oder nur einen Teil davon umfassen lassen, buchstäblich oder metaphorisch von ihr reden – es sind jeweils Aspekte derselben Sache. Nach Salomo ist selbst das Lachen verrückt, und nach Paulus wirkt die Traurigkeit der Welt den Tod. Das Herz der Menschen wird, so der Prediger Salomo, voll Arges, und Torheit ist in ihren Herzen, dieweil sie leben (Kap. 9, V. 3). Allerdings haben auch die Weisen kein besseres Los, denn wo viel Weisheit ist, da ist viel Grämens; und wer viel lernt, der muß viel leiden (Kap. 1, V. 18). Also haßte er das Leben, nichts konnte ihn fröhlich stimmen; er verabscheute seine Arbeit, weil alles, wie er fand, eitel und Haschen nach Wind sei. Denn selbst der weiseste Mensch der Welt kann sich nicht erlösen oder auch nur seine Taten rechtfertigen: Denn ich bin der allernärrischste und

Menschenverstand ist nicht bei mir (30. Spr. 2). Das mögen Salomos Worte sein oder die Agurs, des Sohnes Jakehs, jedenfalls sind sie kanonisch. David, ein Mann ganz nach Gottes Herzen, gesteht das Gleiche von sich im 73. Psalm Vers 21 und 22: Da war ich ein Narr und wußte nichts; ich war wie ein Tier vor dir. Er hält alle für Toren (Psalm 53 und 32. 9; 49. 20) und vergleicht sie mit Rossen und Maultieren, die nicht verständig sind. Auch der Apostel Paulus schätzt sich so ein: Das sage ich, als wären wir schwach geworden. Ich rede in Torheit (2. Kor. 11. 21). Man vergleiche aus 5. Mose 32. 6; Jer. 4; 3. Amos 1. 5. Eph. 6. O ihr unverständigen Galater, wer hat euch bezaubert, daß ihr der Wahrheit nicht gehorchet? (3. Gal. 1). Wie oft werden die Angesprochenen nicht mit dem Attribut des Wahns und der Torheit gebrandmarkt. Keine Bezeichnung kommt häufiger bei den Kirchenvätern und Theologen vor, und daran kann man sehen, welche Meinung sie von der Welt hatten und wie sie die Taten der Menschen einschätzten.

Bekanntlich denkt man heute ganz anders und hält die Machthaber und Würdenträger, die Fürsten, Stadtväter und Reichen für gescheit. Sie kommen wohl schon als Weise auf die Welt, und allen Politikern und Staatsmännern geht das so, denn wer wagte es, den Mund aufzutun und sich gegen sie zu stellen. So verderbt ist unser Urteil, daß wir auf der anderen Seite weise und ehrenwerte Menschen für Narren halten. Schon Demokrit bedeutet in einem Brief an Hippokrates, die Abderiten betrachteten Tugend als Narretei, und ebenso verhalten sich die meisten unserer Zeitgenossen. Soll ich den Grund verraten? Fortuna und die Tugend mit ihren Sekundanten Torheit und Weisheit traten einst bei den olympischen Spielen gegeneinander an. Jedermann glaubte, daß Fortuna und die Torheit unterliegen würden, und bedauerte ihr Geschick. Aber es kam ganz anders. Fortuna war blind, und es kümmerte sie nicht, wen oder wohin ihre regellosen Schläge trafen. Die Tugend und Weisheit wichen zurück, und das gemeine Volk pfiff sie aus und wollte nichts mehr von ihnen wissen, seine Bewunderung galt fortan der Torheit und Fortuna, und es hängt ihnen an bis auf den heutigen Tag. Schufte und Dummköpfe stehen in den Augen dieser Weltkinder immer noch am besten da und erfreuen sich allgemeiner Wertschätzung. Vielen guten Menschen dagegen ist es zu Lebzeiten schlecht ergangen. Archis hielt David nach 1. Sam. 21. 14 für einen Verrückten. Elisa und die übrigen Propheten wurden nicht anders beurteilt, das Volk verspottete David, und er schreibt: Ich bin vor vielen wie ein Wunder (71. Psalm 6). Wir aber sind Narren um Christi willen, heißt es im 1. Korinther 4, Vers 10, und Christus und seine Jünger wurden gleichermaßen eingeschätzt (10. Joh., 3. Mark. 26), und nicht anders erging es den Christen zu Zeiten des Plinius, die man wenig später Jünger der Unvernunft, Umstürzler, lasterhafte Neuerer, Fanatiker, Hunde, Übeltäter, Giftmischer und galiläische Wichte schimpfte. Bei uns ist es gängige Übung, ehrbare, fromme, rechtgläubige, gottesfürchtige und rechtschaffene Menschen zu Idioten und Eseln zu stempeln, weil sie nicht lügen und betrügen können oder wollen und unfähig sind zu heucheln, sich zu verstellen, zu schmeicheln, den rechten Untertanengeist an den Tag zu legen, gute Geschäfte zu machen, Rivalen auszustechen, zu reüssieren, vor ihren Förderern zu katzbuckeln und nach unten zu treten, sich Gesetzen, Sitten und Gebräuchen bedingungslos zu unterwerfen, lauthals zu loben, für andere durch dick und dünn zu gehen, Meinungen zu übernehmen und an nichts zu zweifeln, alles zu glauben, alles auszuhalten, sich über nichts zu beklagen und alles das zu praktizieren, was Sicherheit und Beförderung garantiert und die Betreffenden angeblich zu einem Ausbund des Glücks und der Klugheit werden läßt. Solche Opportunisten blicken auf alle herab, die nicht wie sie lavieren, die Hand aufhalten und andere bestechen können, sondern Gott fürchten und ihr Gewissen befragen. Aber der Heilige Geist, der besser zu urteilen weiß, nennt eben jene Narren. Die Toren sprechen in ihrem Herzen (53. Psalm 2); dies ihr Tun ist eitel Torheit (49. Psalm 14). Denn was kann törichter sein, als sich für nichtige weltliche Vergnügungen ewige Höllenstrafen einzuhandeln, wie Gregor und andere uns einschärfen.

Ja sogar jenen großen Philosophen, die die Welt immer in ehrendem Andenken gehalten hat, deren Werke wir hochschätzen, deren Weisheit anderen zum Vorbild gereichte, sogar jenen Erfindern der Künste und Wissenschaften erging es nicht anders. Das Orakel des Apoll erklärte Sokrates zum weisesten Menschen seiner Zeit, seine beiden Schüler Platon und Xenophon nannten ihn den besten und weisesten, den glücklichsten und gerechtesten aller Sterblichen und verklärten und vergotteten ihn mit diesen Ehrentiteln nicht weniger als Alkibiades, der ihn ebenfalls in die Unvergleichlichkeit emporlobt. Achilles sei ein großer Mann gewesen, meint er, und Brasidas und andere könnten ihre Bedeutung mit seiner eigenen messen, Antenor und Nestor stünden ranggleich neben Perikles usw., aber niemand von den Alten oder Zeitgenossen könne sich mit Sokrates vergleichen oder ihm auch nur nahekommen. Die Sieben Weisen Griechenlands, die Druiden Britanniens, die indischen Brahmanen, äthiopischen Gymnosophisten, persischen Magier, Apollonios, der nach Philostrat von Geburt an weise war, Epikur, den sein Schüler Lukrez so außerordentlich bewunderte, sie alle zählen zur Gruppe derer, über die wir solche übertriebenen Lobreden hören:

> Er, der an Geist vorragte vor sämtlichen Sterblichen und sie
> auslöscht', wie die im Äther ersteigende Sonne die Sterne,
> kaum als möglich erscheint's, daß menschlichem Stamm er
> entsprossen. (LUKREZ)

Aristoteles soll demnach die Weisheit in Person gewesen sein, ein Naturwunder; zur wandelnden Bibliothek erklärt Eunapius den Longin, andere gelten als Leuchten, Geistesriesen, als Inbegriff der Gewitztheit, göttlicher Intellekt, himmelsstürmende Adler, Licht der Welt, Alleinherrscher, Könige, Präzeptoren, Wundertäter im Reich des Geistes und der Gelehrsamkeit, als Oceanus, Phoenix, Atlas, als phänomenal, als Musensitz des ganzen Weltkreises, der Gipfel des Menschlichen, Gemahl der Natur. Und trotzdem können wir, wie Aelian über Protagoras und Gorgias schrieb, von ihnen allen sagen, daß sie immer noch Kinder blieben, keine Adler, sondern Papierdrachen, Novizen, Analphabeten, Eunuchen der Weisheit. Obwohl sie die Klügsten waren und ihr Zeitalter zu ihnen aufblickte, sind sie ebensowenig Ausnahmeerscheinungen wie Alexander der Große, von dem es heißt, er habe 10000 Offiziere in seinem Heer gehabt, die nicht weniger tapfer waren als er und den Oberbefehl ebensogut hätten innehaben können. Unzählige waren im Altertum wissender als spätere Generationen, und doch blieben auch sie hinter dem Ideal zurück. Lactantius weist in seinem Buch über die Weisheit nach, daß die Denker Wirrköpfe waren, Narren, Esel, Verrückte, so voll von aberwitzigen und lächerlichen Lehren und hirnverbrannten Ansichten, daß seiner Meinung nach keine Greisin und kein Fieberkranker je unsinnigeres Zeug von sich gegeben hätten. Demokrit übernahm alles von Leukipp und vermachte, wie Lactantius ausführt, das Erbe seiner Torheit dem Epikur. Ähnliches behauptet er von Platon, Aristipp und den übrigen Philosophen, die außer ihrer Sprache nichts von den Tieren unterscheide. Und Theodoret bezeugt in seinem Traktat *De curatione Graecarum affectionum* von Sokrates, den das Orakel des Apoll zum Weisesten unter den Zeitgenossen erhob und vor der Pest bewahrte, den zwei Jahrtausende bewunderten und dem manche so wenig Böses nachsagen möchten wie Christus, daß dieser Mann in Wirklichkeit ein ungebildeter Trottel war, wie Aristophanes ihn titulierte, ein ehrgeiziges Lästermaul, wie ihn sein Meister Aristoteles nennt, ein attischer Hanswurst, so Zeno, und nach Athenaios ein Feind aller Künste und Wissenschaften, aller Philosophen und Weitgereisten, ein eingebildeter Esel, ein Nörgler und Pedant; was sein Verhalten betrifft, so beschreibt ihn Theod. Cyrensis als Knabenschänder und Atheisten, Anytus als jähzornigen und streitsüchtigen Trunkenbold, und nach Platons eigenem Geständnis war er ein Zechkumpan, der kräftig zulangen konnte, traniger als der Rest und ein Verrückter in Wort und Tat. Pythagoras galt teilweise als Philosoph, teilweise als Zauberer oder Hexenmeister. Wer Näheres über Apollonios, jenen großen Weisen, erfahren will, den Julian der Abtrünnige bisweilen mit Christus gleichsetzt, den verweise ich auf den gelehrten Traktat des Eusebius gegen Hierokles und, was die gesamte philosophische Sippschaft angeht, auf Lukians *Piscator, Icaromenippus, Necyomantia.* Ihre Taten und die Meinungen, die sie verkündeten, waren im allgemeinen unerhört, aberwitzig und lächerlich, ihre Bücher und hochgestochenen Abhandlungen voll des Schwachsinns – schon Cicero bemerkte, daß Schriftsteller normalerweise in ihren Werken delirieren –, und ihre Lebensführung widersprach ihren Worten; anderen empfahlen sie Armut, sie selbst waren raffgierig, sie lobten Liebe und Frieden und verfolgten sich gegenseitig mit giftigem Haß und Heimtücke. Stilvorschriften für Lyrik und Prosa hatten sie zur Hand, aber keiner von ihnen konnte, wie Seneca ihnen vorhielt, seine Leidenschaften zügeln. Ihre Musik sprach unser Gemüt an und erfüllte es mit Heiterkeit und Trauer, aber in der Not konnten sie selbst ihr Gewimmere nicht bezähmen. Sie wissen mit Hilfe der Geometrie den Boden zu vermessen, Grenzen zu ziehen, zu teilen und zu unterteilen, und können doch nicht bestimmen, woran ein Mensch Genüge findet, oder auch nur die Grenzen der Vernunft und der Besonnenheit wahren. Die Quadratur des Zirkels betreiben sie und verstehen doch den Zustand ihrer eigenen Seele nicht, gerade und gebogene Linien beschreiben sie, aber was im Leben richtig ist, bleibt ihnen verschlossen, und alle Nieswurz der Welt wird sie nicht wieder zur Vernunft bringen. Wenn diese Männer, die das Herz des Zenodotus, Krates' Leber und die Lampe des Epiktet besaßen, schon so hirnerweicht waren und nicht mehr Verstand hatten als Käfer, was soll man dann von den übrigen, vom gemeinen Volk, denken?

Sicher, wird man einwenden, das alles gilt für die Heiden,

wenn man sie mit den Christen vergleicht, denn dieser Welt Weisheit ist Torheit bei Gott (1. Kor. 3. 19). Und Johannes sagt, das ist nicht die Weisheit, die von oben herab kommt, sondern irdisch, menschlich und teuflisch (3. Offenb. 15). Sie sind in ihrem Dichten eitel geworden, und ihr unverständiges Herz ist verfinstert. Da sie sich für weise hielten, sind sie zu Narren geworden (1. Röm. 21, 22). Auf Erden werden ihre geistreichen Arbeiten bewundert, während ihre Seelen im Höllenfeuer Qualen leiden. In gewissem Sinn sind Christen Crassianer und mit der Elle weltlicher Klugheit gemessen nicht besser als Narren. Wer ist weise? Nur Gott allein, erwidert Pythagoras (vgl. 16. Röm. 27). Paulus nennt Gott den einzig Guten, was Augustinus bestätigt, und niemand ist gerecht vor seinen Augen. Gott schaut vom Himmel auf der Menschen Kinder, daß er sehe, ob jemand klug sei, aber sie sind allesamt abgefallen und allesamt untüchtig (53. Psalm 3, 4). Da ist nicht, der Gutes tue, nicht einer (3. Röm. 12). Und Hiob unterstreicht das noch, wenn es heißt: Siehe unter seinen Knechten ist keiner ohne Tadel, und seine Boten zeiht er der Torheit: wieviel mehr die in Lehmhäusern wohnen (4. Hiob 18, 19). In diesem Sinne sind wir alle Narren, und die Heilige Schrift allein ist Minervas Turm; wir und unsere Abhandlungen sind seicht und unvollkommen. Aber ich meine etwas anderes, denn sogar in unseren alltäglichen Geschäften sind wir nicht besser als Toren. Alle unsere Taten, so Plinius gegenüber Trajan, stellen unsere Narrheit bloß, und unser gesamtes Leben besteht aus Lächerlichkeiten. Wir sind nicht nüchtern und besonnen, und die Welt selbst, die zumindest aufgrund ihres Alters weise geworden sein sollte, wird nach Hugo de Prato Florido jeden Tag unvernünftiger; je mehr Hiebe sie erhält, desto schlimmer geht es zu, und wie ein Kind will sie immer noch mit Rosen und Blumen bekränzt werden. Wir benehmen uns äffisch darin, als zweibeinige Esel, jeder Ort quillt über von Geschwistern des Apuleius und von Silenen, die sich in diese Tiere verwandelt haben und so kindisch sind wie Zweijährige, die im Arm ihres Vaters schlafen. Jovianus Pontanus macht sich über einen Greis lustig, der wegen seines Alters ein wenig wunderlich war, aber er ermahnt uns auch, uns nicht nur über ihn zu erheitern, denn die ganze Stadt benimmt sich ähnlich kindisch, und wir sind eine närrische Gesellschaft. Man frage also nicht wie eine Figur bei Plautus, welcher Wahn spukt in jenem Alten, sondern welcher Wahn spukt in uns allen. Denn wir sind allesamt verrückt, nicht sporadisch, sondern immer, und es steht ebenso schlimm mit uns wie mit jenem. Nicht jener Greis ist doppelt kindisch und diese Alte ist verwirrt, sondern wir sind alle infantil und haben unsere Sinne nicht beisammen, wie Lactantius unter Berufung auf Seneca beweist. Zwischen uns und den Kindern besteht kein Unterschied bis auf die Tatsache, daß sie sich mit Stoffpüppchen und anderem Spielzeug beschäftigen und wir uns mit größerem Tand amüsieren. Weil wir selbst unsere Fehler haben, können wir andere schlecht anklagen und verdammen und ihnen vorwerfen, sie redeten irre oder sie seien – mit den aufreizenden Worten Mitios an Demea – verrückt und sollten verschwinden, denn nicht richtig im Kopf sind wir selbst, und es ist schwer zu beurteilen, wen von uns es am schlimmsten getroffen hat. Nein, allgemein gilt:

> Der Zufall, nicht Weisheit regiert unser Leben.
> (Seneca)

Nachdem Sokrates alle Anstrengungen unternommen hatte, einen weisen Menschen zu finden, und deshalb Philosophen, Dichter und Handwerker befragt hatte, kam er endlich zu dem Schluß, alle Menschen seien Narren, und obwohl ihm diese Behauptung viel Ärger und Mißgunst einbrachte, bekannte er sich doch in jeder Gesellschaft offen dazu. Ähnlich reist Supputius bei Pontanus durch ganz Europa, um mit einem Weisen zu reden, und kehrt schließlich unverrichteter Dinge nach Hause zurück. Wenige sind, soweit ich sehe, geistig gesund, steht bei Cicero, und ich beobachte, wie alles ohne Verstand und unbedacht begonnen wird:

> Jener zur Linken und rechtshin dieser entwandelt, derselbe
> Irrtum beide verlockt, doch in anderer Richtung.
>
> (Horaz)

Alle sind sie geisteskrank, aber nicht alle auf die gleiche Weise. Einer ist raffgierig, ein anderer lüstern, ein dritter ehrgeizig, ein vierter mißgünstig oder, wie der Stoiker Damasippus in einer Satire Horaz' sehr schön verdeutlicht:

> Alle gerade wie du unklug sind.

Die Narrheit ist bei jedem von uns eine angeborene Krankheit, es gibt gleichsam eine Pflanzstätte der Unvernunft, und was da keimt und treibt, wächst ad infinitum weiter und gedeiht in solcher Mannigfaltigkeit, wie wir sie selbst nach Balthazar Castilio in unseren Torheiten an den Tag legen. Sie kann nicht leicht ausgejätet werden, denn sie hat tiefe Wurzeln in unserer Erziehung und unserem Lebenswandel. Einige behaupten, es gebe zwei Grundfehler unseres Verstandes: Irrtum und Unwissenheit, auf die sich alle weiteren zurückführen ließen, wobei Unwissenheit bedeutet, daß wir wichtige Dinge nicht durchschauen, und Irrtum, daß wir ein falsches Wissen von ihnen besitzen. Unwissenheit ist also ein Mangel, Irrtum eine positive Setzung. Die Unwissenheit gebiert Sünde, der Irrtum Ketzerei. Aber man kann beliebig viele Begriffsbestimmungen und -differenzierungen vornehmen, es ändert nichts daran, daß kaum jemand von Unverstand frei ist, und also fast jeder unter die eine oder andere Kategorie fällt. Wer immer seine Taten und die anderer untersucht, wird den Satz des Tibull bestätigt finden: Die Narren fallen ihren eigenen Hirngespinsten zum Opfer. [...]

»DAS IST MEIN GANZ LEBEN, WELCHES EBEN NICHT GAR LUSTIG IST«

Aus den Briefen der Liselotte von der Pfalz

Ich weiß wohl, daß man sich nur schaden mit traurigsein tut und seinen Feinden einen großen gefallen; allein es sein doch etlich occasionen, wo man ohnmöglich lassen kann, sich etwas zu herzen zu ziehen, und so sehr ich mich auch suche durch raison dagegen zu armieren, so befind ich mich doch gar oft attrapiert, denn ich habe nicht so viel verstand noch vivacitet als E. L., umb gleich mein partey zu nehmen und mich nach der welt zu accomodieren. Ich gehe meinen geraden weg in Gottes namen fort und meine, wenn ich niemandes nichts suche zu leyd zu tun, so soll man mich auch mit frieden lassen, und wenn ich denn sehe, daß ich auf allen seiten angefochten werde, dann verdrießt es mich, und wie ich denn schon ohne das wenig geduld habe, so verliere ich dann mit diesen hudeleyen noch die wenig geduld, so mir übrig bleibt, und wie ich denn alles in meinem eygenen kopf hervor suchen muß, umb mich aus dem labyrint zu reißen, und gar nirgends weder rat noch hülf habe, indem alles so interessiert und falsch hier ist, daß man sich auf niemandes recht vertrauen kann. Das macht mich denn reveux und grittlich, und wenn ich grittlich bin, geschwillt mein milz, und wenn es denn geschwollen ist, schickt es mir dämpf in kopf, so mich trauerig machen, und wenn ich trauerig bin, werde ich krank; das seind ettlich ursachen von meyner gehabten krankheyt, allein den ursprung davon zu sagen und was mich chagriniert hat, das ist der feder nicht zu trauen, denn ich weiß gar gewiß, daß man die briefen liest und aufmacht.

(An die Herzogin Sophie, 19. Februar 1682)

[…] umb aber kurz meine meinung […] zu sagen, so glaube ich, daß es nicht allerdings bey uns stehet, uns zu betrüben oder nach gefallen zu trösten, und daß unser temperament und nach dem die humoren disponiert sein, viel dazu decidieren.

(An die Raugräfin Louise, 2. September 1684)

Freitag ist mir die betrübte zeitung von meines lieben Carllutz tod kommen, welches mich denn in einen stand gesetzt, wie E. L. wohl leicht denken können, bin 2 mal 24 stund gewesen ohne daß es in meinem vermögen war, von weinen aufzuhören, wie E. L. beyde Prinzen E. L. werden vielleicht geschrieben haben, denn sie waren eben hier bey mir. Ob ich zwar jetzt nicht mehr so continuierlich weine, wie die erste tagen, so fühle ich doch eine innerliche melancholie und betrübtnus, daß ich wohl spüre, daß ich den guten Carllutz noch nicht so bald verschmerzen werde. Und was noch meine unlust vermehrt, ist, daß ich alle tag hören muß, wie man sich prepariert, das gute Mannheim zu brennen und bombardieren, welches der Kurfürst mein herr vater selig mit solchem fleiß hat bauen lassen; das macht mir das herz bluten und man nimbt mir es hoch vor übel, daß ich trauerig drüber bin.

(An die Herzogin Sophie, 10. November 1688)

Doch kann ich nicht lassen, E. L. zu gestehen, daß sie wohl groß recht haben, wenn sie glauben, daß ich wenig freude in dieser welt habe, welches mir desto schwerer vorkompt, da mein humor gar nicht ist, mich umbsonst zu quelen und gritlich zu sein. Aber so lustig als man auch von natur sein mag, findt man doch gar wohl die kunst hier, einem alle lust zu vertreiben und recht trauerig zu machen.

(An die Herzogin Sophie, 20. Mai 1689)

Ich wollte lieber Markgräfin von Anspach sein und mein eygen herr, als die größte Königin von der welt und von jemandes anderst als mir selbsten dependieren; aber ein jedes hat seinen humor in der welt. Ich gestehe gern ein, daß alles nur eytelkeit in dieser Welt ist, ich henge eben der vanitet nicht sonderlich an und bin lieber allein in mein cabinet und denke ein wenig nach, wie elend dieses leben ist, als daß ich in gesellschaften sein mag, wo ich nichts hören noch sehen kann, so mir anstehet.

(An Frau von Harling, 12. April 1692)

In der großen Welt lebe ich gar einsam, gehe mit wenig leuten umb und bin ordinari im sommer 5 stund und im winter 7 stunden ganz allein; da sehen E. L., daß ich die gesellschaften du grande monde gar nicht suche. [...] Bey hof ist gar keine conversation mehr, man spielt immer, und redt man in einer wochen einmal, ist es ordinari umb tracasserien und händel. Das hat mir die gesellschaften ganz verleydt, bin derowegen lieber allein, wo ich mir die zeit gar nicht lang laß werden, denn entweder ich les oder schreibe oder gehe mit meinen pitschiergen um oder ich spiele auf meiner quithare, summa: die zeit wird mir nie alleine lang, aber oft, wenn ich in gesellschaft sein muß. *(An die Kurfürstin Sophie, 3. Juli 1695)*

Wollte gott, Ihr könntet mir was schreiben, so mich könnte zu lachen machen! Denn das lachen wird seyder etlichen jahren her sehr rar bey mir, entwehne es schier ganz und ganz und mein milz befindt sich nicht besser dabey.

(An die Raugräfin Amalie Elisabeth, 6. Februar 1699)

Auf der jagd gehe ich nunmehr nur wegen meiner gesundheit; denn wenn ich keine starke bewegung habe, so habe ich abscheuliche milzschmerzen.

(An die Raugräfin Louise, 3. April 1699)

Ich komme aber wieder auf was Ihr von der melancholey sagt. Es ist nur gar zu wahr, daß die trauerigkeit zu nichts nutz ist; allein es stehet nicht allezeit bey uns, lustig oder trauerig zu sein, und es ist schwer, lustig zu sein, wenn man sein leben einsam zubringen muß, nichts hat, so einem eygentlich erfreuen kann, und in der tat manche trauerige sachen auf dem hals hat.

(An die Raugräfin Amalie Elisabeth, 4. November 1701)

Glaubt mir, liebe Louise! wenn wir keine andere betrübtnus hetten, als unsere sünde, weren wir gar lustig. Wißt Ihr, was uns betrübt? Wenn unser verhengnus uns ein unglück über das ander schickt und unser temperement milzsüchtig ist, so zicht man sich alles zu herzen und wird melancholisch.

(An die Raugräfin Louise, 9. August 1702)

Ich will Euch wohl mein leben hier sagen. Alle tag, außer sonntag und donnerstag, stehe ich umb 9 auf, hernach knie ich nieder und verrichte mein gebet und lese mein psalm und kapitel in der bibel. Hernach wasch ich mich, so sauber ich kann; nach dem schelle ich, dann kommen meine kammerweiber und ziehen mich an, um 3/4 auf 11 bin ich angetan; dann lese ich oder schreib. Umb 12 gehe ich in die meß, welche keine halbe stunde wehrt; nach der meß rede ich mit meinen oder andern damen. Umb 1 precis geht man zur tafel. Gleich von der tafel gehe ich in mein kammer ein viertelstund auf und ab, darnach setze ich mich an meine tafel und schreibe. Bis umb halb 7 laß ich meine damen holen, gehe eine stunde oder anderthalb spazieren, denn wieder in mein kammer bis zum nachtessen. Ist das nicht eine rechte einsiedeley? [...] Das ist mein ganz leben, welches eben nicht gar lustig ist.

(An die Raugräfin Amalie Elisabeth, 16. Mai 1705)

Es ist gewiß, daß wenn das milz rast, daß man alsdann alles betrübter findt. Die ursachen machen wohl betrübt, aber wenn das milz nicht tourniert, findt man trost; tourniert es aber, so kommt einem alles verzweyfelt vor.

(An die Raugräfin Louise, 31. Dezember 1705)

Ich bin ganz Eurer meinung, liebe Amelis, daß die welt ganz verkehrt wird. Ich bin alles so müde, was ich sehe, daß ich ganz ein hermitte einsiedlerin im mitten vom hof geworden bin, gehe mit niemands umb, als meinen leuten, bin höflich, so viel mir möglich, mit jedermann, habe aber mit niemands kein partuculiere freundschaft und lebe ganz allein.

(An die Raugräfin Amalie Elisabeth, 7. April 1707)

Ich bin sehr persuadiert, daß die thronen die örter nicht sein, wo man sich am lustigsten machen kann, denn das leben kost zu viel sorgen und mühe und zwang, welches alles drey der lust zuwider ist. Umb von herzen lustig sein zu können, muß man keinen zwang haben; das temperament tut auch viel dazu, und es stehet nicht allezeit in unserm willen, lustig oder trauerig zu sein. *(An die Kurfürstin Sophie, 3. April 1710)*

Die großen freuden dieser welt sein von der kindheit an bis man die welt kennt, aber hernach finden sich wenig rechte vergnügen mehr. Gott der allmächtige verleye, daß wir nach langer qual in diesem leben endlich die ewige seligkeit genießen mögen! *(An die Raugräfin Louise, 21. Januar 1716)*

Meine krankheit ist nichts anderst, als eine melancholische galle, so mich schier ganz verbrennt hat. Man hat mich oft purgiert und endlich viel vertrieben. Gott weiß, was weiter werden wird; denn lustiger werde ich wohl nicht werden, denn es ist ohnmöglich. Nichts kann mich erfreuen; in dem fall kann ich sagen, daß es mit mir aus ist. Viel sachen können mich noch betrüben, aber ich kann nichts erdenken, so mich erfreuen könnte; also muß mein milz sich mit der zeit wohl wieder mit der bösen schwarzen galle füllen, so mir endlich den garaus machen wird. Aber das geht nur nach der welt ordonnung, denn wie in dem psalm stehet: »Unser leben wehrt 70 jahr.« Da komme ich nun nahe herbey, also auch nahe zu meiner erlösung.

(An die Raugräfin Louise, 6. Februar 1721)

»... DASS ICH NICHT, GOTT BEWAHRE, IN MELANCHOLISCHE GEDANKEN SOLLTE KOMMEN«

Aus den Memoiren der Glückel von Hameln

Wozu soll ich noch dabei verweilen, meine lieben Kinder. Ich habe dieses angefangen zu schreiben mit Gottes Hilfe nach dem Tode eures frommen Vaters, und es hat mir wohl getan, wenn mir die melancholischen Gedanken gekommen sind, aus schweren Sorgen, als wir waren wie eine Herde ohne Hirt und wir unseren getreuen Hirten verloren haben. Ich habe manche Nacht schlaflos zugebracht, und ich habe besorgt, daß ich nicht, Gott bewahre, in melancholische Gedanken sollte kommen. Darum bin ich oft nachts aufgestanden und habe die schlaflosen Stunden damit zugebracht. [...]

Nun, wir haben – Gott sei Dank – andere Moralbücher, von denen wir alles Gute lernen können. Ich schreib euch dieses auch nicht als Moralbuch, es geschieht nur, wie gesagt, des Abends, um die lange Nacht nicht mit melancholischen Gedanken zu verbringen. »Sie weinet bei Nacht.« Also dieses zur Hand genommen, soviel mir bewußt ist und soviel es sich tun läßt, von der Beschreibung meiner Jugend, was mir noch im Gedenken ist, was mir passiert ist.

Nicht daß ich mich sollt überheben oder mich sollte – Gott behüte – für fromm beschreiben oder halten. Nein, »unsere Sünden sind zu viel, um verziehen zu werden«. Ich bin eine Sünderin, die alle Tage, alle Stunden und alle Augenblicke viel Sünden tut, und bin leider von wenig Sünden ausgeschlossen. »Darüber weine ich und aus meinem Auge fließt Wasser.« Wer gäbe, daß ich könnte weinen und bereuen und recht Buße tun für meine Sünden, wie es sich gehört. Aber meine Beschäftigung mit mir und meinen Kindern und leider meine Sorgen für die Söhne und Töchter, die verwaist sind, und das weltliche Wesen lassen mich nicht zu meinem Stand, wie ich gerne wollte und sollte. Ich bitte Gott, meinen Erschaffer, er wolle so gnädig sein und mir aus allen meinen Nöten und Sorgen, die ich auf mir hab, helfen.

»Denn im geheimen weint meine Seele, und mein Bett überfließt von Tränen.« Denn wir haben niemanden, auf den wir uns verlassen können, als unsern Vater im Himmel. Denn wir Menschen wissen nicht einer von des andern großen Sorgen, und ein jeder Mensch meint, daß seine Sorge die größte ist.

Es ist ein Philosoph auf der Gasse gegangen. Ist ihm ein guter Freund begegnet und hat ihm sehr geklagt, wie er so große Sorge und Beschwernis hat. So sagt der Philosoph zu seinem Freunde: »Komm mit mir, laß uns auf die Höh von einem Dach steigen.« Also ist er mit seinem Freunde hinaufgestiegen, da haben sie alle Häuser in der Stadt sehen können. Also sagt der Philosoph zu seinem Freunde: »Nun, komm her mein Freund, ich will dir alle Häuser in der ganzen Stadt weisen, und sieh, in dem Hause steckt das Leid und Unglück, in jenem ist wieder die Beschwernis und Sorg.« In summa hat der Philosoph seinem Freunde gewiesen, daß in allen Häusern der Stadt, in einem jeden Hause seine abgesonderte Sorge und Beschwernis steckt. »Nun, mein Freund, nimm nun deine Beschwerlichkeit und Sorg und wirf sie unter die Häuser, und ergreife dir die Beschwernis von einem der Häuser.«

Aber er hat alles wohl observiert und überlegt, daß in jenen Häusern auch so viel und fast mehr Widerwärtigkeiten und Sorge steckt, also er lieber die seinen wollte behalten. Also ist auch das gemeine Sprichwort: »Die Welt ist voll Pein, ein jeder findet das Sein.« Nun, was soll man tun? Wenn wir Gott – er sei gelobt – mit ganzem Herzen anrufen, wird er uns nicht verlassen, und in unserer Hilfe und in der Hilfe von ganz Israel sein, und uns Gutes und Tröstliches verkündigen, und wird uns schicken unseren Erlöser, unseren gerechten Messias bald in unseren Tagen. Amen. So geschehe sein Wille. [...]

Aber ich war dagelassen mit meinen ledigen und verheirateten Kindern in Not, Kummer und Sorge, und es ist gewachsen Gram und Kummer Tag für Tag, Schlag auf Schlag, und meine Lieben und Verwandten standen in der Ferne. Aber was soll ich tun, was soll ich klagen! Meine Sünden haben das verursacht. Darüber weine ich, und aus meinen Augen fließt Wasser. Und ich werde ihn nicht vergessen alle Tage meines Lebens, denn er ist eingegraben in meinem Herzen.

Nun, meine liebe Mutter und Geschwister haben mich getröstet, wie schon erwähnt, aber mit solcher Tröstung ist mein Schmerz leider alle Tage größer geworden und ist mit solcher Tröstung nur Öl in das Feuer gegossen worden, und die Flamme ist mächtiger geworden, und mein Schmerz und Herzeleid ist noch viel größer geworden. Solche Tröstung und Zuspruch haben zwei, drei Wochen gewährt, danach hat man mich nicht mehr gekannt. Im Gegenteil, diejenigen, denen wir große Wohltaten erwiesen haben, haben es mit Bösem vergolten – wie die Weltordnung ist. Wenigstens ist solches nach meiner Einbildung geschehen. Denn das Gemüt und die Gedanken von einer betrübten Witwe, die so urplötzlich einen König verliert, wie kann man das vergessen. Also bildet man sich – Gott behüte – vielleicht zu Unrecht ein, daß einem ein jeder nicht wohl tut. Gott wolle es mir verzeihen.

Nun, meine herzlieben Kinder, an dem Tag, an dem ich den herzigen, lieben Freund noch hab tot gehabt vor mir liegen, ist mir nicht so weh gewesen als nachderhand. Es ist mir mit jedem Tag weher geworden. Ich habe alle Tage meine große Betrübnis und Zerstörung betrachtet und mein Schlag ist alle Tage größer geworden. Aber, was hab ich tun sollen? Der große gütige Gott! kraft seines großen Erbarmens und der Vorsehung, die er für uns arme verlassene Menschen hat, derselbe hat mich mit großem Erbarmen und mit großer Gnade zur Geduld geführt, so daß ich meinen kleinen Waisen – sie sollen leben – mit Gottes Hilfe vorgestanden bin, so viel solches von einer schwachen Frau, die leider voller Beschwerden und Sorgen ist, sich tun läßt. Nach den dreißig Trauertagen ist kein Bruder, keine Schwester, kein naher Verwandter zu uns gekommen, der uns gefragt hätte, was macht ihr oder wie kommt ihr zurecht. Sind wir zeitweise zusammengekommen, bevor die dreißig Trauertage aus gewesen sind, so ist ihr Reden eitel Nichtigkeiten gewesen. Es hat mir oder meinen Waisen zu unserem Zweck wenig helfen können.

Vormünder hat mein Mann – das Andenken des Gerechten gesegnet – nicht einsetzen wollen, wie schon erwähnt, was er – er ruhe in Frieden – Reb Phöbus gesagt hat.

Nun nach den dreißig Trauertagen bin ich über mein Geschäftsbuch gegangen und hab nachgesehen, da hab ich gefunden, daß wir zwanzigtausend Reichstaler schuldig gewesen sind, welches ich zwar wohl gewußt habe, und ist mir, Gott sei Dank, auch nicht bang dabei gewesen. Denn ich hab wohl gewußt, daß ich alles zahlen kann, und noch so viel übrig ist, daß ich und meine Waisenkinder zurechtkommen können. Es ist aber doch für eine betrübte Witwe eine schwere Sache, so eine mächtige Summe schuldig zu sein. Und ich habe keine hundert Reichstaler bares Geld im Hause gehabt.

Mein Sohn Nathan und mein Sohn Reb Mordechai sind mir als ehrliche Kinder zu Hilfe gekommen, aber sie sind noch jung gewesen. Also hab ich alles zusammengemacht und meine Bilanz gemacht und mir gedacht, ich will eine Versteigerung machen, was auch gleich geschehen ist.

Nun, meine lieben Kinder, habt ihr gelesen, wie euer lieber, frommer Vater – das Andenken des Gerechten gesegnet – seinen Abschied von dieser sündigen Welt genommen hat, euer Hirt, euer Freund. Nun, liebe Kinder, gedenket nun ein jeder an sich selbst, denn ihr habt keinen Menschen, keinen Freund, auf den ihr euch verlassen könnt. Und wenn ihr auch viel Freunde hättet, wenn ihr sie – Gott bewahre – in der Not brauchen solltet, so könnt ihr euch doch auf keinen Freund verlassen.

Johann Georg Hertel, Melancholiker (Mitte 18. Jh.)

Denis Diderot et al.

»Melancholie«

Aus der ›Encyclopédie‹

Melancholie, n. f., bezeichnet das beständige Gefühl unserer Unvollkommenheit. Sie ist das Gegenteil der Fröhlichkeit, welche aus der Zufriedenheit mit uns selbst erwächst. Zumeist resultiert sie aus einer Schwäche der Seele & der Organe; desgleichen ist sie eine Folge bestimmter Vorstellungen von Vollkommenheit, welche wir weder bei uns selbst noch bei den anderen, weder in den Dingen und Freuden noch in der Natur finden: sie gibt sich gerne der Meditation hin, welche von den seelischen Fähigkeiten hinlänglich Gebrauch macht, um der Seele ein angenehmes Lebensgefühl zu bereiten & sie zugleich von den Wirrungen der Leidenschaft & heftigen Gefühlen fernhält, welche sie bis zur Erschöpfung aufreiben könnten. Die *Melancholie* ist mitnichten eine Feindin der Sinnenfreuden, sie gibt sich den Illusionen der Liebe hin & genießt die zarten Freuden der Seele & der Sinne. Freundschaft ist ihr unentbehrlich, sie hängt sich an das, was sie liebt, wie der Efeu die Ulme umrankt. Le Féti stellt sie als eine Frau dar, die Jugend & Wohlbeleibtheit besitzt, aber keine Frische. Sie sitzt inmitten umherliegender Bücher, auf ihrem Tisch liegen umgestürzte Globen & wirr durcheinandergeworfene mathematische Instrumente: am Fuß ihres Tisches ist ein Hund angebunden, sie selbst ist in tiefste Grübeleien über einen Totenschädel versunken, den sie in Händen hält. M. Vien hat sie als eine sehr junge, indes magere und niedergeschlagene Frau dargestellt: sie sitzt in einem Sessel, mit dem Rücken zum Licht; im Zimmer liegen verstreut ein paar Bücher und Musikinstrumente, neben ihr brennt wohlriechendes Räucherwerk; in die eine Hand hat sie den Kopf gestützt, in der anderen hält sie eine Blume, der sie keine Beachtung schenkt; ihr Blick ist starr zu Boden gerichtet & ihre ganz in sich selbst versunkene Seele ist von den Dingen, die sie umgeben, völlig unbeeindruckt.

Melancholie, Religiöse, (Theol.), Traurigkeit, die der falschen Vorstellung entspringt, die Religion verbiete die unschuldigen Freuden & erlege den Menschen zu ihrer Rettung nichts als Fasten, Tränen & ein reumütiges Herz auf.

Diese Traurigkeit ist zugleich eine Krankheit des Körpers & des Geistes, welche aus einer Störung der Körpermaschine rührt, aus chimärischen & abergläubischen Ängsten, grundlosen Gewissensqualen & falschen Vorstellungen von der Religion.

Jene Menschen, die an dieser grausamen Krankheit leiden, betrachten Heiterkeit als Erbteil der Verdammten, unschuldige Freuden als Schmähung der Gottheit & die rechtmäßigsten Annehmlichkeiten des Lebens als weltlichen Prunk, der dem ewigen Heil vollkommen entgegensteht.

Man sieht indes so viele überaus verdienstvolle Personen von diesem Irrtum durchdrungen, daß sie des höchsten Mitleids und barmherziger Anteilnahme von seiten ebenso tugendhafter & aufgeklärter Menschen würdig sind, um sie von ihren Überzeugungen zu heilen, welche der Wahrheit, der Vernunft, dem menschlichen Sein, der Natur & dem Lebensglück feindlich gegenüberstehen.

Denn die Gesundheit, die uns so teuer ist, besteht ja gerade darin, die Aufgaben, für die wir geschaffen wurden, mit Leichtigkeit, Beständigkeit & Freude zu erfüllen; und es heißt nichts anderes als diese Leichtigkeit, diese Beständigkeit & diesen Eifer zerstören, wenn wir unseren Körper durch einen Lebenswandel entkräften, der ihn zerrüttet. Die Tugend darf nicht dazu dienen, unsere Neigungen auszurotten, sondern soll uns helfen, sie zu steuern. Die Kontemplation des Allerhöchsten & die Erfüllung jener Pflichten, welche unseren Fähigkeiten entsprechen, sind so wenig dazu angetan, die Freude aus unserer Seele zu verbannen, daß sie eine nie versiegende Quelle der Zufriedenheit und Seelenruhe darstellen. Mit einem Wort: wer sich eine andere Vorstellung von der Religion macht, gleicht jenen Kundschaftern, die Moses aussandte, um das gelobte Land zu entdecken, & die dem Volk durch ihre falschen Berichte den Mut nahmen, es zu betreten. Wer uns hingegen vor Augen führt, welche Freude & Ruhe uns aus der Tugend erwächst, gleicht jenen Kundschaftern, die köstliche Früchte mitbrachten, um im Volke den Wunsch zu erwecken, in dem Land, das solche Früchte hervorbrachte, zu leben. (*D. J.*)

MELANCHOLIE, n., f., (Medizin) μελανχολια [sic] ist ein aus μελαινα [sic], schwarz, und χολη [sic], Galle, zusammengesetztes Wort, das Hippokrates zur Bezeichnung einer Krankheit verwandt hat, von welcher er annahm, sie werde von der schwarzen Galle hervorgerufen, und deren Gattungs- & Unterscheidungsmerkmal ein besonderer Wahn ist, der hartnäckig um ein oder zwei Dinge kreist, ohne Fieber oder Raserei, was ihn von der Manie und der Phrenesie unterscheidet. Dieser Wahn geht meist mit einer unüberwindlichen Traurigkeit einher, mit einer düsteren Gestimmtheit, mit Menschenscheu & einer ausgeprägten Neigung zur Einsamkeit, und es lassen sich so viele Formen aufzählen, als es Menschen gibt, die darunter leiden; die einen halten sich für Könige, für Adlige, für Götter, die anderen glauben sich in Tiere verwandelt, in Wölfe, Hasen, Katzen oder Kaninchen: solcherart Wahn nennt man *Lycantropie*, *Kynantropie*, *Gallantropie*, &c, *siehe ebenda*, & infolge dieser Vorstellung imitieren sie diese Tiere & folgen deren Lebensart; sie laufen in den Wäldern herum, jagen, kämpfen mit den Tieren, und es hat schon Melancholiker gegeben, die nicht mehr urinierten, aus der Befürchtung heraus, sie würden das Universum unter Wasser setzen & eine neue Sintflut hervorrufen. Trallian berichtet, eine Frau habe stets den Finger hochgehalten, da sie der festen Überzeugung war, sie stütze die Welt; manche hatten geglaubt, sie hätten keinen Kopf, andere wiederum, sie hätten einen Körper oder Beine aus Glas, Ton oder Wachs, & es sind deren viele, denen irgendein

Körperteil Beschwerden machte, da sie sich einbildeten, es hausten lebendige Tiere darin.

Es gibt eine Art von *Melancholie*, welche die Araber *Kutabuk* nennen, abgeleitet von dem Namen eines Tieres, das auf der Oberfläche des Wassers unablässig von einer Seite zur anderen läuft, und jene, die unter dieser Form leiden, führen ein Leben, bei dem sie unablässig umherirren & vagabundieren: der diesem gerade entgegengesetzte Wahn tritt indes überaus selten auf. Ein Arzt des Kurfürsten von Sachsen mit Namen *Janus* berichtet, ein Pastor sei dieser Art von *Melancholie* verfallen; er verharrte an dem Ort und in der Haltung, in der er sich niedergelassen hatte, bis seine Freunde ihn fortschleppten; sobald er einmal saß, wollte er sich nicht wieder erheben; er sprach nicht, sondern seufzte nur, war traurig, niedergeschlagen und aß nur, wenn man ihm die Nahrung in den Mund schob, & man kann zur *Melancholie* auch noch das Heimweh hinzuzählen, den Fanatismus & die angeblichen Teufelsbesessenheiten. Melancholiker sind gemeinhin traurig, nachdenklich, verträumt, furchtsam, beharrlich im Studium & der Meditation, ertragen geduldig Kälte und Hunger; ihre Gesichtszüge sind streng, ihre Stirn gerunzelt, der Teint ist braungebrannt und dunkel, und sie leiden an Verstopfung. Forestus erwähnt einen Melancholiker, der drei Monate lang keinen Stuhlgang hatte, *lib. II. Buch, observ. 43*, & in den Memoiren aus Petersburg, *Bd. II, S. 368*, liest man die Geschichte von einem ebenfalls an Melancholie leidenden Mädchen, das mehrere Monate lang keinen Stuhlgang hatte. Bei allem, was nicht mit ihrem Wahn in Verbindung steht, handeln & urteilen sie vernünftig.

Die Ursachen der Melancholie sind etwa dieselben wie jene der Manie; *siehe ebenda*: auf Kummer, Geistesqualen, Leidenschaften & insbesondere auf nicht erwiderte Liebe und nicht befriedigte Fleischeslust folgt meist ein melancholischer Wahn; lebhafte & fortwährende Befürchtungen führen in fast allen Fällen zur Melancholie; gewisse Prediger, die mit ihren überspannnten Reden allzu heftige Eindrücke hinterlassen und maßlose Angst vor den Qualen schüren, welche unsere Religion jenen auferlegt, die gegen den Gottesglauben verstoßen, versetzen schwache Geister in erstaunliche Verwirrung. Im Hospital von Montelimar erkrankten mehrere Frauen an Manie & *Melancholie*, nachdem eine Mission in ihrer Stadt gewesen war; sie wurden beständig von den schrecklichen Bildern verfolgt, die man ihnen unbedachterweise gezeigt hatte; sie sprachen nur von Verzweiflung, Rache, Bestrafung &c., & eine von ihnen wollte auf keinen Fall irgendein Heilmittel zu sich nehmen, da sie glaubte, sie sei in der Hölle & nichts könne das Feuer löschen, von dem sie behauptete, es würde sie verschlingen. Und nur unter größter Mühe gelang es, sie aus dem Feuer zu ziehen & die angeblichen Flammen zu löschen. Wenn Störungen der Leber, der Milz, der Gebärmutter und der hämorrhoidalen Abflußwege auftreten, kommt es häufig zu einer *Melancholie*. Ferner machen der ständige Genuß strenger Nahrungsmittel, die mit Salz & Rauch gehärtet wurden, sowie Ausschweifungen & maßloser Verkehr mit Frauen den Körper anfällig für diese Krankheit, und manche langsam wirkende Gifte haben dieselbe Wirkung; einige rufen unverzüglich einen melancholischen Wahn hervor: Plutarch berichtet (im Leben des Antonius), daß die Soldaten des Antonius, als sie eine Wüste durchquerten, gezwungen waren, ein Kraut zu essen, durch das sie allesamt von einem Wahn befallen wurden, solcherart, daß sie sich sämtlich daran machten, in den Steinen zu wühlen, sie umzuwälzen und herumzutragen; man hätte sie sehen können, wie sie auf der Erde lagen und damit beschäftigt waren, die Steine vom Feld zu schaffen & fortzuschleppen, um kurz darauf zu sterben & dabei schwarze Galle zu spucken; laut dem Bericht dieses Autors war Wein das einzige hilfreiche Gegenmittel.

Einige Ärzte, die überaus schlechte Philosophen sind, zählten zu diesen Ursachen noch die Einwirkung des Teufels hinzu; ohne Zögern gaben sie ihm die Schuld an *Melancholien*, deren Ursachen sie nicht kannten oder bei denen es ihnen so vorkam, als hafte ihnen etwas Übernatürliches an; sie machten es wie jene Dramenautoren, die, weil sie nicht wissen, wie sie in ihrem Stück den Knoten lösen sollen, zu einer beliebigen Gottheit Zuflucht nehmen, die sie ausschließlich zu dem Zweck herabsteigen lassen, das Stück zu beenden.

Die Öffnung der Leichen von Personen, die an dieser Krankheit gestorben sind, lassen keinerlei sichtbare Schädigung im Gehirn erkennen, der man die Ursache zuschreiben könnte; fast immer werden Erkrankungen im Unterleib & vor allem in den Hypochondrien, im Epigastrium beobachtet; im wesentlichen scheinen die Leber, die Milz und der Uterus in Mitleidenschaft gezogen & Ursache sämtlicher Symptome der Manie zu sein. Um uns davon zu überzeugen, wollen wir die verschiedenen anatomischen Krankengeschichten durchgehen, die von dergleichen Fällen handeln. 1. Bartholin machte die Beobachtung, daß die Milz extrem klein & die Kapseln der schwarzen Galle beträchtlich vergrößert sind, *centur. I. hist. 38*. Rivière hat bei einem Kanonikus aus Montpellier, der melancholisch war, gesehen, daß dessen Epiploon voller szirrhöser, schwärzlicher Tumoren war, *lib. XIII, cap. jx*. Mercatus schreibt, daß die Gefäße des Dünndarmgekröses häufig varikös, karzinomatös und verstopft sind, prall gefüllt mit schwärzlichem Blut. Wolfriegel machte die gleiche Beobachtung, *miscellan. curios. ann.* 1670. Antoine de Pozzis berichtet, man habe in der Leiche eines an Melancholie verstorbenen Prinzen ein verstopftes Dünndarmgekröse gefunden, das mit schwärzlichen Krampfadern durchzogen war, eine verstopfte Bauchspeicheldrüse, eine ziemlich verdickte Milz, eine kleine, schwarze & szirrhöse Leber, und in den Nieren über hundert kleine Nierensteine, *&c. ibid, ann. 4. observ. 29*. Schließlich können wir allgemein festhalten, daß die untersuchten Leichen von Melancholikern sehr häufig eine beträchtliche Störung im Unterleib erkennen lassen; bei den einen erscheinen die Eingeweide geschwollen & extrem vergrößert, bei den anderen extrem klein & geschrumpft oder sie fehlen überhaupt; bei den einen sind sie hart & szirrhös, bei den anderen hingegen sind sie erweicht, fast in Auflösung begriffen: bei den meisten hat man beobachtet, daß die Eingeweide, desgleichen Magen, Herz & Gehirn, in einem schwärzlichen Blut oder in einem schwarzen, dicken Saft schwimmen, klebrig wie Pech, den die Schriftsteller der Antike *atrabilis* oder *Melancholie* nannten; zu diesem Thema kann man nachschlagen bei Bartholin, Dodonée, Lorichius, Hoechstetter, Balzius, Hoffmann, *&c.* In Anbetracht all dieser Krankengeschichten & der am häufigsten anzutreffenden Ursachen dieser Krankheit liegt die Schlußfolgerung nahe, daß ihre sämtlichen Symptome zumeist durch irgendeine Mißbildung im Unterleib & insbesondere im epigastrischen Bereich hervorgerufen werden. Es besteht aller Grund zu der Annahme, daß die unmittelbare Ursache für die *Melancholie* in der Regel an dieser Stelle zu suchen ist, & daß das Gehirn nur als Folgeerscheinung in Mitleidenschaft gezogen wird; um sich zu vergewissern, daß eine Störung in diesen Körperteilen einen melancholischen Wahn hervorrufen kann, braucht man nur auf die einfachsten Gesetzmäßigkeiten des tierischen Körperaufbaus zu achten, sich in Erinnerung zu rufen, daß diese Körperteile von einer großen Zahl höchst sensibler Nerven durchsetzt sind, zu bedenken, daß eine Schädigung dieser Nerven die ganze Maschine stört & durcheinanderbringt & manchmal von einem baldigen Tod gefolgt wird; daß eine Bauchfellentzündung einen mit Raserei einhergehenden Wahn bewirkt, der unter dem Namen *Paraphrenesie* bekannt ist; & schließlich muß man bloß wissen, daß Wirkung & Einfluß des epigastrischen Bereichs auf den ganzen übrigen Körper, insonderheit auf den Kopf, sehr groß ist; nicht ohne Grund hat van Helmont an dieser Stelle einen Bogenschützen aufgestellt, der von dort aus den gesamten Körper beherrscht, indem er die hier verlaufenden Nerven als Zügel benutzt, um mit ihrer Hilfe die Tätigkeiten zu lenken.

Aus den weiter oben angeführten Tatsachen könnte man

auch schließen, daß die schwarze Galle oder *atrabilis*, von der die Schriftsteller der Antike annahmen, sie verstopfe die Hypochondrien, gar nicht so lächerlich & eingebildet ist, wie die modernen Autoren dachten: einmal abgesehen von diesen Krankengeschichten ist es desgleichen eine gesicherte Tatsache, daß Melancholiker mit ihrem Stuhl & ihrem Erbrochenen schwärzliche Substanzen von sich gaben, dickflüssig wie Pech, & daß diese Entleerungen oftmals heilsam waren; in den Vermischten Schriften der Naturforscher, *decad. I. ann. 6. pag. lxxxxxij.* kann man einen Bericht von Dolée über einen Mann lesen, der durch einen bläulichen Schweiß, welcher reichlich aus dem rechten Hypochondrium austrat, von der *Melancholie* geheilt wurde. Schmid *ibid.* berichtet ebenfalls, bei dieser Krankheit habe einem Mann die Ausscheidung einer erheblichen Menge schwarzen Urins große Erleichterung verschafft; aber wie & durch welchen Mechanismus solcherart Beschwerden im Unterleib jenen Wahn, das Hauptsymptom der *Melancholie*, hervorrufen können, weiß man nicht. Es soll uns genügen, diese Tatsache festgestellt zu haben, eine weitere Untersuchung ist überaus schwierig, rein theoretisch und von keinerlei Bedeutung; es wäre lächerlich, mit einigen Autoren die Behauptung zu vertreten, daß die Geister der Seele, nachdem sie von diesem schwarzen Saft verseucht wurden, trübe würden & ihre Klarheit und Durchsichtigkeit verlören & die Seele infolge dessen die Dinge nur noch undeutlich wahrnehmen könne, wie in einem trüben Spiegel oder durch morastiges Wasser.

Diese Krankheit ist nur allzu gut durch diese besondere Art von Wahn gekennzeichnet, als daß man sie verkennen könnte, es läßt sich sogar vorhersehen, wenn sie kurz vor dem Ausbruch ist; die ihr vorangehenden Symptome sind etwa dieselben, von denen wir in dem Artikel MANIE gesprochen haben, *siehe ebenda*. Wenn Traurigkeit & Angst lange anhalten, ist das ein Zeichen für eine baldige *Melancholie*, sagt Hippokrates: derselbe Autor bemerkt, wenn irgendein Körperteil fühllos wird & die Zunge schwatzhaft, kündigt dies eine *Melancholie* an; *aphor. 23. lib. VI. &c.*

Die *Melancholie* ist selten eine gefährliche Krankheit, sie kann lästig, unangenehm oder im Gegenteil angenehm sein, je nach Art des Wahns; jene, die sich für Könige oder Herrscher halten, die sich irgendeinen annehmlichen Genuß einbilden, müssen sich unweigerlich ärgern, wenn man sie von ihrer Krankheit heilt; so war etwa ein Mann, der sich einbildete, alle Schiffe, die in den Hafen einfuhren, gehörten ihm, als er wieder bei Verstand war, sehr verärgert darüber, daß man ihm angesichts eines so angenehmen Irrtums die Augen geöffnet hatte. Desgleichen der Melancholiker, dessen Geschichte uns von Horaz überliefert wurde, der, wenn er allein im Theater war, zu hören glaubte, man singe schöne Verse & führe prächtige Tragödien auf; er ärgerte sich über jene, die ihm den Verstand wieder an die rechte Stelle rückten & ihn damit seines Vergnügens beraubten.

Post [sic] me occidistis, amici,
Non servastis, ait; cui sic extorta voluptas,
Et demptus per vim mentis gratissimus error.
EPIST. 2. LIB. II.

Indes ist dem nicht so bei jenen, die glauben, sie hätten sich in Tiere verwandelt, oder die an einem traurigen, beunruhigenden Wahn leiden; jener zum Beispiel, der nicht mehr urinieren wollte, aus Furcht, die Welt unter Wasser zu setzen, brachte seine Gesundheit & sein Leben sehr in Gefahr, indem er ein Exkrement zurückhielt, das durch sein Verbleiben in der Blase oder dessen Unterdrückung äußerst unangenehme Krankheiten hervorrufen kann. Ein Wahn, sagt Hippokrates, der um die notwendigen Dinge kreist, ist im allgemeinen sehr von Übel. Es steht zu befürchten, daß die Gebrechen des Unterleibs sich verschlimmern, daß sich schwarze Galle bildet & die Gefäße verstopft & sich gar mit dem Blut vermischt, wobei der *Melancholie* auch manchmal eine Epilepsie folgt. Die Ausbrüche oder Metastasen der melancholischen Krankheiten sind laut Hippokrates im Frühling & im Sommer gefährlich; sie führen auch zu Krämpfen, Mortifikationen oder Erblindung, *aphor. 56. lib. II.* Es besteht große Hoffnung, daß die *Melancholie* vertrieben werden kann, wenn der Hämorrhoidalfluß einsetzt oder wenn Krampfadern auftreten; auch schwarzer Stuhlgang, Galle, verschiedene Hautausschläge & die Elephantiasis sind laut Hippokrates ein sehr glückliches Zeichen.

Bei der Heilung der *Melancholie* gilt es, damit sich auch ganz sicher ein Erfolg einstellt, zunächst den Geist zu heilen & anschließend die körperlichen Mängel zu behandeln, sofern sie bekannt sind; dazu ist es nötig, daß ein umsichtiger Arzt das Vertrauen des Patienten zu gewinnen weiß, daß er in seine Vorstellungswelt eindringt, sich an seinen Wahn anpaßt und davon überzeugt zu sein scheint, daß die Dinge so sind, wie der Melancholische sie sich vorstellt, & er ihm anschließend eine völlige Heilung verspricht; & um ihn zu behandeln, muß man oft auf merkwürdige Mittel zurückgreifen; wenn etwa ein Kranker glaubt, er habe ein lebendiges Tier in seinem Körper, muß man so tun, als entferne man dieses; ist es der Bauch, so kann man durch ein Abführmittel, das den Kranken recht heftig schüttelt, diese Wirkung hervorrufen, indem man das Tier geschickt ins Becken wirft, ohne daß er es zu Gesicht bekommt; auf diese Weise nutzen einige Scharlatane mit ähnlichen Kunststückchen die Gutgläubigkeit des Volkes aus & gelten als geschickt, weil sie Vipern oder andere Tiere aus dem Körper entfernen. Glaubt der Melancholiker, das Tier befinde sich in seinem Kopf, darf man nicht zaudern, einen Schnitt in die Haut vorzunehmen, der Kranke wird die heftigsten Schmerzen gerne in Kauf nehmen, sofern man ihm das Tier zeigt, dessen Gegenwart ihm solche Unannehmlichkeit bereitete; dieser Schnitt bietet noch dazu den Vorteil, daß dadurch oft die Kopfschmerzen aufhören, von denen der Kranke glaubte, ein Tier habe sie verursacht, & dient als ein stets sehr nützliches & schnellwirkendes Mittel.

In den verschiedenen Sammlungen von Krankengeschichten trifft man auf ebenso absonderliche Heilungen. Laut einem Gutachten von Tulpius glaubte ein Maler, ihm seien sämtliche Knochen im Leibe weich wie Wachs geworden, folglich wagte er es nicht, auch nur einen Schritt zu tun; sein Arzt gab vor, von der Wahrheit seines Mißgeschicks vollkommen überzeugt zu sein; er versicherte ihm, er kenne unfehlbare Heilmittel, verbot ihm jedoch sechs Tage lang das Laufen, und nach Ablauf dieser Zeit gab er ihm die Erlaubnis dazu. Da der Melancholische dachte, es brauche all die Zeit, damit die Heilmittel wirken & ihn stärken & seine Knochen härten könnten, folgte er dem Rat aufs Wort & konnte am Ende wieder ohne Angst und mit Leichtigkeit laufen.

Um jenen Mann, von dem wir weiter oben gesprochen hatten, zum Urinieren zu ermuntern, mußte man sich einer List bedienen: man kam völlig entsetzt zu ihm gelaufen & sagte ihm, die ganze Stadt stehe in Flammen, man setze alle Hoffnung auf ihn, um zu verhindern, daß die gesamte Stadt in Schutt und Asche enden werde; er ließ sich durch dieses Argument erweichen & urinierte, da er der festen Überzeugung war, damit die Feuersbrunst löschen zu können. Gelegentlich ist es auch angesagt, ganz offen die Gefühle der Kranken zu verletzen, Leidenschaften in ihnen zu erwecken, die sie den Gegenstand ihres Wahns vergessen lassen: der Arzt muß erfinderisch sein & ein fundiertes Wissen besitzen, um günstige Gelegenheiten beim Schopfe packen zu können. Ein Mann glaubte, er habe Beine aus Glas & aus Angst, sie könnten zerbrechen, bewegte er sich überhaupt nicht mehr: er ertrug es kaum, daß man sich ihm näherte; eine kluge Dienerin warf ihm absichtlich ein Stück Holz gegen die Beine: den Melancholischen erfaßte eine heftige Wut, so daß er aufstand & der Dienerin hinterherlief, um sie zu schlagen. Als er sich wieder beruhigt hatte, war er überrascht zu sehen, daß er sich auf den Beinen halten konnte & geheilt war. Trallian berichtet, ein Arzt habe den melancholischen Wahn eines Mannes vertrieben, der sich einbildete, keinen Kopf zu haben, indem er ihm eine Bleikugel auflegte, dessen schmerzhaftes Gewicht ihm deutlich machte, daß er sehr wohl einen besaß. Man muß sich gegenüber den Melancholischen davor hüten, auch ja nichts zu sagen, was mit dem Gegenstand ihres Wahns in Beziehung steht: auf diese Art vergessen sie ihn oft selbst; bei allem Übrigen urteilen & handeln sie dann sehr vernünftig; doch sobald man diese Saite anschlägt, geben sie wieder Zeichen des Wahns zu erkennen. Auch muß man alles aus ihrem Blickfeld entfernen, was ihre Wahnvorstellungen wachrufen kann. Einer dieser Melancholiker, der sich einbildete, er sei ein Hase, zeigte sich in einem Kreis von Leuten als ein sehr vernünftiger Mann von klarem Urteilsvermögen; als unglücklicherweise ein Hund ins Zimmer gelaufen kam, ergriff er die Flucht & versteckte sich unverzüglich unterm Bett, um den Nachstellungen des Hundes zu entgehen. In Fällen wie diesen kann man den Geist dieser Leute mit anderen Dingen beschäftigen, sie unterhalten, ihnen mit Bällen und Schauspielen & vor allem mit Musik, deren Wirkung gar trefflich ist, Ablenkung verschaffen.

Was den Körper betrifft, ist die Hilfe, deren Wirksamkeit am besten belegt ist, die einer Diät; sie sind den Heilmitteln, welche die Pharmazie uns bietet & desto mehr denen der Chirurgie vorzuziehen. Ich verwende hier das Wort *Diät* in seiner ganzen Bandbreite für die Verwendung der sechs nichtnatürlichen Dinge; & man muß dem Melancholiker durch Salz & Rauch gehärtetes Fleisch verbieten, alle scharfen Spirituosen, aber nicht den Wein, der eines der großen Anti-Melancholika ist, welcher den Magen stärkt & erfreut; am geeignetsten ist mageres, leicht verdauliches Fleisch; gutgereifte Sommerfrüchte sind sehr gesund. Bei dieser Krankheit ist ein Luftwechsel vielversprechend, die Wiederkehr des Frühlings, Reisen, Reiten, Abreibungen des Unterleibs, Geschlechtsverkehr, insbesondere, wenn die Krankheit durch Enthaltsamkeit verursacht wurde & mehr noch die Freude an einem geliebten Objekt, &c. Bei Heimweh sollte der Kranke in sein Land zurückkehren; es ist sehr gefährlich, die Anwendung dieses besonderen Heilmittels allzu lange aufzuschieben. Gelegentlich ist man trotz seiner Hilfe darauf angewiesen, auf andere Heilmittel zurückzugreifen; man muß sich indes wohl davor hüten, auf jene bizarren Mischungen zurückzugreifen, die so pompöse Namen tragen wie etwa *Exhilarans*, *Anti-Melancholika*, &c. Diese Heilmittel scheinen nur mit der Absicht hergestellt worden zu sein, sie den Kranken aufzuschwatzen, *ad fucum & pompam*, wie man so sagt. Die einzigen wirklich indizierten Heilmittel sind jene, die zum Hämorrhoidalfluß verhelfen oder ihn zurückhalten, salzhaltige Aperitiva, Nitrat, Glaubersalz, Seignetten-Salz, mit Schwefelsäure versetzter Weinstein, &c., eisenhaltige Mittel, die leberfarbenen, den Hämorrhoidalfluß anregenden aloehaltigen Mittel, insbesondere die seifigen: werden diese Medikamente je nach den Indikationen, Umständen und Fällen variiert & mit Umsicht verabreicht, sind sie bei dieser Krankheit sehr wirksam & heilen sie vollständig. Gelegentlich ist es auch angezeigt, den Körper zu reinigen; laut dem Rat des Hippokrates, *aphor. 9. liv. IV.* gilt es, vor allem auf die kathartischen Purgativa Gewicht zu legen, selbst jene, die ein wenig stark sind; & unter diesen gilt es jene auszuwählen, welche laut den Beobachtungen antiker Autoren besonders auf die schwarze Galle wirken & die unter dem Namen *Melanagogen* bekannt sind. Hierbei zählen zu den schwachen oder mittelstarken die indischen Mirobolantien, Polypodium, Wickel und Umschläge, Sennesstrauch; zu den starken zählen Azurit, Lapislazuli, Koloquinte, schwarze Nieswurz, &c.

Johann Georg Zimmermann

Über die Einsamkeit

Trieb zur Einsamkeit ist das allgemeinste Symptom der Melankolie. Alle Melankoliker scheuen des Tages Licht und den Anblick der Menschen. Unfähig, irgend einem Gedanken nachzuhängen als demjenigen, der sie verzehret, machen sie sich ihr Leben zu einer Folterbank. Dieser Zustand verschlimmert sich in der Einsamkeit, wenn nicht die Imagination in derselben irgend einen gewaltigen Stoß erhält, der ihre Richtung verändert. Aber viel ist gewonnen, wenn man auch da den Melankoliker nur auf andere Gedanken leiten, nur die Modulation und Haushaltung seines Verlangens und seiner Sehnsucht verändern kann. Er muß nicht am Brunnen eines einzelnen Genusses verschmachten. Er muß für seine Glückseligkeit auf Erden nicht blos Eins, das ihm nicht beschieden ist, wünschen; er muß sich aufraffen, muß immer streben nach dem, was seine Seele hebt, und nie nach dem, was seine Seele verwundet. Kann man ihm nur erst solche Lehren beliebt machen und ihn dann in irgend ein Geschäft verwickeln, das Anstrengung kostet, so ist ihm dadurch besser geholfen als durch alle Zerstreuung der Welt. Anlage zur Melankolie wird er immer behalten, aber diese reizt ihn dann auch in allem, was er mit Heftigkeit will, zum Ausharren.

Vor den Kopf schießt sich ein melankolischer Engländer; ein melankolischer Franzose wird ein Carthäuser. Beydes ist einerley; die Engländer schössen sich nicht todt, wenn sie Klöster hätten.

Wenn Kränklichkeit und Melankolie alles Feuer unserer Thätigkeit auslöschen, so verlieret sich auch leicht alle Lust zur Welt und zum Leben, und so kommt man ganz natürlich in die

Einsamkeit. Von jeder Art von Melankolie ist nichts so unzertrennlich wie die Begierde, sich von den Menschen abzusondern, sich von aller Verbindung mit ihnen loszureißen, mit niemand zu reden, niemand zu sehen, an niemand zu schreiben, von niemand Briefe zu erhalten. Man will in diesem Zustand der Seele so viel als möglich alleine seyn, um da Ideen und Vorstellungen nachzuhängen, die man Ursache hätte am meisten zu fliehen. Darum schreyt man melankolischen Menschen so oft in die Ohren: sie haben Zerstreuung nöthig; sie müssen Damen und Assembleen, Bälle und Maskeraden besuchen; oder wenigstens auf den Club gehen und sich eine Maitresse halten.

Die Absicht bey diesen Räthen mag gut seyn; aber die Mittel taugen nicht. Kein melankolischer Mensch thut, was gerade gegen seinen Geschmack, seine Neigungen und seine Ueberzeugung anstößt.

Falsche Philosophie, Einsiedlerwahn und Mystik führen in der Einsamkeit die Seele nicht in tiefere Verwirrung als blosse Melankolie ohne irgend einen ableitenden Lebenszweck. Aller vorerwähnte Wust von Egyptischer Finsterniß und Schwärmerey und Faseley verdunkelte die Religion und hüllte sie in Dunst und Nebel; aber Melankolie vernichtet auch jede gute und tröstende Wirkung der aufgeklärtesten Religion, jede Wohlthat Gottes und alles menschliche Glück.

Aus den Schriften der Aerzte erfährt man nie genug, wo eigentlich Melankolie sitzt. Jede Schulwissenschaft enthält immer noch zu viel Allgemeines und gleichsam aus leerer Luft Ergriffenes, das viel verspricht und wenig giebt. Eine vielleicht ganz unaussprechlich kleine Veränderung in unsern Nerven, aus Unverdaulichkeit oder Verkältung, wirft uns zuweilen aus der ruhigsten Fassung plötzlich in Abgründe von Traurigkeit; eine eben so kleine Veränderung, durch einen guten Stuhlgang oder eine freyere Ausdünstung hemmt oft auf einmal einen ganzen Strom von traurigen Gedanken. Wie man jenem Zustand ausweicht und diesen befördert, sieht niemand so gut wie der aufmerksame Beobachter seiner selbst. Aerzte müssen aber auch die Geschichte, das Wesen und den Gang der Seele solcher Kranken bis in ihre innersten Tiefen kennen, wenn sie Alles wissen sollen, was sie drückt und hebt, was ihnen schadet und nützt; und so sieht man oft, daß ein Mensch durch eben das melankolisch wird, was den andern erheitert, und daß jenen hebet, was diesen niederdrückt.

Melankolie ist ein falsches Raisonnement, das mehrentheils durch Mitwirkung ungesunder und traurigmachender Gefühle des Körpers die niederschlagendesten Vorstellungen in der Seele unterhält und ihr in sich selbst und ausser sich alles von der schlimmsten Seite darstellt.* Darum ist derjenige nicht melankolisch, der nur irgend einer wichtigen und langwierigen Arbeit wegen die Stille sucht und jede Gesellschaft vermeidet. Aber kein Mensch ist melankolisch, der nicht auch gleich alle ihm nicht ganz vertrauliche Gesellschaft flieht und scheut. Mit gesunden Nerven und irgend einem schönen und edlen Zweck kann man Einsamkeit lange aushalten. Mit großen Anlagen zu Kränklichkeit und Melankolie wird Einsamkeit bald gefährlich, wenn man nicht irgend eine reitzende Arbeit vor sich hat, die den Geist in beständigem Fortschritte von Gedanken zu Gedanken treibt. Nichts befördert so sehr Melankolie und Menschenflucht wie das beständige Grübeln nach Ursachen zu dieser Flucht.

Grober Misverstand ists, daß man die höchste Zerstreuung für das größte Gegengift der Melankolie hält, denn mancher wird aus keiner andern Ursache melankolisch, als eben weil er sich immer Ruhe und Freyheit wünschet, die er nicht hat und niemals findet. Ach wie oft verlieret man wegen der gänzlichen Unmöglichkeit, auch nur auf kurze Zeit in der Stille seine Gedanken zu sammeln, alle Lust zur Welt und zum Leben. Wie tief verfällt oft derjenige in Melankolie, der sich gezwungen

* Ich fragte einst einen Prediger: was ist ein melankolischer Mensch? Der Prediger versetzte mir rasch und kurz: »Melankoliker sind Menschen von sehr kleinem Geist, deren Vernunft so äusserst schwach ist, daß sie jeder Neigung des Körpers unterliegt.«

sieht, immer den nemlichen Karren zu ziehn; der jeden Tag gehen muß, wie und wohin andere wollen; und nie gehen kann, wie es ihm gefällt und behagt. Die beste Lage für jeden Menschen sollte doch eigentlich diejenige seyn, in der er das meiste Gute thun kann, und dieses könnte mancher noch weit besser in der Einsamkeit als in der Welt. Melankolie wird darum zuweilen eben so gut durch Einsamkeit geheilt als in vielen andern Fällen durch Einsamkeit erzeuget.

Traurig ists ganz über alle Begriffe für einen Melankoliker, und darum auch ein grosser Beweggrund zur Flucht vor allen kalten Menschen, wenn ihn gar niemand versteht, und wenn man immer glaubt, er sey lustig und froh, indeß da jeder Blick in sich selbst und um sich her seine Seele zermalmt. Wie wenige Menschen sehen, daß etwas den andern drückt, und wie gar nie begreifen kalte Menschen den Dorn in eines andern Herz! So wie ihnen nichts unverständlicher scheint als die Folter einer Nervenkrankheit, solange sie nicht auf den Gassen in Convulsionen ausbricht, so bemerken sie auch niemals eine Melankolie, so lange man sich in derselben nicht todtschießt. Man kann viele Jahre hindurch von solchen Krankheiten alle Marter der Hölle jeden Augenblick leiden, und Leute kalter Art, die man täglich sieht, alle diese frostigen Gönner und Bekannte, sind überzeugt, man befinde sich vortreflich!

Voll guter Laune sogar kann man Unwissenden gerade in der Zeit scheinen, da man Welt und Leben am meisten verwünschet. Kein so guter Harlekin war nie auf dem Italienischen Theater zu Paris erschienen wie der im Jahre 1778 dort verstorbene Harlekin Carlin. Er beherrschte wirklich die Lungen seiner Zuhörer unumschränkt, aber ausser seinem bunten Theaterjäckgen war er ein sehr stiller und trauriger Mann. Als daher einst ein Kranker bey einem der ersten Pariser Aerzte über Anfälle der schwärzesten Melankolie klagte, rieth ihm der Arzt, er müsse sich mehr heitere Zerstreuungen machen. Besuchen Sie die Italienische Comedie, sagte er: Ihr Uebel muß sehr tief stecken, wenn Sie Carlin, der Harlekin, nicht curirt. Ach, sagte der Kranke, ich bin Carlin selbst, und bin um nichts fröhlicher, wenn ich gleich alle anderen lachen mache.

So wenig ein Melankoliker unter Menschen leben mag, die ihn gar nicht verstehen, so wenig taugt ihm doch mehrentheils alleiniger Umgang mit sich selbst. Größtentheils wird doch durch Abneigung gegen alle Zerstreuung Melankolie in der Einsamkeit schlimmer. Unmässiges Nachdenken über irgend etwas, das den Geist niederschlägt, rastloses Anhängen an irgend eine traurige Idee, macht Einsamkeit eben alsdann zu Gift, da man die größte Neigung dazu hat. Die Verführungen der Mismüthigkeit und der Melankolie sind weit nachtheiliger als alle Gesellschaften, die man fliehet. Eigener Umgang, den man alsdann am meisten liebt, ist immer der schlechteste und gefährlichste von allen, weil ein einziger trauriger Gedanke alle unsere Gedanken, bey gänzlicher Menschenfurcht und Menschenflucht, mit ungestörter schrecklicher Gewalt beherrscht und unterjochet.

Ein melankolischer Mensch wird scheu, so rasch und kühn er auch von Natur seyn mag. Er fliehet von jedem Orte weg, wo viele Menschen beysammen sind. Es ist ihm zuwider, wenn ihn die Sonne beleuchtet, weil er ruhiger ist, wenn er sich weniger sichtbar glaubt, also nie so ruhig wie bey trübem Himmel, bey Regen und Sturm. Ausgehen ist ihm unerträglich; er möchte, wenn er ausgehen muß, auf den Gassen keinen Menschen sehen und von keinem Menschen gesehen seyn. Darum geht er nie gern aus, als bey der Nacht. Er ist nie ruhig, als wenn er keinen Menschen sieht und keinen Menschen höret. Auf seiner Stube ists immer dunkel. Die Haut schaudert ihm, so oft ihn jemand besuchen will. Man macht ihn durch nichts in der Welt unglücklicher, als wenn man ihn mit Höflichkeit in Gesellschaft nöthiget oder ihm freundlich zeigt, man wolle ihn zerstreuen; man tödtet ihn, wenn man ihn zum Essen bittet. Er erschrickt, so oft seine Stubenthür aufgeht. Einsamkeit ist sein Gift; aber er liebt dieses Gift.

Giacomo Leopardi

Aus dem ›Gedankenbuch‹

Alles ist nichtig auf dieser Welt, auch meine Verzweiflung, die jedem nicht allein klugen, sondern zugleich an Gelassenheit mir überlegenen Mann und gewiß auch mir selbst in einer ruhigeren Stunde als eitel und unverständig und wirklichkeitsfremd erkennbar sein wird. Ach, ich Tor, auch dieser mein Schmerz ist eitel, ist nichts, wird nach einiger Zeit vergehen, sich auflösen und mich in einer unendlichen Leere und einem schrecklichen Gleichmut, auch des Schmerzes unfähig, alleinlassen.

*

Es scheint widersinnig, ist aber wahr: der Mensch, der wohl am ehesten in Gefühllosigkeit und Gleichgültigkeit (und damit in die Niedertracht, die von der Kälte des Charakters herrührt) verfallen kann, ist der empfindsame, begeisterungsfähige, der innerlich bewegte Mensch, und zwar eben in dem Maße seiner Empfindsamkeit usw.* Namentlich dann, wenn das Glück ihn verlassen hat; und zu den Zeiten, da das äußere Leben dem inneren nicht entspricht und ihm weder Nahrung noch Aufgabe bietet, da Tugend und Mannhaftigkeit erloschen sind und der gefühlvolle, phantasiebegabte und begeisterte Mensch jäh enttäuscht ist. Das äußere Leben der Alten war so reich bewegt, daß es die großen Geister in seinen Strudel zog und eher sie verschlang als sich erschöpfte. Heute dagegen erschöpft sich das

* Gleichsam bestätigt sich so, was jener Greis zu Pico della Mirandola sagte über die Dummheit der alten Leute, die in ihrer Jugend ausnehmend geistreich gewesen.

Leben für einen Menschen, wie ich ihn beschrieben, gerade seiner besondern Empfindsamkeit wegen, in einem Augenblick. Ist dies geschehen, so bleibt eine Leere, eine tiefe und dauernde Enttäuschung in ihm zurück, weil er alles von Grund auf und lebhaft erfahren hat: er verharrt nicht an der Oberfläche, er wagt sich nicht schrittweise vor; er dringt sogleich in die Tiefe, schon hat er alles ergriffen und als unwürdig und nichtig wieder verworfen: nichts bleibt, was er sehen, erkunden, was er noch hoffen könnte. So kommt es, daß die mittelmäßigen Geister und manche halbwegs empfindsamen und lebhaften Menschen lange Zeit, ja bis zuletzt empfindsam bleiben, liebevoll sein können, besorgt und opferwillig für andere, mit der Welt nicht zufrieden, aber noch hoffend, bereit, auf Tugend zu bauen, an eine Sache zu glauben usw. (Sie haben die Hoffnung auf das Glück noch nicht aufgegeben.) Die großen Geister jedoch, von denen ich sprach, verfallen schon früh in unheilbare, tödliche Gleichgültigkeit, Kälte und Schwäche, Gefühllosigkeit: woraus unbekümmerte Selbstsucht und völlige Unfähigkeit zur Liebe entstehen. Empfindung und Begeisterung sind so beschaffen, daß sie sich selber verzehren und binnen kurzem vergehn, wenn sie um sich her keine Nahrung finden; der Mensch wird dann ebenso weit hinter der gewöhnlichen Gemütsstärke zurückbleiben, wie er ihr einst überlegen war. Die mittelmäßige Empfindsamkeit aber erhält sich, weil sie nur wenig Nahrung benötigt. Daher sind die *großen* Tugenden unsern Zeiten fremd. (7. September 1821).

*

Ich habe gesagt, daß der tief empfindende Mensch in Gefahr ist, schneller und gründlicher empfindungslos zu werden als andere, und vor allem als Menschen von mittelmäßiger Empfindsamkeit. Diese Einsicht ist zu erweitern und auf all die Bereiche anzuwenden, in denen sich die Empfindung teilt und mitteilt, wie das Mitleid usw. So wahr es auch ist, daß der empfindsame Mensch zum Unglück bestimmt ist, kommt es dennoch recht häufig vor, daß er in seiner Jugend schon unempfindlich wird gegen Schmerz und Ungemach und daß er nach einer gewissen Zeit, nachdem er einige Erfahrungen gesammelt, heftigem Schmerz um so weniger ausgesetzt ist, je schlimmer und wilder sein Schmerz und seine Verzweiflung in den ersten Jahren, den ersten Begegnungen mit dem Leben waren. So gelangt er oft sehr rasch an einen Punkt, wo ihn ein noch so schweres Unglück nicht mehr tief erschüttern kann, und von der äußersten Gefahr, aufs äußerste beirrt zu werden, wechselt er schnell in das andere Extrem hinüber: zu einer Haltung von so beständiger und der Verzweiflung so wenig zugänglicher Ruhe und Fassung, daß er jedes weitere Übel mit Gleichmut aufnimmt (und dies kann man das letzte Stadium der Empfindung nennen, das Stadium, in welchem die größte natürliche Begabung zu Phantasie und Empfindsamkeit so gut als nutzlos wird und auch der größte Dichter oder der begabteste Redekünstler, den man sich vorstellen mag, diese Eigenschaften fast völlig und endgültig einbüßt und unfähig wird, sie noch irgendwie auszuüben oder ins Werk zu setzen. Die Empfindung bleibt bis zu diesem Zeitpunkt stets lebhaft, noch mitten in der größten Verzweiflung und bei der stärksten Ahnung von der Nichtigkeit aller Dinge. Doch nach dieser Zeit werden die Dinge für den empfindsamen Menschen dermaßen nichtig, daß er nicht einmal mehr ihre Nichtigkeit spürt: und da sind dann Empfindungen und Einbildungskraft wahrhaft erstorben und nicht wieder zu erwecken.) Nichts, was sich heftig kundtut, währt lange. Daher denn die Menschen von mäßiger Empfindung mehr oder minder ihr Leben lang in der Gefahr bleiben, ernstliches Unglück und immerfort neues Leid zu erfahren, im Alter kaum weniger als in jungen Jahren, wie man es an den gewöhnlichen Menschen täglich beobachten kann. (17. November 1821).

*

Die schönste und beglückteste Lebenszeit des Menschen, die einzige, die man in unsern Tagen glücklich heißen könnte, wird uns durch Unterricht und Erziehung auf tausend Arten, durch tausend Beengungen, Ängste und Mühen vergällt, in dem Grade, daß der erwachsene Mensch, wie unglücklich er durch Erkenntnis der Wahrheit, Enttäuschung und Lebensüberdruß und Versiegen der Einbildungskraft auch geworden, mitnichten bereit wäre, nochmals ein Kind zu sein und zu dulden, was er als Kind hatte dulden müssen. Und wozu wird sie so mißhandelt, die arme Kindheit, die doch von allem Unglück noch weit entfernt sein sollte? Damit das Individuum erzogen und gebildet – ein vollendeter Mensch werde. Eine schöne Vollendung, und sicherlich von der Menschennatur so gewollt; setzt sie doch notwendig voraus, daß die Zeit höchst unglücklich sein müsse, welche die Natur offenbar zu der glücklichsten unseres Lebens bestimmt hat. Ich frage nochmals: Wozu wird die Kindheit uns so vergällt? und gebe nun eine bessere Antwort: damit der Mensch um den Preis solchen Unglücks erwerbe, was ihn fürs ganze Leben unglücklich macht, nämlich die Erkenntnis seiner selbst und der Dinge, die Meinungen, Sitten, Gewohnheiten, die den naturgegebenen entgegengesetzt sind und dadurch die Möglichkeit, glücklich zu sein, ausschließen; damit durch eine unglückliche Kindheit das Unglück aller anderen Lebensalter erkauft und verursacht werde; oder noch besser: damit der Mensch mit dem Glück seiner Kindheit das Glück verliere, das die Natur wie der Kindheit so auch jedem anderen Lebensalter bestimmt und bereitet hatte und das er sonst auch erlangt haben würde. (1. August 1823).

*

Alles ist von Übel. Alles, was ist, ist von Übel; das Dasein eines jeden Dings ist ein Übel; das Dasein ist ein Übel und auf das Übel hin bestellt; der Zweck des Weltganzen ist das Übel; die Ordnung und der Zustand, die Gesetze, der natürliche Gang des Universums sind durchaus von Übel und nur auf das Übel gerichtet. Nichts ist von Gutem als nicht zu sein: gut ist nur, was nicht ist: die Dinge, die keine Dinge sind; alle Dinge sind schlecht. Das Ganze, das da ist; die Gesamtheit all der vielen Welten, die da sind; das Weltall: nichts als ein dunkler Fleck, metaphysisch ein Stäubchen. Das Dasein ist seiner eigenen Natur, seinem allgemeinen Wesen nach eine Unvollkommenheit, eine Unregelmäßigkeit, eine Ungeheuerlichkeit. Aber diese Unvollkommenheit ist etwas Winziges, wirklich ein Stäubchen, denn alle Welten, wie viele und wie große es auch gibt, können doch sicherlich weder an Zahl noch an Größe unendlich sein, folglich sind sie unendlich klein im Vergleiche zu dem, was das Weltall sein könnte, wenn es unendlich wäre; und alles, was da ist, ist unendlich klein im Vergleich zu der wahren Unendlichkeit, wenn man so sagen kann, des Nichtseienden, des Nichts.

Dieses System verstößt zwar gegen unsere Ideen, gegen den Glauben, daß der allgemeine Zweck nur das Gute sein könne, und doch ist es wohl leichter zu vertreten als dasjenige des Leibniz, des Pope usw., wonach »alles gut ist«. Dennoch würde ich es nicht wagen, den Optimismus durch den Pessimismus zu ersetzen und zu erklären, daß unsere Welt die schlechteste aller möglichen Welten ist. Wer vermag die Grenzen des Möglichen zu erkennen?

Man könnte dieses System nun darlegen und weiter entwickeln in einem Fragment, das man einem antiken, einem indischen usw. Philosophen zuschriebe.

Gewiß und in allem Ernst ist aber das Dasein ein Übel für all die Teile, die das Weltganze bilden (daher es denn auch recht schwierig ist, das Dasein nicht auch im Bezug auf dies Weltganze für ein Übel zu achten, und noch schwieriger, nach der Art der Philosophen »des malheurs de chaque être un bonheur général« zusammenzusetzen – Voltaire, ›Epitre sur le désastre de Lisbonne‹. Wie kann aus dem, was für alle Einzelnen ohne Ausnahme ein Übel ist, das Gute für die Gesamtheit hervorgehen; aus der Vereinigung und der Ansammlung vieler Übel ein Gutes?) Dies wird offenbar, wenn man sieht, daß alle Dinge auf ihre Weise zu leiden haben und nichts sie erfreuen kann, weil es die Freude, genau genommen, nicht gibt. Verhält es sich aber so, wie sollte man dann nicht sagen, daß das Dasein an sich ein Übel ist?

Nicht nur die Menschen – das Menschengeschlecht war stets unglücklich und wird es notwendig bleiben müssen. Nicht nur das Menschengeschlecht – alle Lebewesen. Nicht nur die Lebewesen – alles, was außerdem da ist, auf seine Weise. Nicht nur die Einzelnen – die Gattungen, Arten, Reiche, Planeten, Systeme, Welten.

Wir treten in einen Garten voller Pflanzen, Kräuter und Blumen. Er mag uns lieblicher scheinen als jeder andre. Es mag die mildeste Jahreszeit sein. Wohin wir auch unseren Blick wenden, überall sehen wir Leiden. Jene ganze Familie von Gewächsen befindet sich in einem Zustande von *souffrance,* eine Pflanze mehr, eine andere weniger. Die Rose dort wird von der Sonne geplagt, die ihr das Leben gab; sie zieht sich zusammen, siecht hin, verwelkt. Die Lilie da – rücksichtslos saugt eine Biene an ihren empfindlichsten, lebenswichtigsten Stellen. Der süße Honig wird von den emsigen und geduldigen, guten und tüchtigen Bienen nicht ohne unsägliche Qual für jene verletzlichen Fasern, nicht ohne ruchloses Morden an zarten Blümchen gewonnen. Jener Baum wird von einem Ameisenhaufen bedrängt, jener andere ist von Raupen befallen, von Fliegen, von Schnecken, von Mücken; bei diesem ist die Rinde aufgerissen, der Wind oder die Sonne dringt in die Wunde ein; bei jenem hat der Stamm, oder es haben die Wurzeln gelitten; an jenem anderen sind die Blätter verdorrt; an diesem sind die Blüten zernagt und zerbissen; und an jenem dort die Früchte zerstochen, durchlöchert. Für jene Pflanze ist es zu heiß, für diese nicht warm genug – zu dunkel, zu hell; zu trocken, zu feucht. Der einen ist es zu eng, sie wird im Wachstum behindert, in der Entfaltung gehemmt; die andre findet nirgend einen Halt oder müht sich und ermattet auf der Suche danach. In dem ganzen Garten finden wir nicht ein einziges Pflänzchen im Zustande vollkommenen Wohlseins. Dort ist ein Zweig geknickt, vom Wind oder vom eigenen Gewicht, da köpft eine kleine Böe eine Blume, reißt irgendein Stück, ein Blütenblatt, einen Staubfaden, einen lebendigen Teil von dieser, von jener Pflanze und nimmt ihn mit fort. Indessen mißhandeln wir die Gräser mit unseren Tritten, zerdrücken, zerquetschen sie, lassen sie ausbluten, knicken sie, töten sie. Das empfindsame, reizende Frauenzimmerchen dort geht mit sanften Schritten über brechende, sterbende Halme. Der Gärtner stutzt und schneidet bedachtsam mit den Fingernägeln, mit dem Messer lebendige Glieder voller Gefühl. (Bologna, 19. April 1826). Gewiß, diese Pflanzen leben; manche, weil ihr Siechtum nicht tödlich ist, andere, weil Pflanzen und ebenso Tiere noch mit tödlichen Krankheiten einige Zeit überdauern und leben können. Der Anblick von so viel Leben macht unsere Seele froh, wenn wir den Garten betreten; darum erscheint er uns als ein Ort der Freude. Aber in Wahrheit ist dieses Leben traurig und unglücklich, jeder Garten ist gleichsam ein großes Krankenhaus (eine Stätte, viel klagwürdiger als ein Friedhof), und wenn diese Lebewesen fühlen oder meinetwegen fühlten, so wäre das Nichtsein sicherlich sehr viel besser für sie als das Dasein. (Bologna, 22. April 1826).

*

An meiner Philosophie des menschlichen Glücks nimmt es sich allerdings widersprüchlich aus, daß ich so sehr das Handeln und die Tätigkeit, des Lebens Überfluß preise und damit den Zustand und Brauch der Alten den modernen Verhältnissen vorziehe, gleichzeitig aber von allen Lebensweisen diejenige der stumpfesten Menschen, der unbelebtesten oder lebensärmsten Wesen, die Untätigkeit und Trägheit der Wilden für die glücklichste oder die am wenigsten unglückliche ansehe; kurz, daß ich die lebenskräftigste und die dem Tod so nah wie nur möglich gerückte Verfassung über alle andern erhebe. In Wahrheit aber vertragen sich diese beiden Dinge sehr wohl miteinander, gehen vom selben Grundsatz aus und sind beide gleich notwendige Folgen desselben. Hat man einmal erkannt, daß es ebenso unmöglich ist, glücklich zu sein, wie von dem vordringlichen, ja dem einzigen Wunsch nach dem Glück je zu lassen; hat man erkannt, daß das Leben der Seele sich notwendig auf ein unmöglich zu erreichendes Ziel richtet; hat man erkannt, daß das allgemeine und notwendige Unglück der Lebenden in nichts anderem besteht, von nichts anderem herrührt als von dieser Richtung, deren Ziel nie erreicht werden kann; hat man schließlich erkannt, daß dies allgemeine Unglück bei jeder Gattung, bei jedem Einzelwesen um soviel größer ist, je stärker diese Richtung empfunden wird: so folgt, daß der höchste mögliche Grad des Glücks oder der niederste mögliche Grad des Unglücks im möglichst geringen Empfinden der genannten Richtung besteht. Bei den am wenigsten empfindsamen, von ihrer Natur her am wenigsten lebensvollen Einzelwesen und Gattungen ist solches Empfinden im tiefsten möglichen Grade vorhanden. Die am wenigsten weit entwickelten, also die lebensärmsten Gemütsverfassungen sind die am wenigsten empfindsamen, also auch die am wenigsten unglücklichen Verfassungen des Menschen. Dies ist der Urzustand oder der Zustand der Wilden. Und deshalb ziehe ich diesen Zustand dem des gesitteten Menschen vor. Hat jedoch die Entwicklung des Gemütes einmal begonnen und einen bestimmten Stand erreicht, läßt sie sich nicht mehr rückgängig machen, läßt sich ihr Fortschreiten bei den einzelnen Menschen so wenig wie bei den Völkern aufhalten. In den Personen und in den Nationen Europas und eines großen Teiles der Welt ist nun das Gemüt seit undenklichen Zeiten entwickelt; sie zum ursprünglichen, wilden Zustand zurückzuführen unmöglich. Indessen hat die Entwicklung und hat das Leben ihres Gemüts eine höhere Empfindsamkeit und so auch ein stärkeres Gefühl jener oben genannten Richtung, also größeres Unglück zur

Folge. Da bleibt nur ein Heilmittel: die Zerstreuung. Sie besteht in einem Höchstmaß an Tätigkeit, an Bewegung, die das entwickelte Vermögen und Leben des Gemütes beschäftigt hält und erfüllt. Auf diese Weise wird jenes Unglücksgefühl unterbrochen oder gleichsam verdunkelt, verwischt, seine Stimme übertönt und erstickt, es selber zum Schweigen gebracht. Das Heilmittel kommt freilich niemals dem Urzustand gleich, aber seine Wirkungen sind das Beste, was noch verbleibt, der Zustand, den es hervorbringt, ist der bestmögliche seit der Gesittung der Menschen. – Dies gilt für die Nationen. Für die einzelnen Menschen nicht minder. Der glücklichste Italiener zum Beispiel ist der von Natur sowie aus Gewohnheit stumpfste und fühlloseste, seelisch lebloseste. Aber ein Italiener, der entweder von Natur oder durch Bildung ein lebhaftes Gemüt hat, kann die Gefühllosigkeit auf keine Weise erwerben oder wiedererlangen. Und da empfehle ich ihm, seine Empfindsamkeit so sehr wie nur möglich zu beschäftigen. – Aus diesem Beweisgang ergibt sich, daß mein System nicht etwa der Tätigkeit, dem unternehmenden Geist, der zur Zeit einen großen Teil von Europa beherrscht, und den Anstrengungen zuwiderläuft, durch Fortschritt der Zivilisation die Nationen und Menschen immer tätiger und beschäftigter werden zu lassen, vielmehr dieselben ganz unmittelbar und grundsätzlich begünstigt (ich meine, so weit das Prinzip der Tätigkeit und die Zivilisation als Mehrerin der Beschäftigung, der Bewegung, des aktiven Lebens und als Schöpferin der entsprechenden Hilfsmittel in Betracht kommen), daß mein System aber dessen ungeachtet den Urzustand, das am wenigsten entwickelte, am wenigsten empfindsame, am wenigsten tätige Leben als die beste mögliche Voraussetzung für das menschliche Glück betrachtet. (Bologna, 13. Juli 1826).

*

»Glück« ist nichts anderes als Zufriedenheit mit dem eigenen Dasein und der eigenen Lebensform, völlige Übereinstimmung mit dem eigenen Zustande, welcher Art er auch sei, wie verächtlich er anmute. Allein schon aus dieser Definition ist ersichtlich, daß von Glück nicht die Rede sein kann bei einem Wesen, das vor allem andern sich selber liebt, und dies ist bei allen Lebewesen von Natur aus der Fall; nur sie sind im übrigen eines Glücksgefühls fähig. Liebe zu sich selbst, die nicht enden kann und keine Grenzen hat, ist mit Zufriedenheit und Übereinstimmung nicht vereinbar. Was auch ein Lebewesen des Guten genießen mag, es wird stets ein noch Besseres wünschen, weil seine Eigenliebe nicht aufhören und das Gute, wie gut es auch sei, stets begrenzt sein wird und die Liebe zu sich selbst keine Grenzen kennt. Wie erfreulich unser Zustand auch sein mag, wir werden immer uns selbst mehr lieben als unsern Zustand, daher begehren wir einen noch besseren Zustand. Daher werden wir niemals zufrieden, niemals in einem Zustand der Übereinstimmung, des völligen Einverständnisses mit unserer Lebensform, des ungetrübten Wohlgefallens an ihr sein. Daher werden und können wir niemals glücklich sein (30. August 1826, Bologna), weder in dieser noch in einer anderen Welt.

Christian Friedrich, nach Caspar David Friedrich
Melancholie (1818)

Sören Kierkegaard

Der Unglücklichste

*Eine begeisterte Ansprache an die Συμπαρανεκρωμενοι**
Peroration in den Freitagszusammenkünften

Bekanntlich soll es irgendwo in England ein Grab geben, das sich nicht durch ein prachtvolles Monument oder eine wehmütige Umgebung auszeichnet, sondern durch eine kleine Inschrift – »Der Unglücklichste«. Man soll das Grab geöffnet, aber keine Spur von einer Leiche gefunden haben. Was erregt mehr Verwunderung: daß man keine Leiche fand, oder daß man das Grab öffnete? Seltsam fürwahr, daß man sich die Zeit genommen hat, nachzusehen, ob jemand darinliege. Wenn man auf einem Epitaph einen Namen liest, so ist man leicht versucht, darüber nachzudenken, wie wohl das Leben dieses Menschen in der Welt dahingeronnen sei; man könnte wünschen, zu ihm ins Grab zu steigen, um sich mit ihm zu unterhalten. Jene Inschrift aber ist überaus bedeutungsvoll! Ein Buch kann einen Titel haben, der einen zum Lesen reizt, aber ein Titel kann auch an sich so gedankenreich, so persönlich ansprechend sein, daß man das Buch selbst niemals lesen wird. Fürwahr, jene Inschrift ist überaus bedeutungsvoll, je nachdem wie man gestimmt ist, erschütternd oder erfreulich – für einen jeden, der sich im stillen etwa heimlich dem Gedanken anverlobt hat, daß er der Unglücklichste sei. Doch kann ich mir auch einen Menschen vorstellen, dessen Seele derartige Beschäftigungen nicht kennt, ihm ist es nur eine Aufgabe für seine Neugierde gewe-

* Symparanekromenoi, eigentlich συμπαρανενεκρῳμενοι (Symparanenekromenoi), Mit-Verstorbene.

sen, zu erfahren, ob wirklich jemand in diesem Grabe liege. Und siehe, das Grab war leer! Ist er etwa wieder auferstanden, hat er etwa des Dichterwortes spotten wollen:

– im Grabe ist Frieden allzeit,
sein stummer Bewohner weiß nichts von Leid;

fand er keine Ruhe, auch im Grabe nicht, irrt er vielleicht wieder unstet in der Welt umher, ist er fortgegangen von Haus und Heim und hat nur seine Anschrift hinterlassen! Oder ist er noch nicht gefunden, er, der Unglücklichste, den selbst die Eumeniden nicht verfolgen, bis er die Tür des Tempels findet und die Bank der demütig Bittenden, den aber Kummer und Leid am Leben erhalten, Kummer und Leid bis ans Grab begleiten!

Sollte er noch nicht gefunden sein, so laßt uns, liebe συμπαρανεκρωμενοι, als Kreuzritter eine Wanderung antreten, nicht nach jenem heiligen Grabe im glücklichen Osten, sondern nach jenem traurigen Grabe im unglücklichen Westen. An jenem leeren Grabe wollen wir ihn suchen, den Unglücklichsten, fest überzeugt, daß wir ihn finden; denn wie die Sehnsucht der Gläubigen nach dem heiligen Grabe verlangt, so zieht es die Unglücklichen nach Westen zu jenem leeren Grabe hin, und ein jeder ist von dem Gedanken erfüllt, daß es für ihn bestimmt sei.

Oder sollten wir eine solche Überlegung nicht als würdigen Gegenstand unserer Betrachtung ansehen, wir, deren Tätigkeit, auf daß ich den heiligen Bräuchen unserer Gesellschaft entspreche, Versuche in der aphoristischen zufälligen Andacht sind, wir, die wir nicht aphoristisch denken und sprechen, sondern aphoristisch leben, wir, die wir ἀφοϱίσμενοι* und *segregati*** leben, als Aphorismen, ohne Gemeinschaft mit den Menschen, unteilhaftig ihrer Leiden und ihrer Freuden, wir, die wir nicht Mitlauter sind im Lärm des Lebens, sondern ein-

* aphorismenoi, abgesondert
** abgesondert, ausgestoßen

same Vögel in der Stille der Nacht, nur gelegentlich einmal versammelt, um uns zu erbauen an den Vorstellungen von der Armseligkeit des Lebens, von der Länge des Tages und der unendlichen Dauer der Zeit, wir, liebe συμπαρανεκρωμενοι, die wir nicht glauben an das Spiel der Freude oder an das Glück der Toren, wir, die wir an nichts glauben als an das Unglück.

Seht, wie sie sich herandrängen in zahlloser Menge, alle die Unglücklichen. Jedoch, viele sind ihrer, die sich berufen wähnen, wenige nur sind auserwählt. Eine Trennung soll zwischen ihnen befestigt werden – ein Wort, und der Haufe verschwindet; ausgeschlossen sind nämlich ungebetene Gäste, alle die, welche meinen, daß der Tod das größte Unglück sei, welche unglücklich wurden, weil sie den Tod fürchten; denn wir, liebe συμπαρανεκρωμενοι, wir, gleich den römischen Soldaten, fürchten den Tod nicht, wir kennen schlimmeres Unheil, und in erster Linie, vor allem andern – das Leben. Ja, wenn es einen Menschen gäbe, der nicht sterben könnte, wenn es wahr ist, was die Sage erzählt von jenem ewigen Juden, wie sollten wir Bedenken tragen, ihn für den Unglücklichsten zu erklären? Da ließe es sich erklären, warum das Grab leer war, nämlich um damit anzuzeigen, daß der Unglücklichste der sei, der nicht sterben, der nicht in ein Grab entschlüpfen könnte. Da wäre die Sache entschieden, die Antwort leicht: denn am unglücklichsten wäre, wer nicht sterben könnte, glücklich, wer es könnte; glücklich, wer in seinem Alter stürbe, glücklicher, wer in seiner Jugend stürbe, am glücklichsten, wer schon stürbe, indem er geboren würde, am allerglücklichsten, wer nie geboren wäre. Aber so ist es nicht, der Tod ist das allen Menschen gemeinsame Glück, und sofern also der Unglücklichste noch nicht gefunden ist, muß er innerhalb dieser Begrenzung zu suchen sein.

Seht, der Haufe verschwand, die Zahl hat sich vermindert. Nicht sage ich jetzt: schenkt mir eure Aufmerksamkeit, denn ich weiß, ich habe sie bereits; nicht: leiht mir euer Ohr, denn ich weiß, es gehört mir schon. Eure Augen funkeln. Ihr erhebt euch von den Sitzen. Es ist ein Wettstreit, an dem teilzunehmen sich wohl lohnt, ein Kampf noch schrecklicher, als wenn es bei ihm auf Tod und Leben ginge; denn den Tod fürchten wir nicht. Die Belohnung aber, ja, die ist stolzer als jede andere auf der Welt, und gewisser; denn wer versichert ist, daß er der Unglücklichste sei, der braucht ja das Glück nicht zu fürchten, der muß die Demütigung nicht schmecken, in seinem letzten Stündlein rufen zu müssen: Solon, Solon, Solon!

So eröffnen wir denn einen freien Wettbewerb, von dem niemand, weder durch seinen Stand noch durch sein Alter, ausgeschlossen sein soll. Ausgeschlossen ist niemand außer dem Glücklichen und dem, der den Tod fürchtet – willkommen ist jedes würdige Mitglied aus der Gemeinde der Unglücklichen, der Ehrenplatz jedem wirklich Unglücklichen bestimmt, das Grab dem Unglücklichsten. Meine Stimme schallt in die Welt hinaus, hört sie, ihr alle, die ihr euch Unglückliche nennt in der Welt, aber den Tod nicht fürchtet. Meine Stimme schallt zurück in die Vergangenheit; denn wir wollen nicht so sophistisch sein, die Verstorbenen auszuschließen, weil sie tot sind, denn sie haben ja gelebt. Ich beschwöre euch, verzeiht, daß ich einen Augenblick eure Ruhe störe; versammelt euch an diesem leeren Grabe. Dreimal rufe ich es laut über die Welt hinaus, hört es, ihr Unglücklichen; denn keineswegs ist es unsere Absicht, diese Sache hier, in einem Winkel der Welt, unter uns abzumachen. Der Ort ist gefunden, wo sie für alle Welt entschieden werden muß.

Doch laßt uns, bevor wir dazu übergehen, die einzelnen zu verhören, uns bereitmachen, hier als würdige Richter und Mitstreiter zu sitzen. Laßt uns unseren Geist stärken, ihn wappnen gegen die Bestrickung des Ohrs; denn welche Stimme wäre wohl so einschmeichelnd wie die des Unglücklichen, welche so betörend wie die des Unglücklichen, wenn er von seinem eigenen Unglück spricht? Machen wir uns würdig, zu Gericht zu sitzen, ihr Mitstreiter, daß wir nicht die Übersicht verlieren, uns nicht von den einzelnen verwirren lassen; denn die Beredsamkeit der Trauer ist unendlich und unendlich erfinderisch.

Wir wollen die Unglücklichen in bestimmte Gruppen aufteilen, für die nur je einer das Wort führen darf; denn wir wollen nicht leugnen, daß nicht ein einzelnes Individuum das unglücklichste ist, sondern daß es eine Klasse ist; doch wollen wir darum kein Bedenken tragen, dem Repräsentanten dieser Klasse den Namen »der Unglücklichste« zuzuerkennen, kein Bedenken tragen, ihm das Grab zuzuerkennen.

In allen systematischen Schriften Hegels gibt es einen Abschnitt, der vom unglücklichen Bewußtsein handelt. Mit innerer Unruhe und Herzklopfen geht man stets an die Lektüre solcher Untersuchungen, mit der Befürchtung, man werde zuviel oder zuwenig erfahren. Das unglückliche Bewußtsein, das ist ein Wort, das, bloß zufällig im Laufe der Rede angebracht, beinah das Blut zum Erstarren, die Nerven zum Erschauern bringt und jetzt, so ausdrücklich ausgesprochen, gleich jenem geheimnisvollen Wort in einer Erzählung Clemens Brentanos: *tertia nux mors est* – einen wie einen Sünder erzittern lassen kann. Ach, glücklich, wer nicht mehr mit dieser Sache zu tun hat, als daß er einen Paragraphen darüber schreibt; noch glücklicher, wer den folgenden schreiben kann. Der Unglückliche ist nun derjenige, der sein Ideal, seinen Lebensinhalt, die Fülle seines Bewußtseins, sein eigentliches Wesen irgendwie außer sich hat. Der Unglückliche ist immer sich abwesend, nie sich selbst gegenwärtig. Abwesend aber kann man offenbar entweder in der vergangenen oder in der zukünftigen Zeit sein. Hiermit ist das ganze Territorium des unglücklichen Bewußtseins hinlänglich umschrieben. Für diese feste Begrenzung wollen wir Hegel danken, und nun, da wir nicht nur Philosophen sind, die dieses Reich aus der Ferne betrachten, wollen wir als Landesangehörige die verschiedenen Stadien, die hierin liegen, genauer beobachten. Der Unglückliche ist also abwesend. Abwesend aber ist man, wenn man entweder in der vergangenen oder der zukünftigen Zeit ist. Der Ausdruck muß hier urgiert werden; denn es ist offenbar, was auch die Sprachwissenschaft uns lehrt, daß es ein *tempus* gibt, das gegenwärtig ist in einer vergangenen Zeit, und ein *tempus*, das gegenwärtig ist in einer zukünftigen; zugleich aber lehrt selbige Wissenschaft uns, daß es ein *tempus* gibt, das *plus quam perfectum* ist, in dem nichts Präsentisches liegt, und ein *futurum exactum* von gleicher Beschaffenheit. Das sind die hoffenden und die sich erinnernden Individualitäten. Diese sind zwar in gewissem Sinne, insofern sie nämlich allein hoffend oder allein sich erinnernd sind, unglückliche Individualitäten, wenn anders nur die sich selber gegenwärtige Individualität die glückliche ist. Indessen kann man doch in strengem Sinne eine Individualität nicht unglücklich nennen, die präsentisch ist in Hoffnung oder in Erinnerung. Was hier nämlich hervorgehoben werden muß, ist, daß der betreffende Mensch präsentisch darin ist. Wir werden daraus auch ersehen, daß ein einziger Schicksalsschlag, und sei er im übrigen auch noch so schwer, einen Menschen unmöglich zu dem unglücklichsten machen kann. Ein einzelner Schicksalsschlag kann ihm nämlich entweder nur die Hoffnung rauben und ihn damit präsentisch in der Erinnerung machen, oder nur die Erinnerung und damit präsentisch in der Hoffnung. Wir gehen nun weiter und wollen sehen, wie denn die unglückliche Individualität näher bestimmt werden muß. Zunächst betrachten wir die hoffende Individualität. Wenn nun der Mensch als hoffende [und insofern also unglückliche] Individualität sich nicht selber präsentisch ist, so wird er in strengerem Sinne unglücklich. Ein Individuum, das auf ein ewiges Leben hofft, ist zwar in gewissem Sinne eine unglückliche Individualität, insofern es auf das Gegenwärtige verzichtet, ist aber doch in strengem Sinne nicht unglücklich, weil es in dieser Hoffnung sich selbst präsentisch ist und mit den einzelnen Momenten der Endlichkeit nicht in Widerspruch gerät. Kann ein solcher Mensch jedoch sich in der Hoffnung nicht präsentisch werden, sondern verliert seine Hoffnung, hofft von neuem und so fort, so ist er sich selbst abwesend, nicht nur in der gegenwärtigen, sondern auch in der zukünftigen Zeit, so haben wir eine Formation von Unglücklichen. Betrachten wir die sich erinnernde

Individualität, so ist es ebenso. Kann sie sich in der vergangenen Zeit gegenwärtig werden, so ist sie nicht in strengem Sinne unglücklich; kann sie dies aber nicht, sondern bleibt in einer vergangenen Zeit sich selber beständig abwesend, so haben wir eine Formation von Unglücklichen.

Die Erinnerung ist vorzüglich das eigentliche Element der Unglücklichen, wie es natürlich ist, weil die vergangene Zeit die merkwürdige Eigenschaft hat, daß sie vorüber ist, die zukünftige, daß sie kommen soll, und man kann daher in gewissem Sinne sagen, die zukünftige Zeit liege der gegenwärtigen näher als die vergangene. Damit nun die hoffende Individualität in der zukünftigen Zeit präsentisch werde, muß diese Realität haben, oder richtiger, sie muß für diesen Menschen Realität erhalten; damit die sich erinnernde Individualität in der vergangenen Zeit präsentisch werde, muß diese für sie Realität gehabt haben. Wenn aber die hoffende Individualität auf eine zukünftige Zeit hoffen will, die für sie doch keine Realität erhalten kann, oder der sich Erinnernde sich an eine Zeit erinnern will, die keine Realität gehabt hat, so haben wir die eigentlich unglücklichen Individualitäten. Das erste sollte man nicht für möglich halten oder für hellen Wahnsinn ansehen, indessen ist dem keineswegs so; denn zwar hofft die hoffende Individualität nicht auf etwas, das für sie keine Realität hat, aber sie hofft auf etwas, von dem sie selbst weiß, daß es nicht realisiert werden kann. Wenn nämlich eine Individualität, indem sie die Hoffnung verliert, statt eine sich erinnernde Individualität zu werden, weiterhin eine hoffende bleiben will, so haben wir eine solche Formation. Wenn eine Individualität, indem sie die Erinnerung verliert, oder weil sie nichts hat, woran sie sich erinnern könnte, keine hoffende werden, sondern weiterhin eine sich erinnernde bleiben will, so haben wir eine Formation von Unglücklichen. Wenn etwa ein Mensch sich in das Altertum oder das Mittelalter oder in irgendeine andere Zeit verlöre, so zwar, daß diese für ihn eine entschiedene Realität hätte, oder er verlöre sich in seine eigene Kindheit oder Jugend, dergestalt, daß diese eine entschiedene Realität für ihn gehabt hätte, so wäre er eigentlich keine in strengem Sinne unglückliche Individualität. Dächte ich mir dagegen einen Menschen, der selbst keine Kindheit gehabt hätte, da dieses Lebensalter ohne eigentliche Bedeutung an ihm vorübergegangen wäre, der aber nun, indem er etwa Lehrer für Kinder würde, all das Schöne entdeckte, das in der Kindheit liegt, und der nun seiner eigenen Kindheit sich erinnern, immer auf sie zurückstarren wollte, so wäre er wohl ein recht passendes Exempel. Rückwärts würde er also schließlich die Bedeutung dessen entdecken, was für ihn vorüber ist, und woran er sich doch in seiner Bedeutung erinnern würde. Dächte ich mir einen Menschen, der gelebt hätte, ohne des Lebens Freude oder seinen Genuß zu fassen, und der nun im Augenblick seines Todes ein Auge dafür bekäme, dächte ich mir, daß er nicht stürbe, was das Günstigste wäre, sondern wieder auflebte, ohne darum aber noch einmal zu leben, so würde er wohl in Betracht kommen können, wo es um die Frage geht, wer der Unglücklichste sei.

Die unglücklichen Individualitäten der Hoffnung haben nie das Schmerzliche an sich wie die der Erinnerung. Die hoffenden Individualitäten haben immer eine mehr fröhliche Enttäuschung. Daher wird der Unglücklichste stets unter den unglücklichen Individualitäten der Erinnerung zu suchen sein.

Doch wollen wir weitergehen, wir wollen uns eine Kombination der beiden beschriebenen, in strengerem Sinne unglücklichen Formationen denken. Die unglückliche hoffende Individualität vermochte nicht, sich in ihrem Hoffen selbst präsentisch zu werden, so wenig wie die unglücklich sich erinnernde. Die Kombination kann nur die sein, daß das, was den Menschen hindert, in seinem Hoffen präsentisch zu werden, die Erinnerung, das, was ihn hindert, in der Erinnerung präsentisch zu werden, die Hoffnung ist. Das liegt einerseits daran, daß er immerfort auf das hofft, woran er sich erinnern sollte; seine Hoffnung wird immer wieder enttäuscht, aber indem sie enttäuscht wird, entdeckt er, daß es nicht daher kommt, daß das Ziel weiter hinausgeschoben wird, sondern daher, daß er am Ziel schon vorüber ist, daß es bereits erlebt ist oder erlebt sein sollte und somit in die Erinnerung übergegangen ist. Andererseits erinnert er sich immerfort an das, worauf er hoffen sollte; denn das Zukünftige hat er schon im Geiste aufgenommen, im Geiste hat er es erlebt, und an dieses Erlebte erinnert er sich, statt darauf zu hoffen. Das, worauf er hofft, liegt also hinter ihm, das, woran er sich erinnert, liegt vor ihm. Sein Leben ist nicht rückwärts gerichtet, jedoch in doppeltem Sinne verkehrt. Sein Unglück wird er bald spüren, mag er auch nicht begreifen, worin es eigentlich liegt. Damit er aber so recht Gelegenheit bekomme, es zu fühlen, tritt das Mißverständnis hinzu, das in jedem Augenblick auf merkwürdige Weise spottet. Er genießt gemeinhin die Ehre, dafür angesehen zu werden, daß er seine fünf Sinne beisammen hat, und doch weiß er, wenn er auch nur einem einzigen Menschen auseinandersetzen wollte, wie es sich wirklich mit ihm verhält, so würde man ihn für wahnsinnig erklären. Hierüber könnte man wahnsinnig werden, und doch wird er es nicht, und das eben ist sein Unglück. Sein Unglück ist, daß er zu früh auf die Welt gekommen ist und daher stets zu spät kommt. Er ist dem Ziele immer wieder ganz nah, und im selben Augenblick ist er fern von ihm, er entdeckt also, daß das, was ihn jetzt unglücklich macht, weil er es hat, oder weil er so ist, gerade das ist, was ihn vor einigen Jahren glücklich gemacht haben würde, falls er es gehabt hätte, während er unglücklich wurde, weil er es nicht hatte. Sein Leben hat keine Bedeutung wie das jenes Ancaeus, von dem es üblich ist zu behaupten, über ihn sei nichts bekannt, außer daß er Anlaß zu einem Sprichwort gegeben habe:

πολλα μεταξυ πελει κυλικος και χειλεος ἀκρου,*

* »Vieles kann geschehen, selbst wenn die Lippe bereits den Becher berührt.« Ancaeus wurde von einem Wildschwein getötet, als er von neuem Wein kosten wollte, von dem ihm geweissagt worden war, daß er ihn nie probieren werde.

als ob das nicht mehr als genug wäre. Sein Leben kennt keine Ruhe und hat keinen Inhalt, er ist sich nicht präsentisch im Augenblick, nicht präsentisch in der zukünftigen Zeit, denn das Zukünftige ist schon erlebt, nicht in der vergangenen Zeit, denn das Vergangene ist noch nicht gekommen. So wird er umhergetrieben wie Latone in die Finsternis der Hyperboräer, nach des Äquators heller Insel, kann nicht gebären und ist doch immerfort wie eine Gebärende. Allein sich selbst überlassen, steht er in der weiten Welt, er hat keine Gegenwart, an die er anknüpfen, keine Vergangenheit, nach der er sich sehnen kann, denn seine Vergangenheit ist noch nicht gekommen, keine Zukunft, auf die er hoffen kann, denn seine Zukunft ist schon vorüber. Allein hat er die ganze Welt sich gegenüber als das Du, mit dem er in Konflikt liegt; denn die ganze übrige Welt ist für ihn nur eine einzige Person, und diese Person, dieser unzertrennlich zudringliche Freund, ist das Mißverständnis. Er kann nicht alt werden, denn er ist nie jung gewesen; er kann nicht jung bleiben, denn er ist schon alt geworden; er kann gewissermaßen nicht sterben, denn er hat ja nicht gelebt; er kann gewissermaßen nicht leben, denn er ist ja schon gestorben; er kann nicht lieben, denn die Liebe ist immer präsentisch, und er hat keine gegenwärtige Zeit, keine zukünftige, keine vergangene, und doch ist er eine sympathetische Natur, und er haßt die Welt, nur weil er sie liebt; er hat keine Leidenschaft, nicht weil es ihm daran fehlte, sondern weil er im selben Augenblick die entgegengesetzte hat, er hat zu nichts Zeit, nicht weil seine Zeit von anderem ausgefüllt wäre, sondern weil er überhaupt keine Zeit hat; er ist ohnmächtig, nicht weil es ihm an Kraft fehlte, sondern weil seine eigene Kraft ihn ohnmächtig macht.

Doch bald ist unser Herz wohl abgehärtet genug, unser Ohr verstopft, wenn auch nicht verschlossen. Wir haben die besonnene Stimme der Überlegung gehört, laßt uns die Beredsamkeit der Leidenschaft vernehmen, kurz, bündig, wie alle Leidenschaft es ist.

Da steht ein junges Mädchen. Sie klagt, ihr Geliebter sei ihr untreu geworden. Darauf kann nicht reflektiert werden. Aber sie hat ihn allein geliebt auf der ganzen Welt, sie hat ihn geliebt von ganzer Seele, von ganzem Herzen und von ganzem Gemüt – so kann sie ja sich erinnern und trauern.

Ist es ein wirkliches Wesen oder ist es ein Bild, ist es eine Lebendige, die stirbt, oder eine Tote, die lebt? Es ist Niobe. Sie hat alles auf einmal eingebüßt; sie hat verloren, dem sie das Leben gab, sie hat verloren, was ihr das Leben gab! Blickt zu ihr auf, liebe συμπαρανεκρωμενοι, sie steht ein wenig höher als die Welt, auf einem Grabhügel als ein Denkstein. Aber keine Hoffnung winkt ihr, keine Zukunft bewegt sie, keine Aussicht lockt sie, keine Hoffnung beunruhigt sie – hoffnungslos steht sie da, in Erinnerung versteint; einen Augenblick war sie unglücklich, im selben Augenblick wurde sie glücklich, und nichts vermag ihr Glück ihr zu nehmen, die Welt wandelt sich, sie aber kennt keinen Wechsel, und die Zeit kommt, für sie aber gibt es keine zukünftige Zeit.

Seht dort, welch schöne Vereinigung! Ein Geschlecht reicht dem andern die Hand! Geschieht es zum Segen, zu treuem Zusammenhalt, zu frohen Tänzen? Es ist Ödips verstoßenes Geschlecht, und der Stoß pflanzt sich fort und zerschmettert die Letzte – Antigone. Doch für sie ist gesorgt; die Trauer eines Geschlechts ist genug für ein Menschenleben. Sie hat der Hoffnung den Rücken gekehrt, sie hat deren Unbeständigkeit vertauscht mit der Treue der Erinnerung. So werde denn glücklich, liebe Antigone! Wir wünschen dir ein langes Leben, bedeutungsvoll wie ein tiefer Seufzer. Möge kein Vergessen dir etwas rauben! Möge der Trauer tägliche Bitterkeit dir reichlich dargeboten werden!

Eine kraftvolle Gestalt zeigt sich; aber er ist ja nicht allein, er hat also Freunde, wie kommt er denn hierher? Es ist der Patriarch der Trauer, es ist Hiob – mit seinen Freunden. Er hat alles verloren, aber nicht mit einem Schlage; denn der Herr hat genommen, und der Herr hat genommen, und der Herr hat genommen. Freunde lehrten ihn, die Bitterkeit des Verlustes zu empfinden; denn der Herr hat gegeben, und der Herr hat gegeben, und der Herr hat gegeben und ein unverständiges Weib als Zugabe. Er hat alles verloren; denn was ihm blieb, das liegt außerhalb unseres Interesses. Ehrerbietung gebührt ihm, liebe συμπαρανεκρωμενοι, um seines grauen Haares und seines Unglücks willen. Er hat alles verloren; aber er hatte es besessen.

Sein Haar ist grau, sein Haupt gebeugt, sein Antlitz fahl, seine Seele bekümmert. Es ist der Vater des verlorenen Sohnes. Wie Hiob hat er verloren, was ihm das Liebste war auf dieser Welt, doch nicht der Herr hat es genommen, sondern der Feind; er hat es nicht verloren, sondern er verliert es; es ist ihm nicht genommen, sondern es entschwindet. Er sitzt nicht daheim am Herde in Sack und Asche; er hat sich von Hause aufgemacht, hat alles verlassen, um den Verlorenen zu suchen; er greift nach ihm, aber sein Arm erreicht ihn nicht, er ruft ihm nach, aber seine Stimme holt ihn nicht ein. Doch hofft er, und sei es auch durch Tränen, er erblickt ihn, und sei es auch durch Nebel, er holt ihn ein, und sei es auch im Tode. Seine Hoffnung macht ihn betagt, und nichts bindet ihn an die Welt als die Hoffnung, der er lebt. Sein Fuß ist müde, sein Auge dunkel, sein Leib sucht Ruhe, seine Hoffnung lebt. Sein Haar ist weiß, sein Leib hinfällig, sein Fuß stockt, sein Herz bricht, seine Hoffnung lebt. Richtet ihn auf, liebe συμπαρανεκρωμενοι, er war unglücklich.

Wer ist jene bleiche Gestalt, kraftlos wie der Schatten eines Toten! Sein Name ist vergessen, viele Jahrhunderte sind seit jenen Tagen verflossen. Er war ein Jüngling, er war begeistert. Er suchte das Martyrium. In Gedanken sah er sich ans Kreuz genagelt und den Himmel offen; aber die Wirklichkeit war ihm zu schwer, die Schwärmerei verflog, er verleugnete seinen Herrn und sich selbst. Eine Welt wollte er tragen, aber er verhob sich an ihr; seine Seele wurde nicht erdrückt, nicht vernichtet, sie zerbrach, sein Geist wurde gichtbrüchig, seine Seele lahm. Wünscht ihm Glück, liebe συμπαρανεκρωμενοι, er war unglücklich. Jedoch, er wurde ja glücklich, er wurde ja, was er zu werden wünschte, ein Märtyrer, wenngleich sein Martyrium nicht das wurde, was er gewollt hatte: daß man ihn ans Kreuz nagelte oder wilden Tieren vorwürfe, sondern statt dessen wurde er bei lebendigem Leibe verbrannt, von einem gelinden Feuer langsam verzehrt.

Ein junges Mädchen sitzt dort so gedankenvoll. Ihr Geliebter ist ihr untreu geworden – darauf kann nicht reflektiert werden. Junges Mädchen, betrachte die ernsten Mienen der Versammlung, sie hat von schrecklicherem Unglück gehört, ihre kühne Seele fordert noch größeres. Ja, aber ich habe ihn allein geliebt auf der ganzen Welt, ich habe ihn geliebt von ganzer Seele, von ganzem Herzen, von ganzem Gemüt – das haben wir ja schon einmal gehört, ermüde nicht unser ungeduldiges Verlangen; du kannst ja dich erinnern und trauern. – Nein, ich kann nicht trauern; denn vielleicht war er mir gar nicht untreu, vielleicht war er gar kein Betrüger – wie, du kannst nicht trauern? tritt näher, Auserwählte unter den Mädchen, verzeih dem strengen Zensor, daß er dich einen Augenblick hat zurückstoßen wollen, du kannst nicht trauern, so kannst du doch hoffen. – Nein, ich kann nicht hoffen; denn er war ein Rätsel. Wohl, mein Mädchen, ich verstehe dich, du stehst hoch auf der Leiter des Unglücks; betrachtet sie, liebe συμπαρανεκρωμενοι, fast schwebt sie auf des Unglücks Gipfel. Doch du mußt dich teilen, du mußt am Tage hoffen und des Nachts trauern, oder am Tage trauern und des Nachts hoffen. Sei stolz; denn auf das Glück soll man niemals stolz sein, wohl aber auf das Unglück. Du bist zwar nicht die Unglücklichste, aber ist es nicht eure Meinung, liebe συμπαρανεκρωμενοι, daß wir ihr ein ehrenvolles *accessit* zuerkennen? Das Grab können wir ihr nicht zuerkennen, wohl aber den Platz zunächst dem Grabe.

Denn dort steht er, der Abgesandte aus dem Reiche der Seufzer, auserkorener Liebling der Leiden, Apostel der Trauer, des Schmerzes schweigsamer Freund, der Erinnerung unglücklicher Liebhaber, in seinem Erinnern verwirrt von der Hoffnung

Licht, in seinem Hoffen getäuscht von der Erinnerung Schatten. Sein Haupt ist beschwert, sein Knie ist erschlafft, und doch ruht er nur auf sich selbst. Er ist matt und doch wie kraftvoll, sein Auge macht nicht den Eindruck, als hätte es viele Tränen vergossen, wohl aber sie getrunken, und doch lodert ein Feuer darin, das die ganze Welt verzehren könnte, aber nicht einen Splitter der Trauer in seiner eigenen Brust; er ist gebeugt, und doch verheißt ihm seine Jugend ein langes Leben, seine Lippe lächelt über die Welt, die ihn mißversteht. Steht auf, liebe συμπαρανεκρωμενοι, verneigt euch, ihr Zeugen der Trauer, in dieser feierlichen Stunde. Ich grüße dich, du großer Unbekannter, dessen Namen ich nicht weiß, ich grüße dich mit deinem Ehrentitel: der Unglücklichste. Sei gegrüßt hier in deinem Heim von der Gemeinde der Unglücklichen, sei gegrüßt beim Eingang in die demütige niedrige Behausung, die doch stolzer ist denn alle Paläste der Welt. Siehe, der Stein ist abgewälzt, des Grabes Schatten erwartet dich mit seiner lieblichen Kühle. Doch vielleicht ist die Zeit noch nicht da, weit vielleicht noch der Weg; aber wir geloben dir, uns öfter hier zu versammeln, um dich um dein Glück zu beneiden. So empfange denn unseren Wunsch, einen guten Wunsch: möge keiner dich verstehen, aber jeder dich beneiden; möge kein Freund sich dir gesellen, möge kein Mädchen dich lieben, möge keine heimliche Sympathie deinen einsamen Schmerz ahnen; möge kein Auge deine ferne Trauer ergründen; möge kein Ohr deinen geheimen Seufzer aufspüren! Oder verschmäht deine stolze Seele solch mitleidigen Wunsch, verachtet sie die Linderung, oh, so mögen denn die Mädchen dich lieben, mögen die Schwangeren in ihrer Angst sich zu dir flüchten; mögen die Mütter auf dich hoffen, möge der Sterbende Trost bei dir suchen; mögen die Jungen sich dir gesellen, mögen die Männer auf dich bauen; möge der Greis nach dir greifen wie nach einem Stab – möge die ganze Welt glauben, du seiest imstande, sie glücklich zu machen. So leb denn wohl, du der Unglücklichste! Doch, was sage ich: »der Unglücklichste«? »Der Glücklichste«, sollte ich sagen, denn dies ist ja gerade eine Gabe des Glücks, die niemand sich selber zu geben vermag. Seht, die Sprache versagt, und der Gedanke verwirrt sich; denn wer ist schon der Glücklichste, es sei denn der Unglücklichste, und wer der Unglücklichste, es sei denn der Glücklichste, und was ist das Leben anderes als Wahnsinn, und der Glaube anderes als Torheit, und die Hoffnung anderes als Galgenfrist, und Liebe anderes als Essig in der Wunde.

Er ist entschwunden, und wir stehen wieder an dem leeren Grab. So wollen wir ihm denn Frieden und Ruhe und Heilung wünschen, und alles nur mögliche Glück, und einen baldigen Tod, und ein ewiges Vergessen, und kein Gedenken, daß auch nicht die Erinnerung an ihn einen anderen unglücklich mache.

Stehet auf, liebe συμπαρανεκρωμενοι! Die Nacht ist vorüber, der Tag beginnt wieder seine unermüdete Tätigkeit, niemals, wie es scheint, überdrüssig, immer und ewig sich selbst zu wiederholen.

MELANCHOLIA

Arnold Böcklin, Melancholia (1900)

Sigmund Freud

Trauer und Melancholie

Nachdem uns der Traum als Normalvorbild der narzißtischen Seelenstörungen gedient hat, wollen wir den Versuch machen, das Wesen der Melancholie durch ihre Vergleichung mit dem Normalaffekt der Trauer zu erhellen. Wir müssen aber diesmal ein Bekenntnis vorausschicken, welches vor Überschätzung des Ergebnisses warnen soll. Die Melancholie, deren Begriffsbestimmung auch in der deskriptiven Psychiatrie schwankend ist, tritt in verschiedenartigen klinischen Formen auf, deren Zusammenfassung zur Einheit nicht gesichert scheint, von denen einige eher an somatische als an psychogene Affektionen mahnen. Unser Material beschränkt sich, abgesehen von den Eindrücken, die jedem Beobachter zu Gebote stehen, auf eine kleine Anzahl von Fällen, deren psychogene Natur keinem Zweifel unterlag. So werden wir den Anspruch auf allgemeine Gültigkeit unserer Ergebnisse von vornherein fallenlassen und uns mit der Erwägung trösten, daß wir mit unseren gegenwärtigen Forschungsmitteln kaum etwas finden können, was nicht *typisch* wäre, wenn nicht für eine ganze Klasse von Affektionen, so doch für eine kleinere Gruppe.

Die Zusammenstellung von Melancholie und Trauer erscheint durch das Gesamtbild der beiden Zustände gerechtfertigt.* Auch die Anlässe zu beiden aus den Lebenseinwirkungen fallen dort, wo sie überhaupt durchsichtig sind, zusammen. Trauer ist regelmäßig die Reaktion auf den Verlust einer geliebten Person oder einer an ihre Stelle gerückten Abstraktion

* Auch Abraham, dem wir die bedeutsamste unter den wenigen analytischen Studien über den Gegenstand verdanken, ist von dieser Vergleichung ausgegangen (1912).

wie Vaterland, Freiheit, ein Ideal usw. Unter den nämlichen Einwirkungen zeigt sich bei manchen Personen, die wir darum unter den Verdacht einer krankhaften Disposition setzen, an Stelle der Trauer eine Melancholie. Es ist auch sehr bemerkenswert, daß es uns niemals einfällt, die Trauer als einen krankhaften Zustand zu betrachten und dem Arzt zur Behandlung zu übergeben, obwohl sie schwere Abweichungen vom normalen Lebensverhalten mit sich bringt. Wir vertrauen darauf, daß sie nach einem gewissen Zeitraum überwunden sein wird, und halten eine Störung derselben für unzweckmäßig, selbst für schädlich.

Die Melancholie ist seelisch ausgezeichnet durch eine tief schmerzliche Verstimmung, eine Aufhebung des Interesses für die Außenwelt, durch den Verlust der Liebesfähigkeit, durch die Hemmung jeder Leistung und die Herabsetzung des Selbstgefühls, die sich in Selbstvorwürfen und Selbstbeschimpfungen äußert und bis zur wahnhaften Erwartung von Strafe steigert. Dies Bild wird unserem Verständnis nähergerückt, wenn wir erwägen, daß die Trauer dieselben Züge aufweist, bis auf einen einzigen; die Störung des Selbstgefühls fällt bei ihr weg. Sonst aber ist es dasselbe. Die schwere Trauer, die Reaktion auf den Verlust einer geliebten Person, enthält die nämliche schmerzliche Stimmung, den Verlust des Interesses für die Außenwelt – soweit sie nicht an den Verstorbenen mahnt –, den Verlust der Fähigkeit, irgendein neues Liebesobjekt zu wählen – was den Betrauerten ersetzen hieße –, die Abwendung von jeder Leistung, die nicht mit dem Andenken des Verstorbenen in Beziehung steht. Wir fassen es leicht, daß diese Hemmung und Einschränkung des Ichs der Ausdruck der ausschließlichen Hingabe an die Trauer ist, wobei für andere Absichten und Interessen nichts übrigbleibt. Eigentlich erscheint uns dieses Verhalten nur darum nicht pathologisch, weil wir es so gut zu erklären wissen.

Wir werden auch den Vergleich gutheißen, der die Stimmung der Trauer eine »schmerzliche« nennt. Seine Berechtigung wird uns wahrscheinlich einleuchten, wenn wir im imstande sind, den Schmerz ökonomisch zu charakterisieren.

Worin besteht nun die Arbeit, welche die Trauer leistet? Ich glaube, daß es nichts Gezwungenes enthalten wird, sie in folgender Art darzustellen: Die Realitätsprüfung hat gezeigt, daß das geliebte Objekt nicht mehr besteht, und erläßt nun die Aufforderung, alle Libido aus ihren Verknüpfungen mit diesem Objekt abzuziehen. Dagegen erhebt sich ein begreifliches Sträuben – es ist allgemein zu beobachten, daß der Mensch eine Libidoposition nicht gern verläßt, selbst dann nicht, wenn ihm Ersatz bereits winkt. Dies Sträuben kann so intensiv sein, daß eine Abwendung von der Realität und ein Festhalten des Objekts durch eine halluzinatorische Wunschpsychose zustande kommt. Das Normale ist, daß der Respekt vor der Realität den Sieg behält. Doch kann ihr Auftrag nicht sofort erfüllt werden. Er wird nun im einzelnen unter großem Aufwand von Zeit und Besetzungsenergie durchgeführt und unterdes die Existenz des verlorenen Objekts psychisch fortgesetzt. Jede einzelne der Erinnerungen und Erwartungen, in denen die Libido an das Objekt geknüpft war, wird eingestellt, überbesetzt und an ihr die Lösung der Libido vollzogen. Warum diese Kompromißleistung der Einzeldurchführung des Realitätsgebotes so außerordentlich schmerzhaft ist, läßt sich in ökonomischer Begründung gar nicht leicht angeben. Es ist merkwürdig, daß uns diese Schmerzunlust selbstverständlich erscheint. Tatsächlich wird aber das Ich nach der Vollendung der Trauerarbeit wieder frei und ungehemmt.

Wenden wir nun auf die Melancholie an, was wir von der Trauer erfahren haben. In einer Reihe von Fällen ist es offenbar, daß auch sie Reaktion auf den Verlust eines geliebten Objekts sein kann; bei anderen Veranlassungen kann man erkennen, daß der Verlust von mehr ideeller Natur ist. Das Objekt ist nicht etwa real gestorben, aber es ist als Liebesobjekt verlorengegangen (z. B. der Fall einer verlassenen Braut). In noch anderen Fällen glaubt man an der Annahme eines solchen Verlustes festhalten zu sollen, aber man kann nicht deutlich erkennen, was verloren wurde, und darf um so eher annehmen, daß auch der Kranke nicht bewußt erfassen kann, was er verloren hat. Ja, dieser Fall könnte auch dann noch vorliegen, wenn der die Melancholie veranlassende Verlust dem Kranken bekannt ist, indem er zwar weiß *wen*, aber nicht, *was* er an ihm verloren hat. So würde uns nahegelegt, die Melancholie irgendwie auf einen dem Bewußtsein entzogenen Objektverlust zu beziehen, zum Unterschied von der Trauer, bei welcher nichts an dem Verluste unbewußt ist.

Bei der Trauer fanden wir Hemmung und Interesselosigkeit durch die das Ich absorbierende Trauerarbeit restlos aufgeklärt. Eine ähnliche innere Arbeit wird auch der unbekannte Verlust bei der Melancholie zur Folge haben und darum für die Hemmung der Melancholie verantwortlich werden. Nur daß uns die melancholische Hemmung einen rätselhaften Eindruck macht, weil wir nicht sehen können, was die Kranken so vollständig absorbiert. Der Melancholiker zeigt uns noch eines, was bei der Trauer entfällt, eine außerordentliche Herabsetzung seines Ichgefühls, eine großartige Ichverarmung. Bei der Trauer ist die Welt arm und leer geworden, bei der Melancholie ist es das Ich selbst. Der Kranke schildert uns sein Ich als nichtswürdig, leistungsunfähig und moralisch verwerflich, er macht sich Vorwürfe, beschimpft sich und erwartet Ausstoßung und Strafe. Er erniedrigt sich vor jedem anderen, bedauert jeden der Seinigen, daß er an seine so unwürdige Person gebunden sei. Er hat nicht das Urteil einer Veränderung, die an ihm vorgefallen ist, sondern streckt seine Selbstkritik über die Vergangenheit aus; er behauptet, niemals besser gewesen zu sein. Das Bild dieses – vorwiegend moralischen – Kleinheitswahnes vervollständigt sich durch Schlaflosigkeit, Ablehnung der Nahrung und eine psychologisch höchst merkwürdige Überwindung des Triebes, der alles Lebende am Leben festzuhalten zwingt.

Es wäre wissenschaftlich wie therapeutisch gleich unfruchtbar, dem Kranken zu widersprechen, der solche Anklagen gegen sein Ich vorbringt. Er muß wohl irgendwie recht haben und etwas schildern, was sich so verhält, wie es ihm erscheint. Einige seiner Angaben müssen wir ja ohne Einschränkung sofort bestätigen. Er ist wirklich so interesselos, so unfähig zur Liebe und zur Leistung, wie er sagt. Aber das ist, wie wir wissen, sekundär, ist die Folge der inneren, uns unbekannten, der Trauer vergleichbaren Arbeit, welche sein Ich aufzehrt. In einigen anderen Selbstanklagen scheint er uns gleichfalls recht zu haben und die Wahrheit nur schärfer zu erfassen als andere, die nicht melancholisch sind. Wenn er sich in gesteigerter Selbstkritik als kleinlichen, egoistischen, unaufrichtigen, unselbständigen Menschen schildert, der nur immer bestrebt war, die Schwächen seines Wesens zu verbergen, so mag er sich unseres Wissens der Selbsterkenntnis ziemlich angenähert haben, und wir fragen uns nur, warum man erst krank werden muß, um solcher Wahrheit zugänglich zu sein. Denn es leidet keinen Zweifel, wer eine solche Selbsteinschätzung gefunden hat und sie vor anderen äußert – eine Schätzung, wie sie Prinz Hamlet für sich und alle anderen bereit hat,* der ist krank, ob er nun die Wahrheit sagt oder sich mehr oder weniger unrecht tut. Es ist auch nicht schwer zu bemerken, daß zwischen dem Ausmaß der Selbsterniedrigung und ihrer realen Berechtigung nach unserem Urteil keine Entsprechung besteht. Die früher brave, tüchtige und pflichttreue Frau wird in der Melancholie nicht besser von sich sprechen als die in Wahrheit nichtsnutzige, ja vielleicht hat die erstere mehr Aussicht, an Melancholie zu erkranken, als die andere, von der auch wir nichts Gutes zu sagen wüßten. Endlich muß uns auffallen, daß der Melancholiker sich doch nicht ganz so benimmt wie ein normalerweise von Reue und Selbstvorwurf Zerknirschter. Es fehlt das Schämen vor anderen, welches diesen letzteren Zustand vor allem cha-

* *»Use every man after his desert, and who shall 'scape whipping?«*, Hamlet, II. Akt, 2. Szene.

rakterisieren würde, oder es tritt wenigstens nicht auffällig hervor. Man könnte am Melancholiker beinahe den gegenteiligen Zug einer aufdringlichen Mitteilsamkeit hervorheben, die an der eigenen Bloßstellung eine Befriedigung findet.

Es ist also nicht wesentlich, ob der Melancholiker mit seiner peinlichen Selbstherabsetzung insofern recht hat, als diese Kritik mit dem Urteil der anderen zusammentrifft. Es muß sich vielmehr darum handeln, daß er seine psychologische Situation richtig beschreibt. Er hat seine Selbstachtung verloren und muß guten Grund dazu haben. Wir stehen dann allerdings vor einem Widerspruch, der uns ein schwer lösbares Rätsel aufgibt. Nach der Analogie mit der Trauer mußten wir schließen, daß er einen Verlust am Objekte erlitten hat; aus seinen Aussagen geht ein Verlust an seinem Ich hervor.

Ehe wir uns mit diesem Widerspruch beschäftigen, verweilen wir einen Moment lang bei dem Einblick, den uns die Affektion des Melancholikers in die Konstitution des menschlichen Ichs gewährt. Wir sehen bei ihm, wie sich ein Teil des Ichs dem anderen gegenüberstellt, es kritisch wertet, es gleichsam zum Objekt nimmt. Unser Verdacht, daß die hier vom Ich abgespaltene kritische Instanz auch unter anderen Verhältnissen ihre Selbständigkeit erweisen könne, wird durch alle weiteren Beobachtungen bestätigt werden. Wir werden wirklich Grund finden, diese Instanz vom übrigen Ich zu sondern. Was wir hier kennenlernen, ist die gewöhnlich *Gewissen* genannte Instanz; wir werden sie mit der Bewußtseinszensur und der Realitätsprüfung zu den großen Ichinstitutionen rechnen und irgendwo auch die Beweise dafür finden, daß sie für sich allein erkranken kann. Das Krankheitsbild der Melancholie läßt das moralische Mißfallen am eigenen Ich vor anderen Ausstellungen hervortreten: körperliche Gebrechen, Häßlichkeit, Schwäche, soziale Minderwertigkeit sind weit seltener Gegenstand der Selbsteinschätzung; nur die Verarmung nimmt unter den Befürchtungen oder Behauptungen des Kranken eine bevorzugte Stelle ein.

Zur Aufklärung des vorhin [am Ende des vorletzten Absatzes] aufgestellten Widerspruches führt dann eine Beobachtung, die nicht einmal schwer anzustellen ist. Hört man die mannigfachen Selbstanklagen des Melancholikers geduldig an, so kann man sich endlich des Eindruckes nicht erwehren, daß die stärksten unter ihnen zur eigenen Person oft sehr wenig passen, aber mit geringfügigen Modifikationen einer anderen Person anzupassen sind, die der Kranke liebt, geliebt hat oder lieben sollte. Sooft man den Sachverhalt untersucht, bestätigt er diese Vermutung. So hat man denn den Schlüssel des Krankheitsbildes in der Hand, indem man die Selbstvorwürfe als Vorwürfe gegen ein Liebesobjekt erkennt, die von diesem weg auf das eigene Ich gewälzt sind.

Die Frau, die laut ihren Mann bedauert, daß er an eine so untüchtige Frau gebunden ist, will eigentlich die Untüchtigkeit des Mannes anklagen, in welchem Sinne diese auch gemeint sein mag. Man braucht sich nicht so sehr zu verwundern, daß einige echte Selbstvorwürfe unter die rückgewendeten eingestreut sind; sie dürfen sich vordrängen, weil sie dazu verhelfen, die anderen zu verdecken und die Erkenntnis des Sachverhaltes unmöglich zu machen, sie stammen ja auch aus dem Für und Wider des Liebesstreites, der zum Liebesverlust geführt hat. Auch das Benehmen der Kranken wird jetzt um vieles verständlicher. Ihre *Klagen* sind *Anklagen*, gemäß dem alten Sinne des Wortes; sie schämen und verbergen sich nicht, weil alles Herabsetzende, was sie von sich aussagen, im Grunde von einem anderen gesagt wird; und sie sind weit davon entfernt, gegen ihre Umgebung die Demut und Unterwürfigkeit zu bezeugen, die allein so unwürdigen Personen geziemen würde, sie sind vielmehr im höchsten Grade quälerisch, immer wie gekränkt und als ob ihnen ein großes Unrecht widerfahren wäre. Dies ist alles nur möglich, weil die Reaktionen ihres Benehmens noch von der seelischen Konstellation der Auflehnung ausgehen, welche dann durch einen gewissen Vorgang in die melancholische Zerknirschung übergeführt worden ist.

Es hat dann keine Schwierigkeit, diesen Vorgang zu rekonstruieren. Es hatte eine Objektwahl, eine Bindung der Libido an eine bestimmte Person bestanden; durch den Einfluß einer *realen Kränkung oder Enttäuschung* von seiten der geliebten Person trat eine Erschütterung dieser Objektbeziehung ein. Der Erfolg war nicht der normale einer Abziehung der Libido von diesem Objekt und Verschiebung derselben auf ein neues, sondern ein anderer, der mehrere Bedingungen für sein Zustandekommen zu erfordern scheint. Die Objektbesetzung erwies sich als wenig resistent, sie wurde aufgehoben, aber die freie Libido nicht auf ein anderes Objekt verschoben, sondern ins Ich zurückgezogen. Dort fand sie aber nicht eine beliebige Verwendung, sondern diente dazu, eine *Identifizierung* des Ichs mit dem aufgegebenen Objekt herzustellen. Der Schatten des Objekts fiel so auf das Ich, welches nun von einer besonderen Instanz wie ein Objekt, wie das verlassene Objekt, beurteilt werden konnte. Auf diese Weise hatte sich der Objektverlust in einen Ichverlust verwandelt, der Konflikt zwischen dem Ich und der geliebten Person in einen Zwiespalt zwischen der Ichkritik und dem durch Identifizierung veränderten Ich.

Von den Voraussetzungen und Ergebnissen eines solchen Vorganges läßt sich einiges unmittelbar erraten. Es muß einerseits eine starke Fixierung an das Liebesobjekt vorhanden sein, anderseits aber im Widerspruch dazu eine geringe Resistenz der Objektbesetzung. Dieser Widerspruch scheint nach einer treffenden Bemerkung von O. Rank zu fordern, daß die Objektwahl auf narzißtischer Grundlage erfolgt sei, so daß die Objektbesetzung, wenn sich Schwierigkeiten gegen sie erheben, auf den Narzißmus regredieren kann. Die narzißtische Identifizierung mit dem Objekt wird dann zum Ersatz der Liebesbesetzung, was den Erfolg hat, daß die Liebesbeziehung trotz des Konflikts mit der geliebten Person nicht aufgegeben werden muß. Ein solcher Ersatz der Objektliebe durch Identifizierung ist ein für die narzißtischen Affektionen bedeutsamer Mechanismus; K. Landauer hat ihn kürzlich in dem Heilungsvorgang einer Schizophrenie aufdecken können (1914). Er entspricht natürlich der *Regression* von einem Typus der Objektwahl auf den ursprünglichen Narzißmus. Wir haben an anderer Stelle ausgeführt, daß die Identifizierung die Vorstufe der Objektwahl ist und die erste, in ihrem Ausdruck ambivalente Art, wie das Ich ein Objekt auszeichnet. Es möchte sich dieses Objekt einverleiben, und zwar der oralen oder kannibalischen Phase der Libidoentwicklung entsprechend, auf dem Wege des Fressens. Auf diesen Zusammenhang führt Abraham wohl mit Recht die Ablehnung der Nahrungsaufnahme zurück, welche sich bei schwerer Ausbildung des melancholischen Zustandes kundgibt.

Der von der Theorie geforderte Schluß, welcher die Disposition zur melancholischen Erkrankung oder eines Stückes von ihr in die Vorherrschaft des narzißtischen Typus der Objektwahl verlegt, entbehrt leider noch der Bestätigung durch die Untersuchung. Ich habe in den einleitenden Sätzen dieser Abhandlung bekannt, daß das empirische Material, auf welches diese Studie gebaut ist, für unsere Ansprüche nicht zureicht. Dürfen wir eine Übereinstimmung der Beobachtung mit unseren Ableitungen annehmen, so würden wir nicht zögern, die Regression von der Objektbesetzung auf die noch dem Narzißmus angehörige orale Libidophase in die Charakteristik der Melancholie aufzunehmen. Identifizierungen mit dem Objekt sind auch bei den Übertragungsneurosen keineswegs selten, vielmehr ein bekannter Mechanismus der Symptombildung, zumal bei der Hysterie. Wir dürfen aber den Unterschied der narzißtischen Identifizierung von der hysterischen darin erblicken, daß bei ersterer die Objektbesetzung aufgelassen wird, während sie bei letzterer bestehenbleibt und eine Wirkung äußert, die sich gewöhnlich auf gewisse einzelne Aktionen und Innervationen beschränkt. Immerhin ist die Identifizierung auch bei den Übertragungsneurosen der Ausdruck einer Gemeinschaft, welche Liebe bedeuten kann. Die narzißtische Identifizierung ist die ursprünglichere und eröffnet uns den Zugang zum Verständnis der weniger gut studierten hysterischen.

Die Melancholie entlehnt also einen Teil ihrer Charaktere der Trauer, den anderen Teil dem Vorgang der Regression von der narzißtischen Objektwahl zum Narzißmus. Sie ist einerseits wie die Trauer Reaktion auf den realen Verlust des Liebesobjekts, aber sie ist überdies mit einer Bedingung behaftet, welche der normalen Trauer abgeht oder dieselbe, wo sie hinzutritt, in eine pathologische verwandelt. Der Verlust des Liebesobjekts ist ein ausgezeichneter Anlaß, um die Ambivalenz der Liebesbeziehungen zur Geltung und zum Vorschein zu bringen. Wo die Disposition zur Zwangsneurose vorhanden ist, verleiht darum der Ambivalenzkonflikt der Trauer eine pathologische Gestaltung und zwingt sie, sich in der Form von Selbstvorwürfen, daß man den Verlust des Liebesobjekts selbst verschuldet, d. h. gewollt habe, zu äußern. In solchen zwangsneurotischen Depressionen nach dem Tode geliebter Personen wird uns vorgeführt, was der Ambivalenzkonflikt für sich allein leistet, wenn die regressive Einziehung der Libido nicht mit dabei ist. Die Anlässe der Melancholie gehen meist über den klaren Fall des Verlustes durch den Tod hinaus und umfassen alle die Situationen von Kränkung, Zurücksetzung und Enttäuschung, durch welche ein Gegensatz von Lieben und Hassen in die Beziehung eingetragen oder eine vorhandene Ambivalenz verstärkt werden kann. Dieser Ambivalenzkonflikt, bald mehr realer, bald mehr konstitutiver Herkunft, ist unter den Voraussetzungen der Melancholie nicht zu vernachlässigen. Hat sich die Liebe zum Objekt, die nicht aufgegeben werden kann, während das Objekt selbst aufgegeben wird, in die narzißtische Identifizierung geflüchtet, so betätigt sich an diesem Ersatzobjekt der Haß, indem er es beschimpft, erniedrigt, leiden macht und an diesem Leiden eine sadistische Befriedigung gewinnt. Die unzweifelhaft genußreiche Selbstquälerei der Melancholie bedeutet ganz wie das entsprechende Phänomen der Zwangsneurose die Befriedigung von sadistischen und Haßtendenzen*, die einem Objekt gelten und auf diesem Wege eine Wendung gegen die eigene Person erfahren haben. Bei beiden Affektionen pflegt es den Kranken noch zu gelingen, auf dem Umwege über die Selbstbestrafung Rache an den ursprünglichen Objekten zu nehmen und ihre Lieben durch Vermittlung des Krankseins zu quälen, nachdem sie sich in die Krankheit begeben haben, um ihnen ihre Feindseligkeit nicht direkt zeigen zu müssen. Die Person, welche die Gefühlsstörung des Kranken hervorgerufen, nach welcher sein Kranksein orientiert ist, ist doch gewöhnlich in der nächsten Umgebung des Kranken zu finden. So hat die Liebesbesetzung des Melancholischen für sein Objekt ein zweifaches Schicksal erfahren; sie ist zum Teil auf die Identifizierung regrediert, zum anderen Teil aber unter dem Einfluß des Ambivalenzkonflikts auf die ihm nähere Stufe des Sadismus zurückversetzt worden.

Erst dieser Sadismus löst uns das Rätsel der Selbstmordneigung, durch welche die Melancholie so interessant und so – gefährlich wird. Wir haben als den Urzustand, von dem das Triebleben ausgeht, eine so großartige Selbstliebe des Ichs erkannt, wir sehen in der Angst, die bei Lebensbedrohung auftritt, einen so riesigen Betrag der narzißtischen Libido frei werden, daß wir es nicht erfassen, wie dies Ich seiner Selbstzerstörung zustimmen könnte. Wir wußten zwar längst, daß kein Neurotiker Selbstmordabsichten verspürt, der solche nicht von einem Mordimpuls gegen andere auf sich zurückwendet, aber es blieb unverständlich, durch welches Kräftespiel eine solche Absicht sich zur Tat durchsetzen kann. Nun lehrt uns die Analyse der Melancholie, daß das Ich sich nur dann töten kann, wenn es durch die Rückkehr der Objektbesetzung sich selbst wie ein Objekt behandeln kann, wenn es die Feindseligkeit gegen sich richten darf, die einem Objekt gilt und die die ursprüngliche Reaktion des Ichs gegen Objekte der Außenwelt

* Über deren Unterscheidung siehe den Aufsatz über ›Triebe und Triebschicksale‹.

vertritt. (Siehe ›Triebe und Triebschicksale‹.) So ist bei der Regression von der narzißtischen Objektwahl das Objekt zwar aufgehoben worden, aber es hat sich doch mächtiger erwiesen als das Ich selbst. In den zwei entgegengesetzten Situationen der äußersten Verliebtheit und des Selbstmordes wird das Ich, wenn auch auf gänzlich verschiedenen Wegen, vom Objekt überwältigt.

Es liegt dann noch nahe, für den einen auffälligen Charakter der Melancholie, das Hervortreten der Verarmungsangst, die Ableitung der aus ihren Verbindungen gerissenen und regressiv verwandelten Analerotik zuzulassen.

Die Melancholie stellt uns noch vor andere Fragen, deren Beantwortung uns zum Teil entgeht. Daß sie nach einem gewissen Zeitraum abgelaufen ist, ohne nachweisbare grobe Veränderungen zu hinterlassen, diesen Charakter teilt sie mit der Trauer. Dort fanden wir die Auskunft, die Zeit werde für die Detaildurchführung des Gebotes der Realitätsprüfung benötigt, nach welcher Arbeit das Ich seine Libido vom verlorenen Objekt freibekommen habe. Mit einer analogen Arbeit können wir das Ich während der Melancholie beschäftigt denken; das ökonomische Verständnis des Herganges bleibt hier wie dort aus. Die Schlaflosigkeit der Melancholie bezeugt wohl die Starrheit des Zustandes, die Unmöglichkeit, die für den Schlaf erforderliche allgemeine Einziehung der Besetzungen durchzuführen. Der melancholische Komplex verhält sich wie eine offene Wunde, zieht von allen Seiten Besetzungsenergien an sich (die wir bei den Übertragungsneurosen »Gegenbesetzungen« geheißen haben) und entleert das Ich bis zur völligen Verarmung; er kann sich leicht resistent gegen den Schlafwunsch des Ichs erweisen. – Ein wahrscheinlich somatisches, psychogen nicht aufzuklärendes Moment kommt in der regelmäßigen Linderung des Zustandes zur Abendzeit zum Vorschein. An diese Erörterungen schließt die Frage an, ob nicht Ichverlust ohne Rücksicht auf das Objekt (rein narzißtische Ichkränkung) hinreicht, das Bild der Melancholie zu erzeugen, und ob nicht direkt toxische Verarmung an Ichlibido gewisse Formen der Affektion ergeben kann.

Die merkwürdigste und aufklärungsbedürftigste Eigentümlichkeit der Melancholie ist durch ihre Neigung gegeben, in den symptomatisch gegensätzlichen Zustand der Manie umzuschlagen. Bekanntlich hat nicht jede Melancholie dieses Schicksal. Manche Fälle verlaufen in periodischen Rezidiven, deren Intervalle entweder keine oder eine nur sehr geringfügige Tönung von Manie erkennen lassen. Andere zeigen jene regelmäßige Abwechslung von melancholischen und manischen Phasen, die in der Aufstellung des zyklischen Irreseins Ausdruck gefunden hat. Man wäre versucht, diese Fälle von der psychogenen Auffassung auszuschließen, wenn nicht die psychoanalytische Arbeit gerade für mehrere dieser Erkrankungen Auflösung wie therapeutische Beeinflussung zustande gebracht hätte. Es ist also nicht nur gestattet, sondern sogar geboten, eine analytische Aufklärung der Melancholie auch auf die Manie auszudehnen.

Ich kann nicht versprechen, daß dieser Versuch voll befriedigend ausfallen wird. Er reicht vielmehr nicht weit über die Möglichkeit einer ersten Orientierung hinaus. Es stehen uns hier zwei Anhaltspunkte zu Gebote, der erste ein psychoanalytischer Eindruck, der andere eine, man darf wohl sagen, allgemeine ökonomische Erfahrung. Der Eindruck, dem bereits mehrere psychoanalytische Forscher Worte geliehen haben, geht dahin, daß die Manie keinen anderen Inhalt hat als die Melancholie, daß beide Affektionen mit demselben »Komplex« ringen, dem das Ich wahrscheinlich in der Melancholie erlegen ist, während es ihn in der Manie bewältigt oder beiseite geschoben hat. Den anderen Anhalt gibt die Erfahrung, daß alle Zustände von Freude, Jubel, Triumph, die uns das Normalvorbild der Manie zeigen, die nämliche ökonomische Bedingtheit erkennen lassen. Es handelt sich bei ihnen um eine Einwirkung, durch welche ein großer, lange unterhaltener oder gewohnheitsmäßig hergestellter psychischer Aufwand endlich überflüssig wird, so daß er für mannigfache Verwendungen und Abfuhrmöglichkeiten bereitsteht. Also zum Beispiel: Wenn ein armer Teufel durch einen großen Geldgewinn plötzlich der chronischen Sorge um das tägliche Brot enthoben wird, wenn ein langes und mühseliges Ringen sich am Ende durch den Erfolg gekrönt sieht, wenn man in die Lage kommt, einen drückenden Zwang, eine lange fortgesetzte Verstellung mit einem Schlage aufzugeben u. dgl. Alle solche Situationen zeichnen sich durch die gehobene Stimmung, die Abfuhrzeichen des freudigen Affekts, und durch die gesteigerte Bereitwilligkeit zu allerlei Aktionen aus, ganz wie die Manie und im vollen Gegensatz zur Depression und Hemmung der Melancholie. Man kann wagen, es auszusprechen, daß die Manie nichts anderes ist als ein solcher Triumph, nur daß es wiederum dem Ich verdeckt bleibt, was es überwunden hat und worüber es triumphiert. Den in dieselbe Reihe von Zuständen gehörigen Alkoholrausch wird man – insofern er ein heiterer ist – ebenso zurechtlegen dürfen; es handelt sich bei ihm wahrscheinlich um die toxisch erzielte Aufhebung von Verdrängungsaufwänden. Die Laienmeinung nimmt gern an, daß man in solcher maniakalischer Verfassung darum so bewegungs- und unternehmungslustig ist, weil man so »gut aufgelegt« ist. Diese falsche Verknüpfung wird man natürlich auflösen müssen. Es ist jene erwähnte ökonomische Bedingung im Seelenleben erfüllt worden, und darum ist man einerseits in so heiterer Stimmung und andererseits so ungehemmt im Tun.

Setzen wir die beiden Andeutungen zusammen, so ergibt sich: In der Manie muß das Ich den Verlust des Objekts (oder die Trauer über den Verlust oder vielleicht das Objekt selbst) überwunden haben, und nun ist der ganze Betrag von Gegenbesetzung, den das schmerzhafte Leiden der Melancholie aus dem Ich an sich gezogen und gebunden hatte, verfügbar geworden. Der Manische demonstriert uns auch unverkennbar seine Befreiung von dem Objekt, an dem er gelitten hatte, indem er wie ein Heißhungriger auf neue Objektbesetzungen ausgeht.

Diese Aufklärung klingt ja plausibel, aber sie ist erstens noch zu wenig bestimmt und läßt zweitens mehr neue Fragen und Zweifel auftauchen, als wir beantworten können. Wir wollen uns der Diskussion derselben nicht entziehen, wenn wir auch nicht erwarten können, durch sie hindurch den Weg zur Klarheit zu finden.

Zunächst: Die normale Trauer überwindet ja auch den Verlust des Objekts und absorbiert gleichfalls während ihres Bestandes alle Energien des Ichs. Warum stellt sich bei ihr die ökonomische Bedingung für eine Phase des Triumphes nach ihrem Ablaufe auch nicht andeutungsweise her? Ich finde es unmöglich, auf diesen Einwand kurzerhand zu antworten. Er macht uns auch darauf aufmerksam, daß wir nicht einmal sagen können, durch welche ökonomischen Mittel die Trauer ihre Aufgabe löst; aber vielleicht kann hier eine Vermutung aushelfen. An jede einzelne der Erinnerungen und Erwartungssituationen, welche die Libido an das verlorene Objekt geknüpft zeigen, bringt die Realität ihr Verdikt heran, daß das Objekt nicht mehr existiere, und das Ich, gleichsam vor die Frage gestellt, ob es dieses Schicksal teilen will, läßt sich durch die Summe der narzißtischen Befriedigungen, am Leben zu sein, bestimmen, seine Bindung an das vernichtete Objekt zu lösen. Man kann sich etwa vorstellen, diese Lösung gehe so langsam und schrittweise vor sich, daß mit der Beendigung der Arbeit auch der für sie erforderliche Aufwand zerstreut ist.*

Es ist verlockend, von der Mutmaßung über die Arbeit der Trauer den Weg zu einer Darstellung der melancholischen Arbeit zu suchen. Da kommt uns zuerst eine Unsicherheit in den Weg. Wir haben bisher den topischen Gesichtspunkt bei der

* Der ökonomische Gesichtspunkt ist bisher in psychoanalytischen Arbeiten wenig berücksichtigt worden. Als Ausnahme sei der Aufsatz von V. Tausk, ›Entwertung des Verdrängungsmotivs durch Rekompense‹ (1913) hervorgehoben.

Melancholie noch kaum berücksichtigt und die Frage nicht aufgeworfen, in und zwischen welchen psychischen Systemen die Arbeit der Melancholie vor sich geht. Was von den psychischen Vorgängen der Affektion spielt sich noch an den aufgelassenen unbewußten Objektbesetzungen, was an deren Identifizierungsersatz im Ich ab?

Es spricht sich nun rasch aus und schreibt sich leicht nieder, daß die »unbewußte (Ding-) Vorstellung des Objekts von der Libido verlassen wird«. Aber in Wirklichkeit ist diese Vorstellung durch ungezählte Einzeleindrücke (unbewußte Spuren derselben) vertreten, und die Durchführung dieser Libidoabziehung kann nicht ein momentaner Vorgang sein, sondern gewiß wie bei der Trauer ein langwieriger, allmählich fortschreitender Prozeß. Ob er an vielen Stellen gleichzeitig beginnt oder eine irgendwie bestimmte Reihenfolge enthält, läßt sich ja nicht leicht unterscheiden; in den Analysen kann man oft feststellen, daß bald diese, bald jene Erinnerung aktiviert ist und daß die gleichlautenden, durch ihre Monotonie ermüdenden Klagen doch jedesmal von einer anderen unbewußten Begründung herrühren. Wenn das Objekt keine so große, durch tausendfältige Verknüpfung verstärkte Bedeutung für das Ich hat, so ist sein Verlust auch nicht geeignet, eine Trauer oder eine Melancholie zu verursachen. Der Charakter der Einzeldurchführung der Libidoablösung ist also der Melancholie wie der Trauer in gleicher Weise zuzuschreiben, stützt sich wahrscheinlich auf die gleichen ökonomischen Verhältnisse und dient denselben Tendenzen.

Die Melancholie hat aber, wie wir gehört haben, etwas mehr zum Inhalt als die normale Trauer. Das Verhältnis zum Objekt ist bei ihr kein einfaches, es wird durch den Ambivalenzkonflikt kompliziert. Die Ambivalenz ist entweder konstitutionell, d. h. sie hängt jeder Liebesbeziehung dieses Ichs an, oder sie geht gerade aus den Erlebnissen hervor, welche die Drohung des Objektverlustes mit sich bringen. Die Melancholie kann darum in ihren Veranlassungen weit über die Trauer hinausgehen, welche in der Regel nur durch den Realverlust, den Tod des Objekts, ausgelöst wird. Es spinnt sich also bei der Melancholie eine Unzahl von Einzelkämpfen um das Objekt an, in denen Haß und Liebe miteinander ringen, die eine, um die Libido vom Objekt zu lösen, die andere, um diese Libidoposition gegen den Ansturm zu behaupten. Diese Einzelkämpfe können wir in kein anderes System verlegen als in das *Ubw,* in das Reich der sachlichen Erinnerungsspuren (im Gegensatz zu den Wortbesetzungen). Ebendort spielen sich auch die Lösungsversuche bei der Trauer ab, aber bei dieser letzteren besteht kein Hindernis dagegen, daß sich diese Vorgänge auf dem normalen Wege durch das *Vbw* zum Bewußtsein fortsetzen. Dieser Weg ist für die melancholische Arbeit gesperrt, vielleicht infolge einer Mehrzahl von Ursachen oder des Zusammenwirkens derselben. Die konstitutive Ambivalenz gehört an und für sich dem Verdrängten an, die traumatischen Erlebnisse mit dem Objekt mögen anderes Verdrängte aktiviert haben. So bleibt alles an diesen Ambivalenzkämpfen dem Bewußtsein entzogen, bis nicht der für die Melancholie charakteristische Ausgang eingetreten ist. Er besteht, wie wir wissen, darin, daß die bedrohte Libidobesetzung endlich das Objekt verläßt, aber nur, um sich auf die Stelle des Ichs, von der sie ausgegangen war, zurückzuziehen. Die Liebe hat sich so durch ihre Flucht ins Ich der Aufhebung entzogen. Nach dieser Regression der Libido kann der Vorgang bewußt werden und repräsentiert sich dem Bewußtsein als ein Konflikt zwischen einem Teil des Ichs und der kritischen Instanz.

Was das Bewußtsein von der melancholischen Arbeit erfährt, ist also nicht das wesentliche Stück derselben, auch nicht jenes, dem wir einen Einfluß auf die Lösung des Leidens zutrauen können. Wir sehen, daß das Ich sich herabwürdigt und gegen sich wütet, und verstehen sowenig wie der Kranke, wozu das führen und wie sich das ändern kann. Dem unbewußten Stück der Arbeit können wir eine solche Leistung eher zuschreiben, weil es nicht schwerfällt, eine wesentliche Analogie zwischen der Arbeit der Melancholie und jener der Trauer herauszufinden. Wie die Trauer das Ich dazu bewegt, auf das Objekt zu verzichten, indem es das Objekt für tot erklärt und dem Ich die Prämie des Amlebenbleibens bietet, so lockert auch jeder einzelne Ambivalenzkampf die Fixierung der Libido an das Objekt, indem er dieses entwertet, herabsetzt, gleichsam auch erschlägt. Es ist die Möglichkeit gegeben, daß der Prozeß im *Ubw* zu Ende komme, sei es nachdem die Wut sich ausgetobt hat, sei es nachdem das Objekt als wertlos aufgegeben wurde. Es fehlt uns der Einblick, welche dieser beiden Möglichkeiten regelmäßig oder vorwiegend häufig der Melancholie ein Ende bereitet und wie diese Beendigung den weiteren Verlauf des Falles beeinflußt. Das Ich mag dabei die Befriedigung genießen, daß es sich als das Bessere, als dem Objekt überlegen anerkennen darf.

Mögen wir diese Auffassung der melancholischen Arbeit auch annehmen, sie kann uns doch das eine nicht leisten, auf dessen Erklärung wir ausgegangen sind. Unsere Erwartung, die ökonomische Bedingung für das Zustandekommen der Manie nach abgelaufener Melancholie aus der Ambivalenz abzuleiten, welche diese Affektion beherrscht, könnte sich auf Analogien aus verschiedenen anderen Gebieten stützen; aber es gibt eine Tatsache, vor welcher sie sich beugen muß. Von den drei Voraussetzungen der Melancholie: Verlust des Objekts, Ambivalenz und Regression der Libido ins Ich, finden wir die beiden ersten bei den Zwangsvorwürfen nach Todesfällen wieder. Dort ist es die Ambivalenz, die unzweifelhaft die Triebfeder des Konfliktes darstellt, und die Beobachtung zeigt, daß nach Ablauf desselben nichts von einem Triumph einer manischen Verfassung erübrigt. Wir werden so auf das dritte Moment als das einzig wirksame hingewiesen. Jene Anhäufung von zunächst gebundener Besetzung, welche nach Beendigung der melancholischen Arbeit frei wird und die Manie ermöglicht, muß mit der Regression der Libido auf den Narzißmus zusammenhängen. Der Konflikt im Ich, den die Melancholie für den Kampf um das Objekt eintauscht, muß ähnlich wie eine schmerzhafte Wunde wirken, die eine außerordentlich hohe Gegenbesetzung in Anspruch nimmt. Aber hier wird es wiederum zweckmäßig sein, haltzumachen und die weitere Aufklärung der Manie zu verschieben, bis wir Einsicht in die ökonomische Natur zunächst des körperlichen und dann des ihm analogen seelischen *Schmerzes* gewonnen haben. Wir wissen es ja schon, daß der Zusammenhang der verwickelten seelischen Probleme uns nötigt, jede Untersuchung unvollendet abzubrechen, bis ihr die Ergebnisse einer anderen zu Hilfe kommen können.

Walter Benjamin

Exkurs über die Melancholie

Aus ›Ursprung des deutschen Trauerspiels‹

Ich finde nirgends Ruh, muß selber mit mir zancken,
Ich sitz, ich lieg, ich steh, ist alles in Gedancken.
Andreas Tscherning, ›Melancholey Redet selber‹

Die großen deutschen Dramatiker des Barock waren Lutheraner. Während in den Jahrzehnten der gegenreformatorischen Restauration der Katholizismus mit der gesammelten Macht seiner Disziplin das profane Leben durchdrang, hatte von jeher das Luthertum antinomisch zum Alltag gestanden. Der rigorosen Sittlichkeit der bürgerlichen Lebensführung, die es lehrte, stand seine Abkehr von den ›guten Werken‹ gegenüber. Indem es die besondere, geistliche Wunderwirkung diesen absprach, die Seele auf die Gnade des Glaubens verwies und weltlich-staatlichen Bereich zur Probstatt eines religiös nur mittelbaren, zum Ausweis bürgerlicher Tugenden bestimmten Lebens machte, hat es im Volke zwar den strengen Pflichtgehorsam angesiedelt, in seinen Großen aber den Trübsinn. Schon bei Luther selbst, dessen letzte zwei Lebensjahrzehnte von steigender Seelenbeladenheit erfüllt sind, meldet sich ein Rückschlag auf den Sturm gegen das Werk. Ihn freilich trug noch der ›Glaube‹ darüber hin, aber der verhinderte nicht, daß das Leben schal ward. »Was ist der Mensch, / Wenn seiner Zeit Gewinn, sein höchstes Gut / Nur Schlaf und Essen ist? Ein Vieh, nichts weiter. / Gewiß, der uns mit solcher Denkkraft schuf / Voraus zu schaun und rückwärts, gab uns nicht / Die Fähigkeit und göttliche Vernunft, / Um ungebraucht in uns zu schimmeln« – dies, Hamlets, Wort ist wittenbergische Philosophie und ist Aufruhr dagegen. Ein Stück germanischen Heidentums und finsteren Glaubens an die Schicksalsverfallenheit sprach sich in jener überladnen Reaktion aus, die zuletzt das gute Werk schlechthin, nicht seinen Verdienst- und Bußcharakter allein, aus dem Felde schlug. Jeder Wert war den menschlichen Handlungen genommen. Etwas Neues entstand: eine leere Welt. Der Calvinismus – wie düster er war – begriff diese Unmöglichkeit und korrigierte sie in etwas. Der lutherische Glaube sah mit Argwohn auf diese Verflachung und widersetzte sich ihr. Welchen Sinn hatte das Menschenleben, wenn nicht einmal, wie im Calvinismus, der Glaube bewährt werden mußte? Wenn er einerseits nackt, absolut, wirksam war, andererseits die Menschenhandlungen sich nicht unterschieden? Man hatte keine Antwort, es sei denn in der Moral der kleinen Leute – ›Treue im Kleinen‹, ›rechtschaffen leben‹ – die damals heranwuchs und der das taedium vitae der reichen Naturen sich gegenüberstellte. Denn die tiefer Schürfenden sahen sich in das Dasein als in ein Trümmerfeld halber, unechter Handlungen hineingestellt. Dagegen schlug das Leben selbst aus. Tief empfindet es, daß es dazu nicht da ist, um durch den Glauben bloß entwertet zu werden. Tief erfaßt es ein Grauen bei dem Gedanken, so könne sich das ganze Dasein abspielen. Tief entsetzt es sich vor dem Gedanken an Tod. Trauer ist die Gesinnung, in der das Gefühl die entleerte Welt maskenhaft neubelebt, um ein rätselhaftes Genügen an ihrem Anblick zu haben. Jedes Gefühl ist gebunden an einen apriorischen Gegenstand und dessen Darstellung ist seine Phänomenologie. Die Theorie der Trauer, wie sie als Pendant zu der von der Tragödie absehbar sich zeigte, ist demnach nur in der Beschreibung jener Welt, die unterm Blick des Melancholischen sich auftut, zu entrollen. Denn die Gefühle, wie vage immer sie der Selbstwahrnehmung scheinen mögen, erwidern als motorisches Gebaren einem gegenständlichen Aufbau der Welt. Wenn für das Trauerspiel im Herzen der Trauer die Gesetze, entfaltet teils, teils unentfaltet, sich finden, so ist es weder der Gefühlszustand des Dichters noch des Publikums, dem ihre

Darstellung sich widmet, vielmehr ein vom empirischen Subjekt gelöstes und innig an die Fülle eines Gegenstands gebundenes Fühlen. Eine motorische Attitüde, die in der Hierarchie der Intentionen ihren wohlbestimmten Ort hat und Gefühl nur darum heißt, weil es nicht der höchste ist. Bestimmt wird er durch die erstaunliche Beharrlichkeit der Intention, die unter den Gefühlen außer diesem vielleicht – und das nicht spielweis – nur der Liebe eignet. Denn während im Bereiche der Affektivität nicht selten Anziehung mit der Entfremdung in dem Verhältnis einer Intention zum Gegenstande alterniert, ist Trauer zur besondern Steigerung, kontinuierlichen Vertiefung ihrer Intention befähigt. Tiefsinn eignet vor allem dem Traurigen. Auf der Straße zum Gegenstande – nein: auf der Bahn im Gegenstande selbst – progrediert diese Intention so langsam und feierlich wie die Aufzüge der Machthaber sich bewegen. Der leidenschaftliche Anteil am Prunke der Haupt- und Staatsaktionen, ein Ausbruch aus den Schranken frommer Häuslichkeit zum einen Teil, entsprang zu einem andern jener Neigung, mit welcher Tiefsinn sich zur Gravität gezogen fühlt. In ihr erkennt er seinen eigenen Rhythmus wieder. Die Verwandtschaft von Trauer und Ostentation, wie sie so großartig von den Sprachbildungen des Barock belegt wird, hat hierin eine ihrer Wurzeln; nicht minder die Versunkenheit, der diese großen Konstellationen der Weltchronik als ein Spiel vor Augen stehen, das Anschaun zwar um der Bedeutung willen lohnen mag, die zuverlässig sich darin enträtseln läßt, dessen unabsehbare Wiederholung aber die Lebensunlust melancholischen Geblütes zur trostlosen Herrschaft befördert. Selbst dem Erbe der Renaissance gewann das Zeitalter die Stoffe ab, die den kontemplativen Starrkrampf vertiefen mußten. Von der stoischen ἀπάθεια zur Trauer ist es nur ein Schritt, möglich freilich erst im Raume des Christentums. Pseudoantik wie alles Antikische des Barock erweist sich auch seine Stoik. Für sie fällt eine Rezeption des rationalen Pessimismus viel weniger ins Gewicht als die Verödung, der die stoische Praxis den Menschen entgegenführt. Die Ertötung der Affekte, mit der die Lebenswellen verebben, aus denen sie sich im Leibe erheben, vermag die Distanz von der Umwelt bis zur Entfremdung vom eigenen Körper zu führen. Indem man dies Symptom der Depersonalisation als schweren Grad des Traurigseins erfaßte, trat der Begriff von dieser pathologischen Verfassung, in welcher jedes unscheinbarste Ding, weil die natürliche und schaffende Beziehung zu ihm fehlt, als Chiffer einer rätselhaften Weisheit auftritt, in einen unvergleichlich fruchtbaren Zusammenhang. Ihm ist gemäß, daß in dem Umkreis der ›Melencolia‹ Albrecht Dürers die Gerätschaften des tätigen Lebens am Boden ungenutzt, als Gegenstand des Grübelns liegen. Dies Blatt antizipiert in vielem das Barock. Das Wissen des Grüblers und das Forschen des Gelehrten haben sich auf ihm so innig wie in den Menschen des Barock verschmolzen. Die Renaissance durchforscht den Weltraum, das Barock die Bibliotheken. Sein Sinnen geht in die Buchform ein. »Kein größeres Buch weiß die Welt als sich selbst; dessen fürnehmstes Theil aber ist der Mensch, welchem Gott anstatt eines schönen Titulbildes sein unvergleichliches Ebenbild hat vorgedruckt, überdas ihn zu einem Auszuge, Kern und Edelgesteine der übrigen Theile solches großen Weltbuches gemacht.« Das ›Buch der Natur‹ und das ›Buch der Zeiten‹ sind Gegenstände des barocken Sinnens. In ihnen hat es das Behauste und Gedeckte. Aber es steckt darinnen auch die bürgerliche Befangenheit des kaiserlich gekrönten Poeten, der längst nicht mehr die Würde Petrarcas hatte und sich über die Ergötzungen seiner ›Nebenstunden‹ vornehm erhebt. Nicht zuletzt galt das Buch als immerwährendes Monument auf dem schriftreichen Naturschauplatze. Ayrers Verleger hat in einer Vorrede zu den Werken des Dichters, die merkwürdig durch die Betonung der Melancholie als Stimmung seiner Zeit ist, diese Bedeutung des Buches, in der er ein Arcanum gegen die Anfechtungen des Trübsinns empfehlen will, ausgesprochen. »In bedenckung dessen, das die Pyramides, Seulen und Büldnussen allerhand materien mit der zeit schadhafft oder durch gewalt zerbrochen werden oder wol gar verfallen ... das wol gantze Städt versuncken, vntergangen vnd mit wasser bedeckt seien, da hergegen die Schrifften vnd Bücher dergleichen vntergang befreyet, dann was jrgendt in einem Landt oder Ort ab vnd vntergehet, das findet man in vielen andern vnd vnzehlichen orten vnschwer wider, also das, Menschlicher weiß davon zu reden, nichts Tauerhaffters vnd vnsterblichers ist, als eben die Bücher.« Der gleichen Mischung von Behagen und Kontemplation gehört es zu, daß »barocker Nationalismus« »in Verbindung mit politischer Aktion ... ebensowenig getreten, als sich barocke Konventionsfeindschaft bis zum revolutionären Willen des Sturm und Drang oder dem romantischen Kriege gegen das Philisterium von Staat und öffentlichem Leben verdichten sollte«. Die eitle Geschäftigkeit des Intriganten galt als das würdelose Gegenbild der leidenschaftlichen Kontemplation, der einzig und allein die Gabe zugebilligt wurde, den Hochgestellten der satanischen Verstrickung der Geschichte, in welcher das Barock nur Politik sah, zu entbinden. Und doch: auch die Versenkung führte allzu leicht ins Bodenlose. Das lehrt die Theorie der melancholischen Veranlagung.

In diesem imposanten Gute, das dem Barock die Renaissance als Erbstück übergab, an dem fast zwei Jahrtausende gemodelt hatten, besitzt die Nachwelt einen geraderen Kommentar des Trauerspiels als die Poetiken ihn bieten konnten. Harmonisch ordnen sich um dies die philosophischen Gedanken und die politischen Überzeugungen an, welche der Darstellung der Geschichte als eines Trauerspiels zugrunde liegen. Der Fürst ist das Paradigma des Melancholischen. Nichts lehrt so drastisch die Gebrechlichkeit der Kreatur, als daß selbst er ihr unterworfen ist. Es ist eine der gewaltigsten Stellen der ›Pensées‹, an welcher Pascal mit dieser Überlegung dem Fühlen seines Zeitalters die Stimme leiht. »L'Ame ne trouve rien en elle qui la contente. Elle n'y voit rien qui ne l'afflige quand elle y pense. C'est ce qui la contraint de se répandre au dehors, et de chercher dans l'application aux choses extérieures, à perdre le souvenir de son état véritable. Sa joie consiste dans cet oubli; et il suffit, pour la rendre misérable, de l'obliger de se voir et d'être avec soi.« »La dignité royale n'est-elle pas assez grande d'elle-même pour rendre celui qui la possède heureux par la seule vue de ce qu'il est? Faudra-t-il encore le divertir de cette pensée comme les gens du commun? Je vois bien que c'est rendre un homme heureux que de le détourner de la vue de ses misères domestiques, pour remplir toute sa pensée du soin de bien danser. Mais en sera-t-il de même d'un Roi? Et sera-t-il plus heureux en s'attachant à ces vains amusements qu'à la vue de sa grandeur? Quel objet plus satisfaisant pourrait-on donner à son esprit? Ne serait-ce pas faire tort à sa joie d'occuper son âme à penser à ajuster ses pas à la cadence d'un air, ou à placer adroitement une balle, au lieu de le laisser jouir en repos de la contemplation de la gloire majestueuse qui l'environne? Qu'on en fasse l'épreuve; qu'on laisse un Roi tout seul, sans aucune satisfaction des sens, sans aucun soin dans l'esprit, sans compagnie, penser à soi tout à loisir, et l'on verra qu'un Roi qui se voit est un homme plein de misères, et qu'il les ressent comme un autre. Aussi on évite cela soigneusement et il ne manque jamais d'y avoir auprès des personnes des Rois un grand nombre de gens qui veillent à faire succéder le divertissement aux affaires, et qui observent tout le temps de leur loisir pour leur fournir des plaisirs et des jeux, en sorte qu'il n'y ait point de vide. C'est-à-dire qu'ils sont environnés de personnes qui ont un soin merveilleux de prendre garde que le Roi ne soit seul et en état de penser à soi, sachant qu'il sera malheureux, tout Roi qu'il est, s'il y pense.«* Dem gibt das deutsche Trauerspiel vielfältig Echo. Nicht so bald ist es da und es tönt schon aus ihm zurück.

* »Die Seele findet in sich selbst nichts, womit sie zufrieden sein könnte. Sie kann dort nichts entdecken, was sie nicht betrüben würde, sobald sie nur daran denkt. Und das ist es, weshalb sie gezwungenermaßen nach draußen will und danach strebt, durch Beschäftigung mit den Dingen der Außenwelt der Erinnerung

Leo Armenius redet vom Fürsten so: »Er zagt vor seinem schwerdt. Wenn er zu tische geht, / Wird der gemischte wein, der in crystalle steht, / In gall und gifft verkehrt. Alsbald der tag erblichen, / Kommt die beschwärzte schaar, das heer der angst geschlichen, / Und wacht in seinem bett. Er kan in helffenbein, / In purpur und scharlat niemahl so ruhig seyn / Als die, so ihren leib vertraun der harten erden. / Mag ja der kurtze schlaff ihm noch zu theile werden, / So fällt ihn Morpheus an und mahlt ihm in der nacht / Durch graue bilder vor, was er bey lichte dacht, / Und schreckt ihn bald mit blut, bald mit gestürztem throne, / Mit brandt, mit ach und tod und hingeraubter crone.« Und epigrammatisch: »Wo scepter, da ist furcht!« Oder »Die traurige Melankoley wohnt mehrentheiles in Pallästen.« Diese Aussagen betreffen so sehr die innere Verfassung des Souveräns als seine äußere Lage und sind mit Grund an Pascal anzuschließen. Denn mit dem Melancholischen ist es

an ihren wahren Zustand zu entkommen. Ihre ganze Freude liegt in diesem Vergessen; und um sie elend zu machen genügt es, sie zur Selbstbetrachtung zu zwingen und zum Umgang mit sich selbst.«

»Ist die Würde eines Königs nicht an sich schon groß genug, um den, der sie besitzt, allein durch den Anblick seiner selbst glücklich zu machen? Ist es nötig, ihn davon abzulenken wie jeden gewöhnlichen Menschen? Ich verstehe sehr wohl, daß man einen Menschen glücklich macht, indem man sein häusliches Unglück seinem Blick entzieht und dafür sein ganzes Denken auf den Wunsch richtet, gut zu tanzen. Aber sollte es mit einem König dasselbe sein? Und sollte er mit solch nichtigen Vergnügungen glücklicher sein als mit der Betrachtung seiner Würde? Was könnte seinen Geist denn mehr befriedigen? Tut man seiner Freude keinen Schaden an, wenn man seine Aufmerksamkeit darauf lenkt, im richtigen Takt zu tanzen oder einen Ball geschickt zu plazieren, anstatt ihn in Ruhe der Betrachtung jener majestätischen Würde zu überlassen, die ihn umgibt? Man mache den Versuch; man lasse einen König ganz allein, ohne jede Zerstreuung für die Sinne oder den Geist, ohne Gesellschaft und in aller Muße über sich selbst nachdenken, und man wird sehen, daß ein König, der sich selbst betrachtet, gerade so unglücklich ist wie alle anderen auch. Daher vermeidet man solches sorgfältig, und im Gefolge der Könige gibt es stets eine Menge Leute, die darüber wachen, daß auf die Geschäfte Vergnügen folgen, und die in jeder freien Minute für Belustigung und Spiele sorgen, so daß nie eine Lücke entsteht. Das heißt, in ihrer Umgebung ist jedermann auffällig darauf bedacht aufzupassen, daß der König nie allein ist und etwa über sich nachzudenken beginnt, weil man weiß, daß der König, so sehr er König ist, elend wird, sobald er daran denkt.«

»zu Anfang ... als mit Einem, den der tolle Hund gebissen hat: es kommen ihm erschreckliche Träume, er fürchtet sich ohn' Ursach«. So Aegidius Albertinus, der Münchner Erbauungsschriftsteller, in ›Lucifers Königreich und Seelengejäidt‹, einem Werke, das für die populäre Auffassung charakteristische Belege enthält, gerade weil es von neuen Spekulationen unberührt geblieben war. Ebendort heißt es denn auch: »An den Herrnhöfen ist es gemeinklich Kalt, vnnd allzeit Winter, dann die Sonn der Gerechtigkeit ist weit von jhnen ... derowegen Zittern die Hofleut auß lauter Kälte, Forcht vnd Trawrigkeit.« Sie sind vom Schlage des gebrandmarkten Höflings, wie Guevara, den Albertinus übersetzte, ihn geschildert hat, und gedenkt man in ihm des Intriganten, vergegenwärtigt man den Tyrannen, so ist das Bild des Hofs nicht weit verschieden von dem Bild der Hölle, welche ja die Stätte der ewigen Traurigkeit genannt wird. Auch ist der »Trauergeist«, der bei Harsdörffer begegnet, mutmaßlich niemand anders als der Teufel. Derselben Melancholie, welche mit den Schauern der Angst ihre Herrschaft über den Menschen antritt, schreiben die Gelehrten jene Erscheinungen zu, unter denen das Ende der Despoten obligat sich vollzieht. Daß schwere Fälle in die Tobsucht münden, gilt als sicher. Und der Tyrann bleibt bis in seinen Untergang Modell. »Also vergehen ihm bei lebendigem Leibe die Sinnen, denn er siehet und höret nicht mehr die Welt, so um ihn her lebet und webet, sondern allein die Lügen, so der Teufel ihm ins Gehirn malet und in die Ohren bläst, bis er am letzten Ende anhebt zu rasen und in Verzweiflung vergeht.« So nach Aegidius Albertinus der Ausgang des Melancholikers. Charakteristisch und befremdend genug begegnet in der ›Sophonisbe‹ der Versuch, die »Eifersucht« als allegorische Figur so zu bestreiten, daß ihr Gebaren nach dem Bild des wahnwitzigen Melancholikers gezeichnet wird. Mutet nämlich die allegorische Refutation der Eifersucht an dieser Stelle sonderbar schon darum an, weil die des Syphax auf Masinissa mehr als begründet ist, so ist es äußerst auffallend, daß zunächst die Narrheit der Eifersucht als Sinnestäuschung charakterisiert wird – indem sie Käfer, Grashüpfer, Flöhe, Schatten usw. für Nebenbuhler hält –, dann aber die Eifersucht, den Aufklärungen der Vernunft zum Trotz, jene Geschöpfe in der Erinnerung an Mythen als verwandelte göttliche Nebenbuhler beargwöhnt. Das Ganze ist also nicht die Charakteristik einer Leidenschaft, sondern einer schweren Geistesstörung. Albertinus rät es förmlich an, die Melancholiker in Ketten zu schließen, »damit auß solchen Fantasten keine Wütrich, Tyrannen vnd der Jugendt oder Weibermörder gebrütet werden«. In Ketten erscheint denn auch Hunolds Nebucadnezar.

Die Kodifikation dieses Symptomenkomplexes geht ins hohe Mittelalter zurück, und die Form, welche im XII. Jahrhundert die Ärzteschule von Salerno in ihrem Haupte Constantinus Africanus der Temperamentenlehre gegeben hat, ist bis zur Renaissance in Kraft geblieben. Ihr zufolge gilt der Melancholische als »neidisch, traurig, habgierig, geizig, treulos, furchtsam und lehmfarben«, der humor melancholicus als die »unedelst complex«. Die Ursache dieser Erscheinungen fand die Humoralpathologie im Überfluß des trockenen und kalten Elements im Menschen. Als dieses Element galt die schwarze Galle – bilis innaturalis oder atra im Gegensatz zur bilis naturalis oder candida –, wie das feuchte und warme – sanguinische – Temperament im Blute, das feuchte und kalte – phlegmatische – im Wasser und das trockene und warme – cholerische – in der gelben Galle gegründet gedacht wurde. Des weitern war nach dieser Theorie die Milz von ausschlaggebender Bedeutung für die Bildung der unheilvollen schwarzen Galle. Das in sie hinabfließende und in ihr überhandnehmende ›dicke und dürre‹ Blut mindert das Lachen des Menschen und ruft die Hypochondrie hervor. Die physiologische Herleitung der Melancholie – »Oder ists nur phantasey, die den müden geist betrübet, / Welcher, weil er in dem cörper, seinen eignen kummer liebet?« heißt es bei Gryphius – mußte für das Barock, dem das

Elend des Menschentums in seinem kreatürlichen Stande so genau vor Augen stand, höchst eindrucksvoll sein. Wenn aus den Tiefen des kreatürlichen Bereiches, an das die Spekulation des Zeitalters mit den Banden der Kirche selber sich gefesselt sah, die Melancholie aufsteigt, so war ihre Allmacht erklärt. In der Tat ist sie unter den kontemplativen Intentionen die eigentlich kreatürliche und von jeher hat man bemerkt, daß ihre Kraft im Blick des Hundes nicht geringer sein muß als in der Haltung des grübelnden Genius. »Gnädiger Herr, die Traurigkeit ist zwar nicht für Tiere, sondern für Menschen gemacht; allein wenn die Menschen ihr über alles Maß nachhängen, so werden sie zu Tieren«, mit diesen Worten wendet sich Sancho an Don Quichote. Theologisch gewendet, findet sich – und schwerlich als Ergebnis eigener Deduktionen – der gleiche Gedanke bei Paracelsus. »Die Fröligkeit vnn die Traurigkeit, ist auch geboren von Adam vnn Eua. Die Fröligkeit ist in Eua gelegen, vnn die Traurigkeit in Adam ... So ein frölichs Mensch, als Eua gewesen ist, wirdt nimmermehr geboren: Deßgleichen als traurig als Adam gewesen ist, wirdt weiter kein Mensch geboren. Dann die zwo Materien Adae vnd Euae haben sich vermischt, daß die Traurigkeit temperiert ist worden vonn der Fröligkeit, vnnd die Fröligkeit deßgleichen von der Traurigkeit ... Der Zorn, Tyranney, vnnd die Wuetend Eigenschafft, deßgleichen die Mildte, Tugentreiche, vnnd Bescheidenheit, ist auch von ihn beyden hie: daß Erste von Eua, das Ander von Adamo, und durch vermischung eingetheilt inn alle Proles.« Adam, als Erstgeborner reines Geschöpf, hat die kreatürliche Traurigkeit, Eva, geschaffen ihn zu erheitern, hat die Fröhlichkeit. Die konventionelle Verbindung von Melancholie und Raserei ist nicht beobachtet; Eva mußte als Anstifterin des Sündenfalles bezeichnet werden. Ursprünglich ist freilich diese trübe Auffassung der Melancholie nicht. Vielmehr ist sie in der Antike dialektisch gesehen worden. Unter dem Begriffe der Melancholie bindet eine kanonische Aristotelesstelle die Genialität an den Wahnsinn. Mehr als zwei Jahrtausende lang hat die Symptomenlehre der Melancholie, wie sie im XXX. Kapitel der ›Problemata‹ entwickelt ist, gewirkt. Hercules Aegyptiacus ist der Prototyp des vor seinem Zusammenbruch im Wahnsinn zu den höchsten Taten beflügelten Ingeniums. »Die Gegensätze der intensivsten, geistigen Tätigkeit und ihres tiefsten Verfalles« werden in solcher Nachbarschaft mit immer gleich starkem Grauen den Betrachter an sich reißen. Es kommt hinzu, daß melancholische Genialität besonders im Divinatorischen sich zu bekunden pflegt. Antik – der Aristotelischen Abhandlung ›De divinatione somnium‹ entlehnt – ist die Anschauung, daß Melancholie das seherische Vermögen begünstige. Und dieser unverdrängte Rest antiker Theoreme kommt in der mittelalterlichen Überlieferung von den just Melancholischen beschiedenen Seherträumen an den Tag. Auch im XVII. Jahrhundert begegnen solche, freilich immer wieder ins Düstere gewandten Charakteristiken: »Allgemeine Traurigkeit ist eine Wahrsagerin alles zukünftigen Unheils.« Sowie mit größtem Nachdruck Tschernings schönes Gedicht ›Melancholey Redet selber‹: »Ich Mutter schweren bluts, ich faule Last der Erden / Wil sagen, was ich bin, und was durch mich kan werden. / Ich bin die schwartze Gall, 'nechst im Latein gehört, / Im Deutschen aber nun, und keines doch gelehrt. / Ich kan durch wahnwitz fast so gute Verse schreiben, / Als einer der sich läst den weisen Föbus treiben, / Den Vater aller Kunst. Ich fürchte nur allein / Es möchte bey der Welt der Argwohn von mir seyn, / Als ob vom Höllengeist ich etwas wolt' ergründen, / Sonst könt' ich vor der Zeit, was noch nicht ist, verkünden, / Indessen bleib ich doch stets eine Poetinn, / Besinge meinen fall, und was ich selber bin. / Und diesen Ruhm hat mir mein edles Blut geleget / Und Himmelischer Geist, wann der sich in mir reget, / Entzünd ich als ein Gott die Hertzen schleunig an, / Da gehn sie ausser sich, und suchen eine Bahn / Die mehr als Weltlich ist. Hat jemand was gesehen, / Von der Sibyllen Hand so ists durch mich geschehen.« Die Langlebigkeit dieses gewiß nicht verächtlichen Schemas tieferer anthropologischer Analysen ist erstaunlich. Noch Kant malte das Bild des Melancholikers mit den Farben, in denen es bei älteren Theoretikern erscheint. »Rachbegierde ... Eingebungen, Erscheinungen, Anfechtungen ... bedeutende Träume, Ahndungen und Wunderzeichen« sprechen die »Beobachtungen über das Gefühl des Schönen und Erhabenen« ihm zu.

Wie in der Schule von Salerno antike Humoralpathologie vermittelt durch die Wissenschaft Arabiens wiederauflebt, so war Arabien auch der Konservator der anderen hellenistischen Wissenschaft, aus der die Lehre vom Melancholiker sich nährte: der Astrologie. Als Hauptquelle mittelalterlicher Sternweisheit hat man die Astronomie des Abû Ma'sar, die ihrerseits von spätantiken abhängt, aufgewiesen. Die Theorie der Melancholie steht in genauem Zusammenhang mit der Lehre von den Gestirneinflüssen. Und unter ihnen konnte nur der unheilvollste, jener des Saturn, der melancholischen Gemütsart vorgesetzt sein. So offenkundig in der Theorie des melancholischen Temperamentes das astrologische und medizinische System geschieden bleiben – so wollte Paracelsus aus dem letzteren die Melancholie durchaus und ganz ausschließlich in das erste weisen –, so offenkundig die harmonisierenden Spekulationen, die man aus beiden ausgesponnen hat, zufällig in bezug auf den empirischen Charakter scheinen müssen, desto erstaunlicher, ja schwerer erklärlich ist die Fülle anthropologischer Einsichten, in welche sie mündet. Entlegene Einzelheiten wie die Neigung des Melancholischen zu weiten Reisen tauchen auf: von daher Meer am Horizont der Dürerschen ›Melencolia‹; aber auch der fanatische Exotismus Lohensteinscher Dramen, die Lust des Zeitalters an Reisebeschreibungen. Hier ist die astronomische Deduktion dunkel. Anders wenn die Erdferne und die damit gegebene lange Umlaufszeit des Planeten nicht mehr im bösen Sinne, dem die Ärzte von Salerno folgen, vielmehr mit einem Hinweis auf die göttliche Vernunft, die dem bedrohlichen Gestirn den fernsten Platz verordnet, in einem segensreichen aufgefaßt und andererseits der Tiefsinn des Betrübten aus Saturn begriffen wird, der, »als höchster und dem täglichen Leben fernstehender Planet, als der Urheber jeder tiefen Kontemplation die Seele von Äußerlichkeiten ins Innere ruft, sie immer höher steigen läßt und schließlich mit dem höchsten Wissen und prophetischen Gaben beschenkt«. In Umdeutungen dieser Art, wie sie der Wandlung jener Lehren ihren faszinierenden Charakter geben, bekundet sich ein dialektischer Zug der Saturnvorstellung, der aufs erstaunlichste der Dialektik des griechischen Melancholiebegriffs sich zuordnet. Diese lebendigste Funktion des Saturnbildes aufgedeckt zu haben, darin beruht wohl die Vollendung, welche Panofsky und Saxl in ihrer schönen Studie über ›Dürers Melencolia I‹ den Entdeckungen ihres außerordentlichen Vorbildes, den Studien Giehlows über ›Dürers Melencolia I und den maximilianischen Humanistenkreis‹ gegeben haben. So heißt es denn in der jüngeren Schrift: »Diese ›Extremitas‹ nun, die die Melancholie den anderen drei ›Temperamenten‹ gegenüber für alle folgenden Jahrhunderte so bedeutungsvoll und problematisch, so beneidenswert und unheimlich gemacht hat ... – sie begründet auch die tiefste und entscheidendste Entsprechung zwischen der Melancholie und dem Saturn ... Wie die Melancholie, so verleiht auch der Saturn, dieser Dämon der Gegensätze, der Seele auf der einen Seite die Trägheit und den Stumpfsinn, auf der andern die Kraft der Intelligenz und Kontemplation, wie sie bedroht auch er die ihm Unterworfenen, mögen sie an und für sich noch so erlauchte Geister sein, stets mit den Gefahren des Trübsinns oder der irren Ekstase – er, der um ... Ficino zu zitieren, ›selten gewöhnliche Charaktere und Schicksale bezeichnet, sondern Menschen, die von den andern verschieden sind, göttliche oder tierische, glückselige oder vom tiefsten Elend darniedergebeugte‹.« Was diese Dialektik des Saturn betrifft, so verlangt sie nach einer Erklärung, »die nur in der inneren Struktur der mythologischen Kronosvorstellung als solcher gesucht werden kann ... Die Kronosvorstellung ist nicht nur dualistisch in bezug auf die Wirkung des Gottes nach außen, sondern auch in bezug auf sein eigenes, gleichsam persönliches Schicksal, und sie ist es außerdem in solchem Umfang und in solcher Schärfe, daß man den Kronos geradezu als einen Gott der Extreme bezeichnen könnte. Auf der einen Seite ist er der Herrscher des goldenen Zeitalters ... – auf der andern ist er der traurige, entthronte und geschändete Gott ...; auf der einen Seite erzeugt (und verschlingt) er unzählige Kinder – auf der andern Seite ist er zu ewiger Unfruchtbarkeit verdammt; auf der einen Seite ist er ... ein durch plumpe List zu übertölpelnder Unhold – auf der andern ist er der alte weise Gott, der ... als höchste Intelligenz, als ein προμήθευς und προμάντιος verehrt wird ... In dieser immanenten Polarität des Kronosbegriffs ... findet der besondere Charakter der astrologischen Saturn-Vorstellung seine letzte Erklärung – jener Charakter, der letzten Endes durch einen ganz besonders ausgeprägten und grundsätzlichen Dualismus bestimmt wird.« »Noch der Dantekommentator Jacopo della Lana hat z. B. diese immanente Antithetik wieder ganz klar herausgearbeitet und in scharfsinniger Weise begründet, indem er darlegt, daß der Saturn vermöge seiner Qualität, als erdenschweres, kaltes, trockenes Gestirn, die völlig materiellen, nur zu harter Landarbeit sich eignenden Menschen erzeuge – vermöge seiner Lage aber, als höchster der Planeten, gerade umgekehrt die äußerst spirituellen, allem Erdenleben abgekehrten ›religiosi contemplativi‹.« Im Raume dieser Dialektik spielt die Geschichte des Melancholieproblems sich ab. In ihr führt die Magie der Renaissance den Höhepunkt herauf. Während die Aristotelischen Einsichten in die seelische Doppelheit der melancholischen Gemütsanlage genauso wie die Antithetik des Saturneinflusses im Mittelalter einer rein dämonischen Darstellung dieser beiden, wie sie der christlichen Spekulation sich fügte, Platz gemacht hatten, trat mit der Renaissance aus den Quellen der ganze Reichtum alter Grübeleien neu zutage. Diesen Wendepunkt entdeckt und ihn mit der Wucht einer dramatischen Peripetie dargestellt zu haben, macht das hohe Verdienst und die höhere Schönheit der Arbeit von Giehlow aus. Der Renaissance, die die Umdeutung der saturnischen Melancholie im Sinne einer Lehre vom Genie mit einer auch im Denken der Antike niemals erreichten Rücksichtslosigkeit vollzog, stand nach dem Ausdruck Warburgs »die Saturnfürchtigkeit ... im Mittelpunkte des Sternglaubens«. Schon das Mittelalter hatte des saturnischen Anschauungskreises in mannigfachen Umbildungen sich bemächtigt. Der Monatsbeherrscher, »der griechische Zeitgott und der römische Saatendämon« sind zum Schnitter Tod mit seiner Sense geworden, die nun nicht mehr der Saat, sondern dem Menschengeschlecht gilt, so wie es nicht mehr der Jahresumlauf mit seiner Wiederkehr von Aussaat, Ernte, Winterbrache ist, der die Zeit beherrscht, sondern das unerbittliche Abrollen jedes Lebens zum Tode. Dem Zeitalter aber, das die Quellen okkulter Natureinsicht um jeden Preis sich zu erschließen bestrebt war, stellte das Bild des Melancholischen die Frage, wie es gelingen könne, dem Saturn die Geisterkräfte abzulauschen und doch dem Wahnsinn zu entgehn. Die erhabene Melancholie, Melencolia »illa heroica« des Marsilius Ficinus, des Melanchthon galt es von der gemeinen und verderblichen abzulösen. Zu einer präzisen Diätetik des Leibes und der Seele tritt der astrologische Zauber: die Veredlung der Melancholie ist das Hauptthema des Werkes ›De vita triplici‹ von Marsilius Ficinus. Das magische Quadrat, welches auf der Tafel zu Häupten der Dürerschen »Melancholie« sich eingezeichnet findet, ist das Planetensiegel des Jupiter, dessen Einfluß den trüben Kräften des Saturn sich widersetzt. Neben dieser Tafel hängt als Hinweis auf das Sternbild Jupiters die Waage. »Multo generosior est melancholia, si coniunctione Saturni et Iouis in libra temperetur, qualis uidetur Augusti melancholia fuisse.« Unter dem jovialischen Einfluß wandeln die schädlichen Eingebungen sich in segensreiche, Saturn wird zum Protektor der erhabensten Forschungen; die Astrologie selber gehört ihm zu. So konnte Dürer zu dem Vorhaben gelangen, »in den saturnischen Gesichtszügen auch die divinatorische Geisteskonzentration auszudrücken«.

Die Theorie der Melancholie ist um eine Anzahl alter Sinnbilder kristallisiert, in die denn freilich erst die Renaissance mit beispielloser interpretativer Genialität die imposante Dialektik jener Dogmen hineingedeutet hat. Unter den Requisiten, die vor der Dürerschen Melancholie sich drängen, ist der Hund. Nicht zufällig will eine Schilderung des Aegidius Albertinus von dem Gemütszustand des Melancholikers an die Tollwut gemahnen. Nach alter Überlieferung »beherrscht die Milz den Organismus des Hundes«. Er hat dies mit dem Melancholiker gemein. Entartet jenes, als besonders zart beschriebene Organ, so soll der Hund die Munterkeit verlieren und der Tollwut anheimfallen. Soweit versinnlicht er den finsteren Aspekt der Komplexion. Andererseits hielt man sich an den Spürsinn und die Ausdauer des Tieres, um in ihm das Bild des unermüdlichen Forschers und Grüblers besitzen zu dürfen. »Ausdrücklich sagt Pierio Valeriano in seinem Kommentar zu dieser Hieroglyphe, daß derjenige Hund im Aufspüren und Laufen der beste wäre, welcher ›faciem melancholicam prae se ferat‹.« Auf dem Dürerschen Blatte zumal wird die Ambivalenz dieses Sinnbilds dadurch bereichert, daß das Tier schlafend dargestellt ist: kommen die bösen Träume aus der Milz, so sind doch auch die divinatorischen das Vorrecht des Melancholikers. Als Gemeingut von Fürsten und Märtyrern sind sie den Trauerspielen bekannt. Aber noch diese Wahrträume sind aus geomantischem Traumschlaf im Schöpfungstempel, nicht als erhabene oder gar heilige Einflüsterung zu verstehen. Denn alle Weisheit des Melancholikers ist der Tiefe hörig; sie ist gewonnen aus der Versenkung ins Leben der kreatürlichen Dinge und von dem Laut der Offenbarung dringt nichts zu ihr. Alles Saturnische weist in die Erdtiefe, darin bewährt sich die Natur des alten Saatengottes. Saturn gibt nach Agrippa von Nettesheim »den Samen der Tiefe und ... die verborgenen Schätze«. Der Blick nach unten kennzeichnet dort den Saturnmenschen, der den Grund mit den Augen durchbohrt. So auch Tscherning: »Wem ich noch unbekandt, der kennt mich von Geberden / Ich wende fort und für mein' Augen hin zur Erden, / Weil von der Erden ich zuvor entsprossen bin, / So seh ich nirgends mehr als auff die Mutter hin.« Die Eingebungen der Muttererde dämmern aus der Grübelnacht dem Melancholischen auf wie Schätze aus dem Erdinnern; blitzschnell einschlagende Intuition ist ihm fremd. Zum vollen Reichtum ihrer esoterischen Bedeutung kommt die Erde, vormals als kaltes trocknes Element allein belangvoll, in einer wissenschaftlichen Gedankenwendung des Ficinus. Es ist die neue Analogie von Schwerkraft und gedanklicher Konzentration, mit der das alte Sinnbild in den großen Deutungsprozeß des Renaissancephilosophen sich einfügt. »Naturalis autem causa esse videtur, quod ad scientias, praesertim difficiles consequendas, necesse est animum ab externis ad interna, tamquam a circumferentia quadam ad centrum sese recipere atque, dum speculatur, in ipso (ut ita dixerim) hominis centro stabilissime permanere. Ad centrum vero a circumferentia se colligere figique in centro, maxime terrae ipsius est proprium, cui quidem atra bilis persimilis est. Igitur atra bilis animum, ut se et colligat in unum et sistat in uno contempleturque, assidue provocat. Atque ipsa mundi centro similis ad centrum rerum singularum cogit investigandum, evehitque ad altissima quaeque comprehendenda.«* Wenn hierzu Panofsky und Saxl gegen Giehlow bemerken, davon, daß Ficinus dem Melancholiker die Konzentration ›empfehle‹, dürfe nicht gesprochen werden, so sind sie im Recht. Mit einer Behauptung aber, die wenig bedeutet gegenüber der Analogienreihe, welche Denken – Konzentration – Erde – Galle umfaßt, und zwar nicht einzig und allein, um vom ersten zum letzten Gliede zu führen, sondern doch wohl auch in unverkennbarer Anspielung auf eine neue Deutung der Erde im alten Weis-

* Marsilio Ficino, De vita libri tres, I, Kap. IV, vgl. S. 40 des vorlieg. Bandes.

heitsgefüge der Temperamentenlehre. Verdankt doch diese alter Meinung nach ihre Kugelgestalt und damit, wie schon Ptolemäus fand, ihre Vollendung und zentrale Stellung im Weltraum der Konzentrationskraft. So dürfte denn auch Giehlows Vermutung, die Kugel des Dürerschen Blattes sei ein Denksymbol des Grübelnden nicht ohne weiteres von der Hand zu weisen sein. Und diese »reifste, geheimnisvolle Frucht der maximilianeischen kosmologischen Kultur«, wie Warburg sie nennt, dürfte recht wohl für einen Keim gelten, in dem die Allegorienfülle des Barock, noch gebändigt von der Kraft eines Genius zu sprengender Entfaltung bereit liegt. Die Rettung älterer Symbole der Melancholie, wie dieses Blatt und wie die zeitgenössische Spekulation sie gab, ist doch an einem wohl vorbeigegangen, wie es denn auch der Aufmerksamkeit Giehlows und andrer Forscher sich entzogen zu haben scheint. Es ist der Stein. Sein Platz im Inventar der Sinnbilder ist ihm gewiß. Liest man bei Aegidius Albertinus vom Melancholiker: »Die Trübsal, als welche sonsten das Herz in Demut erweicht, machet ihn nur immer störrischer in seinem verkehrten Gedanken, denn seine Tränen fallen ihm nicht ins Herz hinein, daß sie die Härtigkeit erweichten, sondern es ist mit ihm wie mit dem Stein, der nur von außen schwitzt, wenn das Wetter feucht ist«, so möchte man kaum einhalten, um in diesen Worten einer besonderen Bedeutung nachzugehen. Aber das Bild ändert sich, wenn in der Hallmannschen Leichenrede auf Herrn Samuel von Butschky der Satz begegnet: »Er war von Natur tieffsinnig und Melancholischer Complexion, welche Gemüther einer Sache beständiger nachdencken, und in allen Actionibus behuttsam verfahren. Das Schlangenvolle Medusen Haupt, wie auch das Africanische Monstrum, nebst dem weinenden Crocodille dieser Welt konten seine Augen nicht verführen, viel weniger seine Glieder in einen unarthigen Stein verwandeln.« Und zum dritten Male der Stein in Filidors schönem Zwiegespräch zwischen der Melancholei und der Freude: »Melankoley. Freude. Jene ist ein altes Weib, in verächtlichen

Lumpen gekleidet, mit verhülleten (!) Haupt, sitzet auff einem Stein, unter einem dürren Baum, den Kopff in den Schooß legend, Neben ihr stehet eine Nacht-Eule ... Melankoley: Der harte Stein, der dürre Baum, / Der abgestorbenen Zypressen, / Giebt meiner Schwermuth sichern Raum / und macht der Scheelsucht mich vergessen ... Freude: Wer ist diß Murmelthier / hier an den dürren Ast gekrümmet? / Der tieffen Augen röthe / straalt, wie ein Blut Comete, / der zum Verderb und Schrecken glimmet ... / Jetzt kenn ich dich, du Feindin meiner Freuden, / Melanckoley, erzeugt im Tartarschlund / vom drey geköpfften Hund'. / O! sollt' ich dich in meiner Gegend leiden? / Nein, warlich, nein! / der kalte Stein, / der Blätterlose Strauch, / muß außgerottet seyn / und du, Unholdin, auch.«

Es mag sein, daß unter dem Sinnbild des Steins nur die augenfälligste Gestalt des kalten, trocknen Erdreichs zu sehen ist. Aber denkbar ist es sehr wohl, ja angesichts der Stelle bei Albertinus nicht unwahrscheinlich, daß mit der trägen Masse auf den eigentlich theologischen Begriff des Melancholikers angespielt ist, der in dem einer Todsünde vorliegt. Das ist die Acedia, die Trägheit des Herzens. Von ihr stellte der schleichende Umlauf des matten Saturnlichts zu dem Melancholiker eine Beziehung her, die – sei's nun auf astrologischer Grundlage oder auf anderer – bereits in einer Handschrift des XIII. Jahrhunderts bezeugt ist. »Von der tracheit. Du vierde houbet sunde ist. tracheit. an gottes dienste. Du ist so ich mich kere. von eime erbeitsamen. unt sweren guoten werke. zuo einer itelen ruowe. So ich mih kere. von deme guoten werke. wande ez mir svere ist. da von kumet bitterkeit des hercen.« Bei Dante ist die Acedia das fünfte Glied in der Ordnung der Hauptsünden. In ihrem Höllenkreise herrscht die eisige Kälte und das weist auf die Daten der Humoralpathologie, die kalte trockene Beschaffenheit der Erde zurück. Als Acedia rückt die Melancholie des Tyrannen in neue, geschärfte Beleuchtung. Ausdrücklich ordnet Albertinus den Symptomenkomplex des Melancholischen der Acedia zu: »Artlich wirdt die Accidia oder Trägheit dem Biß eines wütigen Hundts verglichen, dann wer von demselbigen gebissen wird, der vberkompt alsbaldt erschröckliche Träum, er förchtet sich im Schlaf, wird Wütig, Vnsinnig, verwirfft alles Getranck, förchtet das Wasser, bellet wie ein Hund, vnd wirdt dermassen forchtsamb, daß er auß forcht niderfellt. Dergleichen Leut sterben auch bald, wann jhnen nicht geholfen wirdt.« Zumal die Unentschlossenheit des Fürsten ist nichts als saturnische Acedia. Saturn macht »apathisch, unentschlossen, langsam«. An der Trägheit des Herzens geht der Tyrann zugrunde. Wie hierin die Gestalt des Tyrannen, so ist durch die Treulosigkeit – einen anderen Zug des Saturnmenschen – die Figur des Höflings betroffen. Nichts Schwankenderes ist vorstellbar als der Sinn des Hofmanns, wie die Trauerspiele ihn malen: der Verrat ist sein Element. Es ist nicht Flüchtigkeit noch unbeholfene Charakterzeichnung der Autoren, wenn in den kritischen Augenblicken die Schranzen, kaum daß sie Zeit zur Besinnung sich gönnen, den Herrscher verlassen, zur Gegenpartei übertreten. Vielmehr trägt ihr Handeln eine Gesinnungslosigkeit zur Schau, die zum Teil bewußte Geste des Machiavellismus, zu einem anderen aber trostloser und schwermütiger Anheimfall an eine für undurchdringlich erachtete Ordnung unheilvoller Konstellationen ist, welche einen geradezu dinglichen Charakter annimmt. Krone, Purpur, Szepter sind ja im letzten Grunde doch Requisiten im Sinne des Schicksalsdramas, und sie haben ein Fatum an sich, dem der Höfling als sein Augur am ersten sich unterwirft. Seine Untreue gegen den Menschen entspricht einer in kontemplativer Ergebenheit geradezu versunkenen Treue gegen diese Dinge. Mit dieser hoffnungslosen Treue zum Kreatürlichen und zu dem Schuldgesetze seines Lebens steht der Begriff dieses Verhaltens selbst erst am Orte seiner adäquaten Erfüllung. Alle wesentlichen Entscheidungen vor Menschen nämlich können gegen die Treue verstoßen, in ihnen walten höhere Gesetze. Restlos angemessen ist sie einzig dem Verhältnis des Menschen zur Dingwelt. Sie kennt kein höheres Gesetz und die Treue keinen Gegenstand, dem sie ausschließlicher gehörte als der Dingwelt. Diese ruft sie denn auch immer um sich hervor, und jedes Geloben oder Gedenken aus Treue umgibt sich mit den Bruchstücken der Dingwelt als ihren eigensten, sie nicht überfordernden Gegenständen. Unbeholfen, ja unberechtigt spricht sie auf ihre Weise eine Wahrheit aus, um derentwillen sie freilich die Welt verrät. Die Melancholie verrät die Welt um des Wissens willen. Aber ihre ausdauernde Versunkenheit nimmt die toten Dinge in ihre Kontemplation auf, um sie zu retten. Der Dichter, von dem das Folgende überliefert wird, spricht aus dem Geiste der Schwermut. »Péguy parlait de cette inaptitude des choses à être sauvées, de cette résistance, de cette pesanteur des choses, des êtres mêmes, qui ne laisse subsister enfin qu'un peu de cendre de l'effort des héros et des saints.« Die Beharrlichkeit, die in der Intention der Trauer sich ausprägt, ist aus ihrer Treue zur Dingwelt geboren. So ist ebensowohl die Untreue zu verstehen, welche die Kalender dem Saturnmenschen zusprechen, wie auch die ganz vereinzelte dialektische Gegensetzung, das »treu in der Liebe«, das Abû Ma'sar dem Saturnmenschen nachsagt, umzudeuten. Die Treue ist der Rhythmus der emanatistisch absteigenden Intentionsstufen, in welcher die aufsteigenden der neuplatonischen Theosophie beziehungsvoll verwandelt sich abspiegeln.

Mit der charakteristischen Haltung gegenreformatorischer Reaktion folgt die Typenbildung im deutschen Trauerspiele überall dem mittelalterlichen Schulbild der Melancholie. Doch die von dieser Typik grundverschiedene Gesamtform dieses Dramas: Stil und Sprache, sind nicht zu denken ohne jene kühne Wendung, mit der die Renaissancespekulationen in den Zügen der weinenden Betrachtung den Widerschein eines fernen Lichtes gewahrten, das aus dem Grunde der Versenkung ihr entgegenschimmerte. Einmal zumindest ist dem Zeitalter gelungen, die menschliche Gestalt zu beschwören, die dem Zwiespalt neuantiker und medievaler Beleuchtung entsprach, in welchem das Barock den Melancholiker gesehen hat. Aber nicht Deutschland hat das vermocht. Es ist der Hamlet. Das Geheimnis seiner Person ist beschlossen im spielerischen eben dadurch aber gemessenen Durchgang durch alle Stationen dieses intentionalen Raums, wie das Geheimnis seines Schicksals beschlossen ist in einem Geschehen, das diesem seinem Blick ganz homogen ist. Hamlet allein ist für das Trauerspiel Zuschauer von Gottes Gnaden; aber nicht was sie ihm spielen, sondern einzig und allein sein eigenes Schicksal kann ihm genügen. Sein Leben, als vorbildlich seiner Trauer dargeliehener Gegenstand, weist vor dem Erlöschen auf die christliche Vorsehung, in deren Schoß seine traurigen Bilder sich in seliges Dasein verkehren. Nur in einem Leben von der Art dieses fürstlichen löst Melancholie, indem sie sich begegnet, sich ein. Der Rest ist Schweigen. Denn alles nicht Gelebte verfällt unrettbar in diesem Raume, in dem das Wort der Weisheit nur trügerisch geistert. Shakespeare allein vermochte aus der barocken, unstoischen wie unchristlichen, pseudoantiken wie pseudopietistischen Starre des Melancholikers den christlichen Funken zu schlagen. Wenn anders der Tiefblick, mit dem Rochus von Liliencron Saturnkindschaft und Male der Acedia in Hamlets Zügen las, um seinen besten Gegenstand nicht betrogen sein soll, wird er in diesem Drama das einzigartige Schauspiel ihrer Überwindung im christlichen Geiste erblicken. Nur in diesem Prinzen kommt die melancholische Versenkung zur Christlichkeit. Das deutsche Trauerspiel hat sich nie zu beseelen, den Silberblick der Selbstbesinnung in seinem Inneren nie zu erwecken vermocht. Es ist sich selbst erstaunlich dunkel geblieben und hat den Melancholiker nur mit den grellen und verbrauchten Farben der mittelalterlichen Komplexionenbücher zu malen gewußt. Warum also dieser Exkurs? Die Bilder und Figuren, die es stellt, widmet es dem Dürerschen Genius der geflügelten Melancholie. Seine rohe Bühne beginnt vor ihm ihr inniges Leben.

Giorgio de Chirico, Melancholie

Susan Sontag

Im Zeichen des Saturn

Auf den meisten Porträtfotos geht sein Blick nach unten; mit der Rechten stützt er den Kopf. Das früheste Bild, das ich kenne, zeigt ihn im Jahr 1927 – er ist fünfunddreißig Jahre alt – mit dunklem lockigem Haar über einer hohen Stirn, mit Bart über einer vollen Unterlippe: jugendlich, fast schön. Durch die Neigung seines Kopfes scheinen die hochgezogenen Schultern hinter seinen Ohren zu beginnen; sein Daumen ruht am Kiefer, der Rest der Hand, die Zigarette zwischen dem gekrümmten Zeige- und Mittelfinger, bedeckt sein Kinn. Der nach unten gerichtete Blick durch seine Brille – jener sanfte Tagträumerblick der Kurzsichtigen – scheint sich in der unteren linken Hälfte der Fotografie zu verlieren.

Auf dem Bild aus den späten Dreißigern ist das lockige Haar kaum gelichtet, aber da ist keine Spur mehr von Jugendlichkeit oder Schönheit; das Gesicht ist dicker geworden, und der Oberkörper erscheint nicht nur mächtig, sondern klobig und unbeweglich. Der buschiger gewordene Schnurrbart und die dickliche Hand mit dem eingewinkelten Daumen verdecken seinen Mund. Der Blick ist verschleiert, oder auch nur mehr nach innen gekehrt – als ob er nachdenke oder zuhöre. (»Wer angestrengt zuhört, sieht nichts mehr«, schrieb Benjamin in seinem Kafka-Essay.) Hinter seinem Kopf stehen Bücher.

Auf einer Fotografie vom Sommer 1938, beim letzten von mehreren Besuchen bei Brecht im dänischen Exil nach 1933, steht er vor Brechts Haus, ein alter Mann mit sechsundvierzig Jahren, im weißen Oberhemd, Krawatte, an der Hose die Uhrkette: eine erschlaffte, korpulente Gestalt, die unfreundlich in die Kamera blickt.

Ein anderes Bild aus dem Jahr 1937 zeigt Benjamin in der Bibliothèque Nationale in Paris. Zwei Männer, deren Gesichter man nicht sieht, teilen sich einen Tisch in einiger Entfernung hinter ihm. Benjamin sitzt rechts im Vordergrund, vielleicht macht er sich Notizen für das Buch über Baudelaire und das Paris des 19. Jahrhunderts, an dem er über zehn Jahre lang schrieb. Er schlägt in einem Buch nach, das er mit seiner linken Hand offen auf dem Tisch hält – seine Augen kann man nicht sehen – vielleicht schaut er in die untere rechte Bildecke.

Sein enger Freund Gershom Scholem hat seinen ersten flüchtigen Eindruck von Benjamin im Berlin des Jahres 1913 beschrieben, anläßlich einer Zusammenkunft zwischen einer zionistischen Jugendgruppe und jüdischen Mitgliedern der Freien Deutschen Studentenschaft, deren Vorsitzender der einundzwanzigjährige Benjamin war. »Ohne die Anwesenden anzuschauen, sprach er mit großer Intensität und durchaus druckfertig in eine obere Ecke des Saales hinein, die er die ganze Zeit über unverwandt fixierte.«

Er war, was die Franzosen *un triste* nennen. In seiner Jugend schien er, wie Scholem schrieb, von einer »tiefen Traurigkeit« gezeichnet. Sich selbst verstand er als Melancholiker, die modernen psychologischen Zuordnungen ignorierte er und beschwor das alte astrologische System herauf: »daß ich unterm Saturn zur Welt kam – dem Gestirn der langsamsten Umdrehung, dem Planeten der Umwege und der Verspätungen«. Seine wichtigsten Werke, das 1928 veröffentlichte Buch *Ursprung des deutschen Trauerspiels* und die unvollendete Arbeit über *Paris, die Hauptstadt des 19. Jahrhunderts*, kann man nur wirklich verstehen, wenn man begreift, wie weitgehend sie auf einer Theorie der Melancholie beruhen.

Benjamin projizierte sich selbst, sein Wesen, in alle seine wichtigen Schriften, und sein Wesen bestimmte, worüber er schrieb. Er sah es in den barocken Trauerspielen des siebzehnten Jahrhunderts (die verschiedene Varianten der saturnischen Acedia abbilden) und in den Schriftstellern, über deren Werke er so wunderbar schrieb: Baudelaire, Proust, Kafka, Karl Kraus. Er sah das Saturnische sogar bei Goethe. Denn trotz der Polemik im Wahlverwandtschaften-Essay gegen eine rein biographische Interpretation von Werken benutzte er selbst in seinen tiefgreifendsten Textinterpretationen biographische Fakten, die immer den Melancholiker, den Vereinsamten erscheinen lassen. (So beschreibt er Prousts Einsamkeit, die in ihrem Strudel die Welt mit hinunterzieht; er erklärt, wieso Kafka und Klee Vereinsamte waren; er zitiert die Angst des Schweizer Autors Robert Walser vor dem Erfolg im äußeren Leben.) Man kann das Leben nicht zur Interpretation des Werkes heranziehen. Aber man kann mit dem Werk das Leben interpretieren.

Zwei kleine Bücher mit Erinnerungen an seine Berliner Kindheit und die Studienzeit, geschrieben in den frühen dreißiger Jahren und zu Lebzeiten nicht veröffentlicht, enthalten das am detailliertesten ausgeführte Selbstporträt Benjamins. Dem angehenden Melancholiker erschien, sei es in der Schule oder auf Spaziergängen mit der Mutter, die Einsamkeit als die einzige dem Menschen gemäße Existenzform. Benjamin meint damit nicht das Alleingelassensein in einem Zimmer – als Kind ist er oft krank gewesen –, sondern die Einsamkeit in der Großstadt, die Beschäftigung des Müßiggängers, der frei in den Tag hineinträumt, beobachtet, nachdenkt, umherschlendert. Das Denken, das hier eng an die Sensibilität des 19. Jahrhunderts für die Figur des Flaneurs anknüpft, personifiziert in dem sich seiner Melancholie sehr bewußten Baudelaire, gewann vieles der eigenen Wahrnehmungsfähigkeit aus seiner phantastischen, scharfsichtigen und subtilen Beziehung zu Städten. Die Straße, die Passage, die Arkaden und das Labyrinth sind ständig wiederkehrende Motive in seinen literarischen Essays und, natürlich, in dem geplanten Buch über das Paris des 19. Jahrhunderts, aber auch in seinen Reisebildern und Erinnerungen. (Über Robert Walser, für den der Spaziergang das Zentrum seines zurückgezogenen Lebens und seiner wundervollen Bücher war, hätte man sich von Benjamin einen längeren Essay gewünscht.) Das einzige diskret autobiographische Buch, das noch zu seinen Lebzeiten veröffentlicht wurde, trug den Titel *Einbahnstraße.* Erinnerungen an sich selbst sind Erinnerungen an Orte und daran, wie er sich in ihnen bewegt.

»Sich in einer Stadt nicht zurechtfinden heißt nicht viel« – so lautet der erste Satz der *Berliner Kindheit um Neunzehnhundert.* »In einer Stadt sich aber zu verirren, wie man in einem Walde sich verirrt, braucht Schulung ... Diese Kunst habe ich spät erlernt; sie hat den Traum erfüllt, von dem die ersten Spuren Labyrinthe auf den Löschblättern meiner Hefte waren.« Diese Passage kehrt wieder in der *Berliner Chronik,* nachdem er angedeutet hat, wieviel Übung es erfordert, sich zu verirren, falls man einen ursprünglichen Sinn für die Ohnmacht angesichts der Stadt hat. Sein Ziel war, Stadtpläne so lesen zu können, daß er sich mit Sicherheit verirrte. Und sich wiederzufinden auf einem imaginären Plan. An einer Stelle in der *Berliner Chronik* berichtet Benjamin von seiner jahrelangen Idee, »den Raum des Lebens - Bios - graphisch in einer Karte zu gliedern ... Ich habe mir ein Zeichensystem ausgedacht und auf dem grauen Grund solcher Karten ginge es bunt zu, wenn die Wohnungen meiner Freunde und Freundinnen, die Versammlungsräume der mancherlei Kollektiva von den ›Sprechsälen‹ der Jugendbewegung bis zu den Versammlungsorten der kommunistischen Jugend, die Hotel- und die Hurenzimmer, die ich für eine Nacht kannte, die entscheidenden Tiergartenbänke, die Schulwege und die Gräber, deren Füllung ich beiwohnte, die Stellen, an denen Cafés prangten, deren Namen heute verschollen sind und uns täglich über die Lippen kamen, die Tennisplätze, auf denen heut leere Mietshäuser und die gold- und stuckverzierten Säle, die die Schrecken der Tanzstunden beinah Turnsälen gleichmachten, wenn all das dort deutlich unterscheidbar eingetragen würde«. Einmal, so berichtet Benjamin, saß er im Café des Deux Magots in Paris und wartete auf jemanden; da kam »mit zwingender Gewalt der Gedanke über mich, ein graphisches Schema meines Lebens zu zeichnen«:

Ihm glich es einem Labyrinth, und jede wichtige Bekanntschaft mit einem Menschen erschien ihm als ein neuer Eingang.

Die häufig wiederholten Metaphern von Plänen und Diagrammen, Erinnerungen und Träumen, Labyrinthen und Arkaden, Passagen und Panoramen lassen eine klare Vorstellung von Städten erkennen, aber auch eine bestimmte Lebensform. Paris, so schreibt Benjamin, habe ihn die Kunst des Verirrens gelehrt. Die Offenbarung des wahren Wesens der Städte kam ihm nicht in Berlin, sondern in Paris, wo er sich während der Weimarer Republik häufig aufhielt und als Emigrant von 1933 bis zu seinem Selbstmord 1940 lebte – genauer gesagt: in jenem Paris, wie es in den Werken der Surrealisten erscheint (Bretons *Nadja*, Aragons *Le Paysan de Paris*). Mit seinen Metaphern deutet er auf ein allgemeiner verbreitetes Orientierungsproblem, und er erreicht zugleich höchste Komplexität. (Ein Labyrinth ist der Ort, an dem man sich verliert.) Er erweckt auch eine Vorstellung des Verbotenen, und wie man zu ihm Zugang gewinnt: durch einen Willensakt, der ebenso schwer ist wie eine wirkliche Tat. Ganze Straßenzüge habe er im Zeichen der Prostitution entdeckt, schreibt Benjamin in der *Berliner Chronik*, die mit der Anrufung einer Ariadne beginnt, der Hure, die diesen Sohn reicher Eltern zum erstenmal über die Schwelle seiner eigenen Klasse führte. Das Bild vom Labyrinth sagt auch einiges über die Hindernisse, die sich Benjamins Charakter selbst in den Weg legte.

Der Einfluß des Saturn macht die Menschen apathisch, zögernd und langsam, schreibt er im *Ursprung des deutschen Trauerspiels*. Bedächtigkeit ist eine der Charakteristiken des Melancholikers. Etwas zu verfehlen, ist ein weiteres Merkmal, weil man zu viele Möglichkeiten in Betracht zieht und die nächstliegende praktische Möglichkeit nicht sieht. Und Beharrlichkeit, weil man besser sein will, als man ist. Benjamin erinnert sich seiner Beharrlichkeit auf den Kindheitsspaziergängen mit seiner Mutter, die aus den kleinsten Handreichungen Tests zu seiner Eignung für das praktische Leben machen wollte und damit das Gegenteil erreichte (»Ihr gebe ich die Schuld, daß ich noch heute mir keine Tasse Kaffee kochen kann«). »Langsamer, ungeschickter, blöder zu scheinen als ich es war, diese Gewohnheit nahm ich auf solchen gemeinsamen Gängen an und sie hat die große Gefahr, sich schneller, geschickter, schlauer zu glauben als man es ist.« Durch solche Resistenz bekommt er einen Blick, »der nicht den dritten Teil von dem, was er auffaßt, zu sehen scheint«.

In seinem Buch *Einbahnstraße* sind Benjamins Erfahrungen als Autor und Liebender konzentriert (es ist Asja Lacis gewidmet, die diese Straße »als Ingenieur im Autor durchgebrochen hat«*), Erfahrungen, die man erraten kann aus dem Anfangsabschnitt über die Situation als Schriftsteller und aus dem Ende *Zum Planetarium*, einem Päan auf die technologische Brautwerbung um den Kosmos und auf den sexuellen Rausch. Benjamin konnte unmittelbarer von sich schreiben, wenn er von Erinnerungen, nicht von zeitgenössischen Erfahrungen ausging, wenn er von sich als Kind schreibt. Aus dieser Distanz der Kindheit konnte er sein Leben überblicken als einen Raum, der ausgemessen werden kann. Die Aufrichtigkeit und Eindringlichkeit schmerzlicher Gefühle in der *Berliner Kindheit* und *Berliner Chronik* entstammen diesem ordnenden, analytischen Verhältnis zu seiner Vergangenheit. Er beschwört Anlässe für die Reaktion auf diese Anlässe, Plätze für die Gefühle, die mit diesen Plätzen verbunden sind, andere Menschen für das Zusammentreffen mit dem eigenen Ich und Verhaltensweisen für die Andeutung künftiger Leiden und Fehlschläge, die in ihnen enthalten sind. Gespensterphantasien in der weitläu-

* Asja Lacis und Benjamin trafen sich auf Capri im Sommer 1924. Sie war eine lettische Kommunistin, Revolutionärin und Leiterin eines Theaters. Benjamin schrieb 1925 ›Neapel‹ mit ihr und für sie das ›Programm eines proletarischen Kindertheaters‹. Es war Asja Lacis, die Benjamin im Winter 1926/27 nach Moskau einlud und ihn 1929 mit Brecht bekannt machte. Benjamin hoffte, sie zu heiraten, nachdem er endlich 1930 von seiner Frau geschieden war. Aber sie kehrte nach Riga zurück; später mußte sie zehn Jahre in einem sowjetischen Lager verbringen.

figen Wohnung, während seine Eltern ihre Gäste bewirten, deuten voraus auf seine Abkehr von der eigenen Klasse; der Traum, so lange schlafen zu dürfen, wie er möchte, anstatt früh aufzustehen und zur Schule zu gehen, wird erfüllt – nachdem sein Trauerspielbuch ihm keine Dozentenstelle eingebracht hatte –, als er einsehen muß, daß »noch jedesmal die Hoffnung, die ich auf Stellung und ein sicheres Brot gehegt hatte, umsonst gewesen war«; seine Art, hinter der Mutter herzugehen, mit peinlicher Genauigkeit immer einen halben Schritt hinter ihr, deutet voraus auf sein Sabotieren der wirklichen, gesellschaftlichen Existenz.

Benjamin betrachtet alles, was er aus der Vergangenheit heraufholt, als vorwärtsweisend in die Zukunft, weil die Gedächtnisarbeit (sich selbst rückwärts lesen, nannte er es) die Zeiten aufbrechen läßt. In seinen Erinnerungen, die er ausdrücklich nicht eine »Autobiographie« nannte, gibt es keine chronologische Ordnung, denn die Zeit ist irrelevant. (»Die Autobiographie«, schreibt er in der *Berliner Chronik,* »hat es mit der Zeit, dem Ablauf und mit dem zu tun, was den stetigen Fluß des Lebens ausmacht. Hier aber ist von einem Raum, von Augenblicken und vom Unstetigen die Rede.«) Der Proust-Übersetzer Benjamin schrieb Fragmente eines Werkes, das man *A la recherche des espaces perdus* nennen könnte. Das Gedächtnis, das die Vergangenheit auf seine Bühne bringt, läßt den Ablauf der Ereignisse in einem Tableau erstarren. Benjamin versucht nicht, die Vergangenheit zu beherrschen, sondern zu verstehen: sie auf ihren warnenden Nenner zu bringen.

Bei den barocken Dramatikern, so schreibt er im *Ursprung des deutschen Trauerspiels,* wird der zeitliche Ablauf begriffen und analysiert in einem räumlichen Bild. Das Trauerspielbuch ist nicht nur Benjamins erster Beleg für die Umwandlung von Zeit in Raum; er erklärt dort auch sehr deutlich, welchen Gefühlen diese Bewegung unterliegt. Treibend im melancholischen Bewußtsein von der trostlosen Chronik der Weltgeschichte, einem unaufhaltsamen Verfallsprozeß, suchen die barocken Dramatiker ein Entkommen aus der Geschichte und restaurieren die »Zeitlosigkeit« des Paradieses. Zur barocken Sensibilität des siebzehnten Jahrhunderts gehört ihre »panoramatische« Geschichtsauffassung: die Geschichte geht ein in die Erstarrung. In der *Berliner Kindheit* und der *Berliner Chronik* läßt Benjamin sein Leben so gerinnen. In der Nachfolge des barocken Bühnenbilds steht die surrealistische Stadt: die metaphysische Landschaft, in deren traumgleichen Räumen die Menschen eine so kurze, schattenhafte Existenz führen wie der neunzehnjährige Dichter, dessen Freitod, die große Bedrückung der Studentenjahre Benjamins, eingewoben bleibt in die Erinnerung an die Zimmer, die der tote Freund bewohnte.

Benjamins wiederkehrende Themen heben charakteristischerweise die Dinge in die Räumlichkeit: zum Beispiel seine Bemerkung über Ideen und Erfahrungen als Ruinen. Etwas verstehen heißt: es in seiner Räumlichkeit zu erfassen, zu wissen, wie es zu ermessen ist. Und wie es verlorengeht.

Für den unterm Saturn Geborenen ist Zeit das Medium des Zwanges, der Unangemessenheit, der Wiederholung, der bloßen Erfüllung. In der Zeit ist man nur, was man ist und immer war. Im Raum kann man jemand anderer sein. Benjamins mangelnder Orientierungssinn und seine Unfähigkeit, einen Stadtplan zu lesen, wandeln sich so zu seiner Reiselust und seiner Meisterschaft in der Kunst des Verirrens. Zeit gibt einem keinen Freiraum: sie stößt uns von hinten nach vorne, sie treibt uns durch den engen Trichter der Gegenwart in die Zukunft. Der Raum aber ist weit; da wimmelt es von Möglichkeiten, Standorten, Kreuzungen, Passagen, Abwegen, Unterführungen, Sackgassen und Einbahnstraßen. Zu viele Möglichkeiten, allerdings. Da das Saturnische Temperament so langsam ist und zur Entscheidungslosigkeit neigt, hat schon mancher den Weg des anderen mit dem Messer abzuschneiden versucht. Manchmal auch endete einer, indem er das Messer gegen sich selbst richtete.

Das Charakteristikum des Saturnikers ist eine bewußte und unverlierbare Beziehung zu seinem eigenen Ich, das aber nie als selbstverständlich angenommen werden kann. Das Ich ist ein Text – er muß entziffert werden. (Von daher eignet sich der Saturniker zum Intellektuellen.) Das Ich ist ein Entwurf, etwas, das geplant werden will. (Dies macht die Eignung zum Künstler und Märtyrer, die um die Reinheit und Schönheit des Scheiterns werben, wie Benjamin von Kafka sagt.) Und der Aufbau des Ich geht immer zu langsam voran. Man ist sich gegenüber immer im Rückstand.

Dinge erscheinen in einer Distanz, kommen langsam näher. In der *Berliner Kindheit* spricht er von seiner »Neigung, alles, woran mir liegt, von weitem sich nur nahen zu sehen« – die Art, wie er, als Kind häufig krank, die Stunden seinem Krankenbett nahen sieht. »Daher stammt vielleicht, was andere als Geduld an mir bezeichnen in Wahrheit aber keiner Tugend ähnelt.« (Natürlich mußten andere es als Geduld, als Tugend mißverstehen. Scholem beschrieb ihn als den geduldigsten Menschen, den er je kennenlernte.)

Aber etwas wie Geduld ist nötig bei den Entzifferungsarbeiten des Melancholikers. Proust war, wie Benjamin bemerkt, höchst angetan von der »Geheimsprache der Salons«; er selbst fühlte sich zu noch hermetischeren Codes hingezogen. Er sammelte Emblembücher, liebte es, Anagramme zu entwerfen und spielte mit Pseudonymen. Sein Hang zu Pseudonymen weist voraus auf den Zwang, als deutsch-jüdischer Flüchtling von 1933 bis 1936 noch Beiträge für deutsche Zeitungen schreiben zu müssen. Sie erschienen unter dem Namen Detlef Holz, den er auch für sein letztes zu Lebzeiten publiziertes Buch *Deutsche Menschen* verwendete; es erschien 1936 in der Schweiz. In dem 1933 auf Ibiza geschriebenen erstaunlichen Text *Agesilaus Santander* spricht Benjamin von seinem geheimen Namen. Der Name, der sich auf die Gestalt der Zeichnung von Klee bezieht, die er besaß, ist, wie Scholem herausgefunden hat, ein Anagramm von »Der Angelus Satanas«. Benjamin war nach Mitteilung Scholems auch ein außergewöhnlicher Graphologe, obwohl er später diese Begabung eher verheimlichte.

Heimlichkeiten und Verstellungen scheinen für den Melancholiker notwendig zu sein. Er hat komplizierte, oft verschleierte Beziehungen zu anderen Menschen. Diese Gefühle der Überlegenheit, der Unangemessenheit, der vereitelten Pläne, der Unmöglichkeit, den Erwartungen der anderen zu entsprechen oder nur der Treue zu sich selbst – diese Gefühle können und müssen verborgen werden durch Freundlichkeit oder durch skrupulöse Manipulationen. Ein Wort über Kafka von dessen Freunden aufgreifend, spricht Scholem von einer »geradezu chinesischen Höflichkeit«, die Benjamins Umgang mit anderen Menschen bestimmte. Aber man ist auch nicht überrascht, wenn man erfährt, daß der Mann, der Prousts Einwände gegen Freundschaften teilte, auch Freunde kaltblütig fallenlassen konnte, wie er es bei seinen Mitstreitern aus der Jugendbewegung tat, wenn sie ihn nicht länger interessierten. Man ist auch nicht überrascht, wenn man erfährt, daß dieser wählerische, intransigente und grausam ernste Mann auch Leuten schmeicheln konnte, die er für nicht ebenbürtig hielt, daß er sich selbst »ködern« ließ (sein eigener Ausdruck) und sich zu Brecht herabließ bei seinen Besuchen in Dänemark. Dieser Fürst des intellektuellen Lebens konnte auch ein Höfling sein.

Benjamin analysiert beide Rollen im *Ursprung des deutschen Trauerspiels* anläßlich der Theorie der Melancholie. Bestimmend für den saturnischen Charakter ist die Langsamkeit: »An der Trägheit des Herzens geht der Tyrann zugrunde. Wie hierin die Gestalt des Tyrannen, so ist durch die Treulosigkeit – einen anderen Zug des Saturnmenschen – die Figur des Höflings betroffen.« Benjamin schreibt, daß sein Element »der Verrat« sei, zu einem Teil deutlich als »Gesinnungslosigkeit«, zu einem anderen aber (als) trostloser und schwermütiger Anheimfall an eine für undurchdringlich erachtete Ordnung unheilvoller Konstellationen, welche einen geradezu dinglichen Charakter annimmt«. Nur jemand, der sich mit seiner Ahnung historischer Katastrophen, seiner Verzagtheit, identifiziert, kann erklären, warum der Höfling nicht verächtlich ist. Seine Treulosigkeit gegen die Gefährten, sagt Benjamin, korrespondiert mit der tieferen, nachdenklicheren Treue, die er der Dingwelt hielt.

Was Benjamin beschreibt, könnte man als eindeutiges Krankheitsbild verstehen: die Neigung des Melancholikers, seine innere Erstarrung nach außen zu projizieren als die Unveränderbarkeit des Unglücks, das übermächtig und den Dingen gleich empfunden wird. Aber seine Begründung reicht noch weiter: er erkennt, daß die tiefen Beziehungen des Melancholikers mit der Außenwelt sich immer in den Dingen vermitteln (häufiger jedenfalls als in den Menschen); auch er glaubt, daß dies die einzig wirklichen Beziehungen voll aufschlußreicher Bedeutung sind. Gerade weil der Melancholiker vom Gedanken des Todes heimgesucht ist, weiß er am besten die Welt zu deuten. Oder besser: Die Welt selbst bietet sich dem prüfenden Blick des Melancholikers dar, wie sie es vor keinem anderen täte. Je weniger Leben in den Dingen ist, desto mehr erstarkt das geniale Bewußtsein, das ihnen nachsinnt.

Wenn der Melancholiker gegen Menschen treulos ist, so hat er einen guten Grund, der Dingwelt die Treue zu halten. Diese Treue zeigt sich in der Ansammlung von Dingen, die meist als Fragmente oder Ruinen erscheinen. (Es sei in der barocken Literatur allgemein üblich, schreibt Benjamin, Bruchstücke unaufhörlich aufeinander zu türmen.) Der barocke und der surrealistische Geist – mit beiden fühlt sich Benjamin zutiefst einig – sehen die Realität als Dingwelt. Benjamin beschreibt das barocke Zeitalter als eine Welt der Dinge (Embleme, Ruinen) und der ins Räumliche umgesetzten Ideen (Allegorien sind im Königreich der Gedanken, was Ruinen im Reich der Dinge sind, schreibt er). Der Geist des Surrealismus mußte mit übersprudelnder Spontaneität den barocken Ruinenkult verallgemeinern und erkennen, daß die negierenden Kräfte der Moderne alles zu Ruinen oder Fragmenten machen – und damit zu Sammlerstücken. Eine Welt, deren Vergangenheit obsolet geworden ist, und deren Gegenwart moderne Altertümer auswirft, lädt Kustoden ebenso ein wie Forscher und Sammler.

Als eine Art Sammler bewahrte Benjamin den Dingen als Dinge die Treue. Folgt man Scholem, so war der Ausbau seiner Bibliothek, die viele Erstausgaben und Raritäten barg, seine lebenslange Leidenschaft. Während er angesichts der dinglichen Verheerung unbewegt bleibt, ist der Melancholiker von den durch einzigartige Objekte geweckten Leidenschaften gleichsam elektrisiert. Seine Bücher waren nicht zum Gebrauch bestimmt, kein Handwerkszeug; sie waren Objekte der Kontemplation, Stimulanzien der Träume. Seine Bibliothek ruft Erinnerungen in ihm wach: »Erinnerungen an die Städte, in denen ich so vieles gefunden habe: Riga, Neapel, München, Danzig, Moskau, Florenz, Basel, Paris ... Erinnerungen an die Stuben, wo diese Bücher gestanden haben ...« Die Jagd nach Büchern, der Liebesjagd ähnlich, vergrößert die Landkarte der Vergnügungen – ein weiterer Grund, in der Welt umherzuschlendern. Als Sammler gewann Benjamin seine Erfahrung der Klugheit und des Erfolges, seines Scharfsinns und seiner furchtlosen Leidenschaft. »Sammler sind Menschen mit taktischem Instinkt« – wie Höflinge.

Außer auf Erstausgaben und barocke Emblembücher spezialisierte sich Benjamin auf Kinderbücher und Literatur von Geisteskranken. Scholem berichtet, daß neben den großen Werken, die ihm so viel bedeuteten, in bizarrer Ordnung die ausgefallensten Schriften und Kuriosa standen. Diese seltsame Ordnung der Bibliothek entspricht der Strategie des Benjaminschen Werks, in dem ein von den Surrealisten inspiriertes Auge die wahren Schätze im Nebensächlichen, Abgetanen und Vernachlässigten entdeckt, im Einklang mit seiner Treue zum traditionellen Kanon des gelehrten Geschmacks.

Er liebte es, Dinge zu finden, wo niemand suchte. Er zog aus dem unbekannten, wenig geschätzten deutschen Barockdrama Elemente des modernen (und seines eigenen, muß man sagen)

Geistes: die Vorliebe für Allegorien, surrealistische Schockeffekte und unzusammenhängende Erscheinungen, auch das Gespür für die historische Katastrophe. Diese Steine waren das Brot meiner Phantasie, schrieb er über Marseille – dieser seiner Phantasie widerstrebendsten Stadt, auch wenn er mit einer Prise Haschisch nachhalf. Manche eigentlich zu erwartenden Hinweise fehlen in Benjamins Werk – er las nicht gern, was jeder las. Er zog als psychologische Theorie die Lehre von den vier Temperamenten Freud vor. Er zog es auch vor, Kommunist zu sein – oder versuchte es –, ohne Marx zu lesen. Dieser Mann, der eigentlich alles las und fünfzehn Jahre lang mit dem revolutionären Kommunismus sympathisierte, hatte bis in die späten dreißiger Jahre kaum einen Blick in Marx' Werk geworfen. (Den *Achtzehnten Brumaire* las er bei seinem Besuch bei Brecht in Dänemark im Sommer 1938.)

Sein Sinn für Strategie war für ihn einer der Identifikationspunkte mit Kafka, einem verwandten Möchtegerntaktiker, der »Vorsorge gegen die Auslegung seiner Texte getroffen hatte«. Benjamin beweist, daß der eigentliche Kern Kafkascher Geschichten darin liegt, daß sie *keine* endgültige über sie hinausweisende Bedeutung haben. Und er war fasziniert von der sehr unterschiedlichen unjüdischen Listigkeit Brechts, dem Anti-Kafka seiner Phantasie. (Wie vorauszusehen gefiel Brecht Benjamins großer Essay über Kafka überhaupt nicht.) Brecht, auf dessen Tisch ein kleiner hölzener Esel stand mit einem Schild um den Hals: »Auch ich muß es verstehen«, repräsentierte für Benjamin, den Bewunderer esoterischer, heiliger Texte, einen Typ des Listigen, der alle Verwicklungen auf ihren Kern reduziert und alles ganz einfach macht. Benjamins »masochistische« (das Wort fällt bei Siegfried Kracauer) Beziehung zu Brecht, die die meisten seiner Freunde beklagten, zeigt, wieweit er von dieser Möglichkeit angetan war.

Benjamins Neigung geht gegen die gewohnten Interpretationen. »Alle entscheidenden Schläge werden mit der linken Hand geführt werden«, so schreibt er in der *Einbahnstraße*.

Gerade weil er sah, »daß alles menschliche Wissen ... die Form der Interpretation haben muß« (Brief an Florens Christian Rang, 9.12.1923), erkannte er die Notwendigkeit, sich allzu offensichtlichen Interpretationen zu widersetzen. Seine höchst einleuchtende Methode nimmt den Dingen ihre Symbolik, etwa den Geschichten Kafkas oder Goethes *Wahlverwandtschaften* (Texte, von deren Symbolik jeder überzeugt ist), und läßt sie in andere einfließen, wo niemand ihre Existenz vermuten würde (so bei den deutschen Barockdramen, die er als Allegorien des historischen Pessimismus liest). Jedes Buch, so schrieb er, besteht aus Taktik. In einem Brief an einen Freund beansprucht er, nur halb scherzhaft, für seine Schriften die neunundvierzig Bedeutungsstufen. Für Zeitgenossen wie für Kabbalisten gilt: nichts ist eindeutig; am Ende ist alles schwierig. Die Zweideutigkeit tritt an die Stelle der Echtheit in allen Dingen, hatte er in der *Einbahnstraße* geschrieben. Am fremdesten ist Benjamin die Unbefangenheit: für ihn wird der offene Blick zur Lüge.

Vieles von der Einzigartigkeit Benjaminscher Gedanken stammt aus seinem mikroskopischen Blick (wie sein Freund und Schüler Adorno es nannte), der mit unermüdlichen theoretischen Bemühungen gepaart war. Scholem schreibt, daß es gerade die kleinsten Dinge waren, die ihn am meisten anzogen. Er liebte alte Spielsachen, Briefmarken, Bildpostkarten und jene verspielten Miniaturwelten wie die Winterlandschaft in einer Glaskugel, in der es schneit, wenn man sie schüttelt. Auch seine eigene Handschrift war mikroskopisch, und sein nie erreichtes Ziel, von dem Scholem berichtet, war es, hundert Zeilen auf einer Seite unterzubringen. (Dies gelang Robert Walser, dessen Manuskripte Mikrogramme in wirklich mikroskopischer Schrift sind.) Scholem erzählt, daß ihn Benjamin bei seinem Besuch in Paris im August 1927 (das erste Wiedersehen der Freunde seit der Emigration Scholems nach Palästina 1923) in eine Ausstellung jüdischer Kultgegenstände im Musée Cluny geschleppt habe, um ihm zwei Weizenkörner zu zeigen, in die das Schema der zwölf Stämme Israels eingraviert war.*

Etwas zu miniaturisieren heißt, es handlich zu machen – die ideale Form, Dinge zu besitzen, ideal für Ziellose und Flüchtlinge. Benjamin war natürlich beides: ein Wanderer, immer in Bewegung, und ein Sammler, niedergebeugt von den Dingen und zu ihnen. Verkleinern bedeutet verbergen. Benjamin war zu dem extrem Kleinen hingezogen, wie er es zu allem war, was entziffert werden mußte: Embleme, Anagramme, Handschriften. Verkleinern bedeutet, etwas dem Gebrauch entziehen. Denn was so grotesk reduziert ist, das ist in gewissem Sinn auch befreit von seiner Bedeutung – es ist zwar ganz vorhanden, aber auch, so klein und im falschen Maßstab, ein Fragment. Es wird zum Objekt zweckfreier Kontemplation oder Träumerei. Die Liebe zum Kleinen ist ein Kindergefühl; eines, das vom Surrealismus übernommen wurde. Das Paris der Surrealisten ist, wie Benjamin bemerkt, »eine kleine Welt«; so entdeckten auch die Surrealisten die Fotografie, über die Benjamin so einzigartig schrieb, eher als rätselvolles, sogar verkehrtes, denn als verständliches oder schönes Objekt. Während der Melancholiker sich bedroht fühlt vom Gewicht der Dinge, spottet der Surrealist über solche Schrecken. Das große Ge-

* Siehe auch Benjamins Brief an Scholem vom 29. Mai 1926, in dem es gegen Ende heißt: »Mit diesem Brief kann ich keinen liliputanischen Staat machen. Dafür will ich Dir aber erzählen, daß ich in der hebräischen Abteilung des Musée Cluny das Buch Esther auf ein Blatt geschrieben entdeckte, welches nicht ganz die Hälfte des Vorliegenden mißt. Vielleicht beeilt dies doch deinen Besuch in Paris.« Scholem vermutet, daß Benjamins Vorliebe für die Miniatur seinem Hang zu kurzen literarischen Produkten, wie etwa in der *Einbahnstraße*, zugrundeliegt. Mag sein, aber solche Bücher waren in den zwanziger Jahren nicht ungewöhnlich. Die *Einbahnstraße* präsentierte ihre kurzen, in sich geschlossenen Texte in einer typischen surrealistischen Montagetechnik. Sie wurde bei Rowohlt in Berlin veröffentlicht; beabsichtigt war durch Form und Typographie ein Schockeffekt. Der Umschlag war eine Fotomontage reißerischer Worte in Großbuchstaben aus Zeitungsmeldungen und anderem. Die Eingangspassage, in der Benjamin die »prompte Sprache« begrüßt und »die anspruchsvolle universale Geste des Buches« ablehnt, bleibt ziemlich unverständlich, wenn man nicht weiß, welche Art Buch die *Einbahnstraße* sein sollte.

schenk des Surrealismus an die Welt der Gefühle war die Aufheiterung der Melancholie.

Das einzige Vergnügen, das der Melancholiker sich erlaubt, schrieb Benjamin im *Ursprung des deutschen Trauerspiels,* ist die Allegorie. Tatsächlich ist die Allegorie, heißt es weiter, eine Methode, die Welt mit der Brille der Melancholie zu lesen, und er zitiert Baudelaire: »Alles wird für mich zur Allegorie.« Der Vorgang, der die Bedeutungen aus dem Versteinerten und Unscheinbaren hervorlockt – die Allegorie – ist die charakteristische Methode des deutschen Barockdramas und Baudelaires, Benjamins wichtigsten Themen; eingehend in die philosophische Darlegung und die mikroskopische Analyse der Dinge ist sie auch Benjamins eigene Methode.

Der Melancholiker sieht selbst die Welt zum Ding werden: Zuflucht, Trost und Verzauberung. Kurz vor seinem Tod plante Benjamin noch einen Essay über die Verkleinerung als einen Trick der Phantasie. Es scheint die Fortsetzung des alten Vorhabens gewesen zu sein, über Goethes »Neue Melusine« (im *Wilhelm Meister*) zu arbeiten. Die »Neue Melusine« handelt von einem Mann, der sich in eine Frau verliebt, die eigentlich ganz winzig ist, aber zeitweise normales Format annimmt, und der, ohne es zu wissen, eine Schachtel mit sich herumträgt, die das Miniaturkönigreich, dessen Prinzessin sie ist, enthält. In Goethes Märchen ist die Welt reduziert auf einen sammelbaren Gegenstand, ein Ding im buchstäblichen Sinn.

Wie die Schachtel in Goethes Märchen ist auch ein Buch nicht nur ein Teil der Welt, sondern selbst eine kleine Welt. Das Buch ist die verkleinerte Welt, die der Leser bewohnt. In der *Berliner Chronik* erinnert sich Benjamin an die Begeisterung seiner Kindheit: Er las die Bücher nicht, sondern weilte und verharrte zwischen ihren Zeilen. Zum Lesen, dem Kindheitstraum, kam dann das Schreiben, der Alptraum des Erwachsenen. Die ehrenvollste Art des Bucherwerbs sei es, sie zu schreiben, bemerkt Benjamin in *Ich packe meine Bibliothek aus.* Und die beste Art, sie zu verstehen, ist, sich mit ihnen einzulassen:

Nur der versteht ein Buch wirklich, sagt er in der *Einbahnstraße,* der es einmal abgeschrieben hat, wie einer eine Landschaft nicht beim Überfliegen versteht, sondern nur, wenn er sie erwandert.

Im *Ursprung des deutschen Trauerspiels* heißt es an einer Stelle, daß die Summe der Bedeutung in einem genauen Verhältnis zur Gegenwart des Todes und der Gewalt des Untergangs stehe. Nur dadurch wird es möglich, die Bedeutung im eigenen Leben zu erkennen, in den abgestorbenen Ereignissen der Vergangenheit, die man euphemistisch Erfahrungen nennt. Nur durch ihren Tod wird die Vergangenheit deutbar; nur durch die Fetischisierung der Geschichte im Gegenstand wird sie verständlich. Weil ein Buch eine Welt darstellt, kann man sie betreten. Das Buch war für ihn eine zweite Welt, in der er sich umtun konnte. Wenn der unterm Saturn Geborene sich beobachtet fühlt, schlägt er die Augen nieder oder blickt in eine Ecke. Oder besser: er beugt seinen Kopf über seine Notizen. Oder er verbirgt seinen Kopf hinter einem Bücherwall.

Der Saturniker schiebt charakteristischerweise die Schuld am Mahlstrom seiner Verinnerlichung auf seine Willenskraft. In der Überzeugung, daß der Wille schwach ist, unternimmt der Melancholiker extravagante Anstrengungen, um ihn zu entwickeln. Falls sie Erfolg haben, nimmt die daraus resultierende Übersteigerung des Willens meistens die Form einer zwanghaften Hingabe an die Arbeit an. So beendete Baudelaire, der ständig an der »Trägheit, der Krankheit der Affen« litt, viele Briefe und seine *Intimen Tagebücher* mit den leidenschaftlichsten Versprechen, mehr zu arbeiten, ohne Pause zu arbeiten, nichts anderes zu tun als zu arbeiten. (Verzweiflung über »jede Niederlage der Willenskraft« – nochmals Baudelaires Worte – ist eine typische Klage moderner Künstler und Intellektueller, besonders bei denen, die beides sind.) Man ist zur Arbeit verdammt; andernfalls dürfte man überhaupt nichts mehr tun. Selbst die Verträumtheit des Melancholikers ist ins Arbeitsjoch gespannt, nur so darf er seine Phantasmagorien pflegen oder die Pforten konzentrierter Wahrnehmung suchen, wie sie Drogen anbieten. Der Surrealismus drückt Baudelaires schlechten Erfahrungen einfach seinen positiven Stempel auf: er beklagt die Verzagtheit der Willenskraft nicht, sondern erhebt sie zu seinem Ideal, indem er behauptet, daß die Traumwelt mit allem Material ausgestattet sei, das man zur Arbeit braucht.

Der ständig arbeitende und zu immer noch mehr Arbeit entschlossene Benjamin verbrachte einen guten Teil seiner Zeit damit, über die alltägliche Situation des Schriftstellers nachzudenken. In der *Einbahnstraße* gibt es einige Abschnitte mit Arbeitsrezepten: über die besten Voraussetzungen, Planungen und Utensilien. Zum Teil begründet sich der Antrieb zu der von ihm geführten umfangreichen Korrespondenz in dem Willen, etwas festzuhalten, zu berichten und die Existenz seiner Arbeit zu bestätigen. Sein Sammlerinstinkt leistete ihm gute Dienste. Lernen war eine Form des Sammelns – so bei den Exzerpten und Zitaten seiner täglichen Lektüre, die Benjamin in seinen Notizbüchern sammelte, die er ständig bei sich trug und aus denen er Freunden vorlas. Auch das Denken war eine Form des Sammeln, wenigstens in seinem Anfangsstadium. In seinem Bewußtsein archivierte er einzelne Ideen, entwickelte in Briefen an Freunde Mini-Essays, überarbeitete Pläne für zukünftige Arbeiten, notierte seine Träume (einige erzählt er in der *Einbahnstraße*), und er legte eine Nummernliste seiner gelesenen Bücher an. (Scholem erinnert sich, bei seinem zweiten und letzten Besuch bei Benjamin in Paris 1938 eine Lektüreliste gesehen zu haben, in die Marx' *Achtzehnter Brumaire* als Nr. 1649 eingetragen war.)

Wie wird der Melancholiker zum Willenshelden? Durch die Tatsache, daß die Arbeit zur Droge, zum Zwang werden kann. (Daß Denken ein wichtiges Narkotikum sei, hatte Benjamin in seinem Surrealismus-Essay geschrieben.) Tatsächlich geben Melancholiker die besten Süchtigen ab, denn die echte Rauscherfahrung ist immer eine einsame. Aber die Haschischsitzungen in den späten zwanziger Jahren, die von einem befreundeten Arzt überwacht wurden, waren überlegte Kabinettstückchen, kein Akt der Selbstüberwindung; sie waren Arbeitsmaterial für den Schriftsteller, keine Flucht vor den ungebührlichen Forderungen seines Willens. (Benjamin hielt sein geplantes Buch über Haschisch für eines seiner wichtigsten Projekte.)

Das Bedürfnis der Einsamkeit – und die Verbitterung darüber – ist charakteristisch für den Melancholiker. Um zu arbeiten, muß er einsam sein, oder wenigstens nicht durch eine dauerhafte Beziehung gebunden. Benjamins negative Einstellung zur Ehe kommt im Wahlverwandtschaften-Essay deutlich zum Ausdruck. Seine Leitfiguren – Kierkegaard, Baudelaire, Proust, Kafka, Kraus – waren nie verheiratet; Scholem berichtet, daß Benjamin seine Ehe als Unglück für sich ansah. (Er heiratete 1917; die Entfremdung von seiner Frau begann nach 1921, geschieden wurde er 1930). Die natürliche Welt und ihre natürlichen Beziehungen sind für den Melancholiker alles andere als verführerisch. Das Selbstporträt in der *Berliner Kindheit* und *Berliner Chronik* zeigt einen gänzlich entfremdeten Sohn; als Ehemann und Vater (sein 1918 geborener Sohn emigrierte Mitte der dreißiger Jahre mit seiner Mutter nach England) scheint er kaum gewußt zu haben, was er mit diesen Bindungen anfangen sollte. Für den Melancholiker geht das Natürliche in Form der Familie ein ins schlechte Subjektive, ins Sentimentalische; es bedeutet eine Einbuße seiner Entschlußkraft, seiner Unabhängigkeit, seiner Freiheit, sich dem Werk zu widmen. Es ist auch eine Herausforderung an seine eigene Natur, von der der Melancholiker weiß, daß er sich ihr immer weniger adäquat verhalten wird.

Der Stil des melancholischen Werks ist Versenkung, vollständige Konzentration. Man versinkt oder die Aufmerksamkeit schwindet. Als Schriftsteller war Benjamin zu außerordentlicher Konzentration fähig. Er konnte *Ursprung des deutschen Trauerspiels* in nur zwei Jahren recherchieren und niederschreiben; manche Teile davon, so bekennt er in der *Berliner Chronik*, entstanden in langen Nächten im Café, in unmittelbarer Nähe der Jazzkapelle. Aber obwohl Benjamin leicht und viel schrieb – zuzeiten produzierte er wöchentliche Beiträge für deutsche Zeitungen und Zeitschriften – erwies es sich für ihn als unmöglich, noch ein weiteres Buch zu schreiben. In einem Brief aus dem Jahr 1935 spricht er vom »saturnischen Tempo« anläßlich der Arbeit an *Paris, die Hauptstadt des 19. Jahrhunderts,* die er 1927 begonnen hatte und von der er dachte, sie in zwei Jahren bewältigen zu können. Seine typische Form blieb der Essay. Die Anstrengung des Melancholikers und die Erschöpfung seiner Aufmerksamkeit setzten Benjamins Ausführungen seiner Ideen natürliche Grenzen. Seine großen Essays scheinen gerade rechtzeitig zu enden, bevor sie sich selbst zerstören.

Seine Sätze scheinen nicht auf normale Weise entstanden zu sein; sie führen nicht weiter. Jeder Satz ist so geschrieben, als wäre er der erste oder der letzte. (In der Vorrede zum Trauerspielbuch sagt er, daß man beim Schreiben bei jedem neuen Satz anhalten und wieder neu beginnen muß.) Geistige und historische Prozesse sind dargestellt als begriffliches Gesamtbild; Ideen sind in Extreme übersetzt und die intellektuellen Perspektiven sind schwindelerregend. Die Art seines Denkens und Schreibens, die unrichtig »aphoristisch« genannt wurde, könnte man eher als erstarrtes Barock bezeichnen. Dieser Stil sollte Foltern vollstrecken. Es war, als ob jeder Satz das Ganze aussagen sollte, bevor der nach innen gerichtete Blick vollständiger Konzentration den Gegenstand vor seinen Augen auflöst. Benjamin hat wahrscheinlich nicht übertrieben, als er Adorno sagte, daß jeder Gedanke in seinem Buch über Baudelaire und das Paris des neunzehnten Jahrhunderts »eigentlich einem Bereich entrissen werden müßte, in dem der Wahnsinn regiert«.*

* In einem Brief Adornos an Benjamin, New York, 10. November 1938. Benjamin und Adorno hatten sich 1923 kennengelernt (Adorno war zwanzig Jahre alt), und ab 1935 erhielt Benjamin eine geringe finanzielle Unterstützung durch Max Horkheimers Institut für Sozialforschung, dessen Mitglied Adorno war.

Etwas wie die Angst, vorzeitig aufgehalten zu werden, liegt hinter diesen Sätzen, die so gesättigt sind von Ideen wie in die barocken Gemälde eine Überfülle an Bewegung gepreßt ist. In einem Brief an Adorno beschreibt Benjamin seine Empfindungen, als er zum erstenmal das Buch las, das ihn zu seiner Arbeit *Paris, die Hauptstadt des 19. Jahrhunderts* inspirierte – Aragons *Le Paysan de Paris,* »von dem ich abends im Bett nie mehr als zwei bis drei Seiten lesen konnte, weil mein Herzklopfen dann so stark wurde, daß ich das Buch aus der Hand legen mußte. Welche Warnung!« Herzversagen ist die metaphorische Grenze von Benjamins Bemühungen und Leidenschaften. (Er war herzkrank.) Und ein starkes Herz ist die von ihm genannte Metapher für die Leistung eines Schriftstellers. In seinem Essay zu Ehren von Karl Kraus schreibt Benjamin: »Wenn Stil die Macht ist, in den Längen und Breiten des Sprachdenkens sich zu ergehen, ohne darum ins Banale zu fallen, so erwirbt ihn zumeist die Herzkraft großer Gedanken, welche das Sprachblut durchs Geäder der Syntax in die abgelegensten Glieder treibt.« Denken und Schreiben sind letztlich Fragen der Ausdauer. Im Bewußtsein seiner Willensschwäche wird der Melancholiker daran erinnert, daß er alle aufbietbaren destruktiven Energien braucht.

Im *Ursprung des deutschen Trauerspiels* hat Benjamin geschrieben, daß die Wahrheit im Königreich des Wissens überlebe. Seine dichte Sprache zeigt solch Überleben im Widerstand und läßt keinen Raum für Angriffe gegen die Lügenverbreiter. Für Benjamin steht die Polemik unter der Würde eines wahrhaft philosophischen Stils, statt dessen war er auf der Suche nach der Erfüllung der Vollkommenheit – der Essay über Goethes *Wahlverwandtschaften* mit seiner vernichtenden Zurückweisung des Goethebiographen Friedrich Gundolf ist unter seinen Hauptwerken eine Ausnahme von dieser Regel. Aber sein Bewußtsein von einem ethischen Nutzen der Polemik ließ ihn Karl Kraus, diese öffentliche Wiener Ein-Mann-Institution, recht hoch schätzen, einen Schriftsteller, dessen

Leichtigkeit und Härte, seine Neigung zu Aphorismen und die ständige Polemik ihn Benjamin so unähnlich machen.

Dieser Essay über Karl Kraus ist Benjamins engagierteste und vertrackteste Verteidigung des rein geistigen Lebens. »Der perfide Vorwurf des Übergescheiten hat ihn sein Leben lang verfolgt«, schrieb Adorno. Benjamin verteidigte sich gegen diese philiströse Diffamierung, indem er mutig die Fahne der »Unmenschlichkeit« des Intellekts hochhielt. Er hatte gesagt, daß das Leben der Gedanken eine Existenz unter der Herrschaft des reinen Geistes sei, wie die Prostitution eine Existenz unter der Herrschaft der puren Sexualität. Beides ist zu achten: die Prostitution – wie Kraus es tat, da die pure Sexualität diese in ihrem ursprünglichen Zustand ist – und das Leben der Gedanken – wie Benjamin es unter Heranziehung des ihm ungleichen Karl Kraus tat, weil es die eigentliche und dämonische Funktion des reinen Geistes sei, den Frieden zu stören, wie er schrieb. Die ethische Aufgabe des modernen Autors ist es, kein Schöpfer, sondern ein Zerstörer zu sein – ein Zerstörer seichter Innerlichkeit, jenes tröstenden Begriffs des allzu menschlichen dilettantischen Schöpfertums und seiner leeren Phrasen.

Den Schriftsteller als Geißel und Vernichter porträtierte er in der Gestalt von Kraus; knapper, aber auch eindringlicher skizzierte er ihn in dem ebenfalls 1931 entstandenen Text *Der destruktive Charakter*. Das Datum ist bezeichnend: Scholem schrieb, daß Benjamin zum erstenmal im Sommer 1931 einen Selbstmord erwog. Das zweite Mal war es im nächsten Sommer, als er *Agesilaus Santander* schrieb. Ein »apollinisches Zerstörerbild« nennt Benjamin den destruktiven Charakter, der »immer frisch bei der Arbeit« ist, »wenig Bedürfnisse« hat und »gar nicht daran interessiert (ist), verstanden zu werden«. »Der destruktive Charakter ist jung und heiter« und »lebt nicht aus dem Gefühl, daß das Leben lebenswert sei, sondern daß der Selbstmord die Mühe nicht lohnt«. Es ist eine Art Beschwörung, ein Versuch von Benjamin, aus seinem eigenen saturnischen Charakter die destruktiven Elemente herauszuziehen, damit sie nicht selbstzerstörerisch wirken können.

Benjamin spricht nicht nur über seine eigene Destruktivität. Er war davon überzeugt, daß es eine eigentümliche moderne Versuchung zum Selbstmord gab. In seinem Text *Das Paris des Second Empire bei Baudelaire* schrieb er: »Die Widerstände, die die Moderne dem natürlichen produktiven Elan des Menschen entgegengesetzt, stehen im Mißverhältnis zu seinen Kräften. Es ist verständlich, wenn er erlahmt und in den Tod flüchtet. Die Moderne muß im Zeichen des Selbstmords stehen, der das Siegel unter ein heroisches Wollen setzt ... Er ist *die* Eroberung der Moderne im Bereiche der Leidenschaften.« Selbstmord wird als eine Antwort des heroischen Wollens auf die Niederlage des Willens verstanden. Die einzige Möglichkeit, einen Selbstmord zu vermeiden, liegt jenseits des Heroismus, jenseits der Willenskraft. Der destruktive Charakter kann sich nicht in die Enge getrieben fühlen, denn er sieht »überall Wege ... Weil er aber überall einen Weg sieht, hat er auch überall aus dem Weg zu räumen. Nicht immer mit roher Gewalt, bisweilen mit veredelter. Weil er überall Wege sieht, steht er selber immer am Kreuzweg.«

Benjamins Darstellung des destruktiven Charakters könnte eine Art »Siegfried des Geistes« erstehen lassen – ein hochgeistiges, kindähnliches Scheusal mit göttlichem Schutz –, wenn dieser apokalyptische Pessimismus nicht bedingt wäre durch die immer im Saturniker angelegte Ironie. Ihren Namen gibt der Melancholiker seiner Einsamkeit, seinen antisozialen Entscheidungen. In der *Einbahnstraße* schreibt Benjamin zustimmend, daß die Ironie den Individuen erlaubt, ihr Leben unabhängig von der Gemeinschaft zu führen. »Das europäischste aller Güter, jene mehr oder minder deutliche Ironie, mit der das Leben des einzelnen disparat dem Dasein jeder Gemeinschaft zu verlaufen beansprucht, in die er verschlagen ist, ist den Deutschen gänzlich abhanden gekommen.« Benjamins Neigung zur Ironie und zur Selbstreflexion entfernte ihn vom

Großteil des modernen deutschen Kulturlebens: Er verabscheute Wagner, verachtete Heidegger und hielt auch nichts von den lautstarken Moderichtungen wie dem Expressionismus.

Voller Überzeugung, aber auch selbstironisch, sieht Benjamin seinen Platz an den offenen Kreuzwegen. Es war ihm wichtig, sich seine vielen »Positionen« offenzuhalten: die theologische, die surrealistisch-ästhetische, die kommunistische. Eine Position korrigiert die nächste; er brauchte sie alle. Entscheidungen freilich können das empfindliche Gleichgewicht der Positionen stören; nur das Schwanken hält alles ruhig. Als Grund für sein Zögern, Frankreich zu verlassen, gab er bei der letzten Begegnung mit Adorno im Frühjahr 1938 an, er habe hier noch »Positionen zu verteidigen«.

Benjamin hielt den freischaffenden Intellektuellen überhaupt für eine aussterbende Rasse, von der kapitalistischen Gesellschaft ebenso zum Ruin getrieben wie vom revolutionären Kommunismus; tatsächlich ahnte er, daß er in einer Zeit lebte, in der das einzig Wertvolle zugleich das jeweils Letzte seiner Art war. Den Surrealismus hielt er für den letzten Geistesblitz der europäischen Intelligentsia, eine entsprechend destruktive, nihilistische Spielart des Intellektuellen. In seinem Essay über Kraus stellt Benjamin die rhetorische Frage, ob Kraus an der Schwelle einer neuen Zeit steht: »Ach, durchaus nicht. – Er steht nämlich an der Schwelle des Weltgerichts.« Benjamin denkt dies über sich. Vor dem Weltgericht wird der letzte Intellektuelle – dieser saturnische Held der Moderne mit seinen Ruinen, seinen abwegigen Visionen, seinen Träumereien, seiner undurchdringlichen Melancholie, seinem gesenkten Blick – erklären, daß er viele »Positionen« innehatte und daß er das Leben der Ideen bis zum bitteren Ende verteidigte, so gerecht und unmenschlich er nur konnte.

Jean Starobinski

Demokrit spricht

Die melancholische Utopie des Robert Burton

Die Maske des Melancholikers

Als Frontispiz der *Anatomy of Melancholy* von Robert Burton tauchen ab der dritten Auflage (1628) zehn emblematische, von Le Blon in Holz geschnitzte Abbildungen auf: sie umrahmen den Titel des Werkes*. Da sie mit Nummern versehen wurden, kann man einem Parcours folgen, der von einem beschreibenden Gedicht erläutert wird. Beginnen wir mit dem Ende. Die zehnte Abbildung, am unteren Seitenrand in zentraler Position, stellt den Autor dar. Das Porträt füllt eine ovale Kartusche, die wiederum von einer rechteckigen Fläche umrahmt wird. Der Autor wird uns im schwarzen, mit einer Halskrause verzierten Gewand eines Geistlichen präsentiert: die Gestalt hält ein *geschlossenes Buch* in Händen. Auf der Fläche, welche die Porträtkartusche umrahmt, sind verschiedene Embleme zu sehen: eine Armillarsphäre (das Instrument des Astrologen), ein Feldmesserwinkelmaß, ein Wappen, ein *aufgeschlagenes Buch*... Das Erläuterungsgedicht liefert keine Deutung der beigefügten Objekte. Es weist lediglich auf die Differenz zwischen der äußeren Erscheinung und dem Geist des Autors hin:

10. Als Lückenbüßer einerlei
erscheint des Autors Konterfei;
er trägt sein kirchliches Habit,
so wie die Welt ihn ständig sieht;
allein, sein Geist ist nicht im Bild,
weil ihn wohl nur das Buch enthüllt.**

* siehe Abbildung auf S. 66

Das Porträt *stellt* ein Gesicht *dar*, *offenbart* jedoch *nicht*, was kein Bild zu offenbaren vermag: den Geist (*minde*). Falls wir diesen entdecken wollen, wird uns empfohlen, uns vom Bild abzuwenden und uns an die Texte zu halten – was wir ja bereits tun, während wir das erläuternde Gedicht lesen, welches uns auf das nachfolgende Buch verweist. Welches Buch? Selbstverständlich das *geschlossene* Buch, das der Autor in Händen hält und das nichts anderes ist als das voluminöse Traktat, dessen erste Seite wir soeben aufgeschlagen haben. Es ist nicht schwer, die Bilder zu erläutern, die das Porträt einrahmen: insbesondere die Armillarsphäre (Emblem des Kosmos) und das aufgeschlagene Buch (Emblem des gelehrten Wissens); das sind die Quellen, aus denen der Autor geschöpft hat. Der Holzschnitzer hat nicht vergessen, unter dem Porträt den Namen des Autors anzugeben: *Democritus Junior*. Dabei handelt es sich offensichtlich um ein Pseudonym – es wird sowohl im Titel angeführt, der in dem von den Abbildungen des Titelblatts umrahmten Mittelteil geschrieben steht, und in der großen Titelseite, das diesem in den späteren Ausgaben gegenübersteht: der provozierende Name *Democritus Junior* erscheint somit gleich dreimal auf zwei Seiten…

Ausgehend von der Schlußabbildung, dem Portät des Demokrit, wollen wir uns in umgekehrter Reihenfolge die verschiedenen Abbildungen des Titelblatts genauer ansehen. Die Bilder 8 und 9 stellen die traditionellen Heilmittel der Melancholie dar, den Borretsch, aufgrund seiner flüssigkeitsbildenden Eigenschaften, und die Nieswurz, ein Abführ- und Brech-

** *Now last of all to fill a place,*
Presented is the Author's *face;*
And in that habit which he weares,
His Image to the world appeares,
His minde no art can well expresse,
That by this writings you may guesse.

Hier und im folgenden zitiert nach der Übertragung von Ulrich Horstmann: Robert Burton, *Anatomie der Melancholie*, München 1991, Seitenangaben in Klammern.

mittel, das die überschüssige schwarze Galle aus dem Körper ausscheidet; Abbildung 7 zeigt einen Maniker (maniacus), die Füße in Eisenketten; Abbildung 6 einen Abergläubischen (superstitiosus), der verzückt auf die Knie gefallen ist, in den Händen einen Rosenkranz: dabei handelt es sich selbstverständlich um einen Papisten; der *hypochondriacus* (Abbildung 5) und der *innamorato* (Abbildung 4) nehmen einander spiegelnd die Mittelränder der Seite ein; desgleichen in der darüberliegenden Reihe die Tierembleme der *solitudo* (Abbildung 3) und der Eifersucht (*zelotypia*, Abbildung 2). Der beherrschende Platz am oberen Seitenrand ist *Democritus Abderites* (Abbildung 1) vorbehalten: er sitzt unter einem Baum außerhalb eines Gartens; sein Kopf ist geneigt und auf die rechte Hand gestützt, eine Geste, die man gewöhnlich den Melancholikern zuschreibt; seine Haltung spiegelt exakt die des *hypochondriacus* wieder; in der rechten Hand hält er eine Feder, die er für einem Augenblick von dem auf seinen Knien aufgeschlagenen Buch abgesetzt hat; er schreibt nicht, er träumt:

> Unter dem Baum, ein Buch im Schoß,
> sitzt Demokrit, ergebnislos;
> Hunden und Katzen brach er auf
> den Leib und ab den Lebenslauf,
> sezierte jede Körperstelle,
> die gelten könnt' als Schwarzgallquelle.
> Derweil über der Szene steht
> Saturn, der Welt Schwermutplanet.*

Tatsächlich wird die obere Kartusche deutlich sichtbar vom astrologischen Zeichen des Saturn – beherrscht. Den Meridianpunkt dieser Abbildungsreihe bildet die Gestalt des Philo-

* *Old* Democritus *under a tree*
Sittes on a stone with booke on knee;
About him hang there many features
Of Cattes, Dogges, and such like creatures,
Of which he makes Anatomy,
The seat of blacke choler to see.
Over his head appearses the skye
And Saturn *Lord of Melancholy.*

sophen, der mit der schwarzen Galle experimentiert und über deren Wirkungen nachdenkt, jedoch unter den gefährlichen Einfluß des Saturn gerät. Wie wir wissen, kann dieser Planet den Geist sowohl zu denkwürdigen Leistungen anspornen, als auch zu schlimmsten Störungen* führen: Wissen und Wahnsinn. Hier nun handelt es sich, wie wir unmittelbar schließen können, um ein Wissen, das dazu verwandt wird, den Ursachen des Wahnsinns auf die Spur zu kommen. (Auch über den anderen Gestalten sind die jeweiligen astrologischen Motive angegeben.)

Durch seine herausragende Position wird der alte Demokrit als *Haupt*figur dargestellt, mit der verglichen der Autor des Buches, sein späterer Nachahmer, zur Kennzeichnung seiner eigenen Identität nur den Beinamen besitzt, der ihn als den Jüngeren ausweist und ihn dadurch zugleich zum fernen Nachfahren und Unterlegenen macht. Was das Buch anbelangt, das *Democritus Junior* hervorgebracht hat, so verdankt es seinen Titel der Tätigkeit seines gleichnamigen Ahnen: es ist eine Anatomie – Öffnung, Sektion und methodische Untersuchung –, die in aller Mannigfaltigkeit sämtliche Aspekte des Übels bloßlegt, von dem jene heimgesucht werden, deren bemerkenswerteste Vertreter uns im Titelblatt vorgestellt wurden.

Damit kündigt sich das Werk als Bestandsaufnahme und Eingeständnis einer Reihe von Abhängigkeiten an: Abhängigkeit des Autors von seinem antiken Vorgänger; Abhängigkeit des »alten Demokrit« von dem Planeten, dem er sowohl sein Genie als auch seine Melancholie verdankt. Doch zugleich zeichnet sich eine mögliche Befreiung ab; die Ursachen der Melan-

* Der in Reimform verfaßten Erläuterung des Titelblatts folgt ein anderes Gedicht, ›The author's abstract of melancholy‹, das in miteinander kontrastierenden Strophen (»dialogikōs«) verläuft; dem Refrain »süßeste Lust: Melancholie« antwortet eine Strophe weiter der Refrain: »schmerzvollste Last: Melancholie«. Was die Ikonologie der Melancholie betrifft, so wird das klassische Werk von Klibansky, Panofsky und Saxl noch ergänzt durch das Buch von Maxime Préaud, *Mélancolies*, Paris 1982. Darin finden sich neue Überlegungen und eine sehr überraschende Dokumentation.

cholie zu kennen, sie im Buch schriftlich niederzulegen, heißt, therapeutischem Handeln den Weg zu bereiten. Schon die Heilpflanzen, die ganz bescheiden unten auf der Erde wachsen, machen uns darauf aufmerksam, daß die Natur uns ein Mittel an die Hand gegeben hat, mit dem wir dem verhängsnivollen Planeten entgegenwirken können. Das Buch wird also dem Schicksal, das die Sterne bestimmen, die Bemühung gegenüberstellen, sich von deren Einfluß zu befreien; beides wird darin eng miteinander verwoben sein; das Übel wird bis zum Ende des Buches als Drohung stets gegenwärtig sein; desgleichen werden aber auch bis zum Ende die Hoffnung auf Heilung, der Optimismus und die Heilmittel beharrlich den Autor beseelen.

In einem langen *Satyricall Preface*, das im Laufe der sechs folgenden Auflagen noch erweitert wird, setzt uns der Autor seine Beweggründe auseinander.

Zunächst einmal: Warum hält er sich eine Maske vor? Gleich der erste Satz legt dem Leser diese Frage in den Mund: »Der geneigte Leser wird wohl neugierig sein, welcher Possenreißer und Schauspieler sich hier auf der allgemeinen Weltbühne so unverschämt in den Vordergrund spielt, und sich fragen, warum er sich eines anderen Menschen Namen anmaßt, woher er kommt, wieso er es tut und was er zu sagen hat.« (S. 17)*

Der Leser wird beiseite genommen, als habe das Psyeudonym ihn zugleich erzürnt und bezaubert. Die Stimme, die ihn anredet, will seine Aufmerksamkeit und sein Wohlwollen gewinnen, wie es die Regeln des Exordiums verlangen. Unter der Maske des Pseudonyms spricht jemand im Namen eines verborgenen Ich, das sich kraftvoll behauptet, indem es auf sein

* Zu Burton und seinem Buch, siehe: Lawrence Babb, *Sanity in Bedlam*, Michigan State University Press 1959; Jean Robert Simon, *Robert Burton (1577-1640) et L'Anatomie de la Mélancholie*, Paris 1964; Stanley E. Fish, *Self-Consuming Artifacts. The Experience of Seventeenth Century Literature*, Berkeley 1972, S. 303-351. Zur Melancholie in der Renaissance, siehe: François Azouvi, »La peste, la mélancholie et le diable, ou l'imaginaire réglé«, in: *Diogène*, 108 (1979), S. 124-143.

Recht pocht, geheim zu bleiben; der Autor spricht gleich zu Beginn ein Machtwort, indem er sich weigert, seine Identität zu erkennen zu geben: »Ich gebe mich nicht zu erkennen.« Auch hält er nicht lange damit hinterm Berg, welche Gründe ihn dazu bewogen haben, sich Demokrits Namen »anzumaßen«...

Doch von Anfang an baut der Autor Zitate von Seneca und Plutarch in seine Ausführungen ein: die Zitate, lateinisch oder englisch, spielen im Text dieselbe Rolle wie das Pseudonym Democritus für den Eigennamen – sie sind Prahlerei und Versteckspiel. Wenn der Autor erstaunen will, leiht er sich die Stimme der anderen aus. Er nimmt im Übermaß Zuflucht zu jenem Mittel, das in der Rhetorik *auctoritas* genannt wird ... Er äußert sich vermittels der Texte der Meister, die er sich für seinen persönlichen Gebrauch zurechtbiegt. Darin liegt sicherlich eine gewisse Pedanterie, die zunächst einmal die Rolle eines Erkennungszeichens spielen kann, das die gemeinsame Kultur von »scholars« und gebildeten Lesern herausstreicht. Die maßlose Häufung geborgter Verzierungen (»zahlloser Füllsel« oder »Überlasten«, wie Montaigne sagt) ist einer der Aspekte der Üppigkeit, an der die Spätrenaissance so großes Gefallen gefunden hat; im Bereich der gelehrten Schriften ist dies eine Form der Ausblühungen eines gewissen Barock. Die über und über mit Kursivierungen gesprenkelte Seite entsteigt der feinen Dungerde aus Anmerkungen und Verweisen. Die geschmückte Rede gerät hier schnell zum buntscheckigen Flor, zum polyglotten Schaukasten. (Dieses Buch liefert uns eines der schönsten Beispiele der Zitatintarsienkunst: seine Entwicklung der *inventio* ist untrennbar verknüpft mit seiner *Thesaurisierung*. Daher diese Mischung aus Frische und Altersschwäche, die für uns Moderne den hybriden Charme dieses Buches ausmacht.)

Das Ganze ist eine Summierung: die ganze »Physik«, die ganze Medizin, sämtliche Moralvorstellungen, ein großer Teil des dichterischen Erbes der griechisch-lateinischen und christlichen Überlieferung wird uns in Anspielungen, Fragmenten und aneinandergestückelten Sprach- und Wissensbrocken dargeboten. Das wird so manch ungeduldigen Leser der Mühe entheben, bei den Schriftstellern der Antike nachzuschlagen: dieses Buch enthält eine ganze Bibliothek. Man findet dort sämtliche Meister versammelt, deren Autorität das darauffolgende Jahrhundert ins Wanken bringen und deren Name selbst in Vergessenheit geraten wird. Bei Burton wird ihnen noch ein königlicher Empfang bereitet: ein sardanapalischer Festschmaus klassischer Gelehrsamkeit. Nie wieder wird es in einem Buch so viele geladene Gäste geben; nie wieder so viele wild durcheinander dargebotene Sentenzen, Blumen, Früchte, schöne Redensarten und Apothekerrezepturen. Dieses Buch ist, wie der Autor selbst eingesteht, hervorgegangen aus »einem immensen Chaos von Büchern, einem solchen erstickenden Durcheinander«, und zu diesem Chaos wird er sich selbst hinzuzählen: »Ich selbst bin in dieser Beziehung keine Ausnahme«, *nos sumerus sum* (wir sind viele). (S. 26) Dieses Buch, das gesteht er ein, ist ein Pasticcio. Daß ein Autor, der sich selbst als Melancholiker bezeichnet, sich in diesem Ausmaß des Zitates bedient hat, legt uns die Frage nahe, welcher Zusammenhang zwischen der Melancholie und der ständigen Einfügung einer von anderen geborgten Rede in die eigene Rede besteht. Während dies zum einen ein Zeugnis seines Wissens darstellt, ist es zum anderen auch ein Eingeständnis seiner »Unzulänglichkeit« (womit wir ein weiteres Mal einen Ausdruck von Montaigne aufgegriffen hätten). So konstant das Wort an jene abzugeben, die man für wortgewaltiger hält, könnte eine Folge des Minderwertigkeitsgefühls oder gar der Entpersönlichung sein, an der das melancholische Bewußtsein leidet: es braucht Unterstützung, äußeren Halt, Garanten. Es verfügt nicht in ausreichendem Maße über einen Halt in sich selbst. Es stopft sich mit fremden Inhalten voll, um seine eigene Leere zu füllen. Und dennoch gibt Burton paradoxerweise vor, er wolle sich uns anvertrauen und uns gleichzeitig zum Gegenstand seines Buches machen.* Die Selbstbehauptung ist ihm nur um den Preis einer verbalen Abhängigkeit möglich, welche die Integrität des Ichs, dessen »Bekenntnisse« wir lesen, ungeheuer suspekt macht. Wer, um über sich zu sprechen, all die großen Stimmen der Vergangenheit benötigt, überantwortet die eigene Identität völlig dem Spürsinn des Lesers. Burton sagt das auch, und um es zu sagen, greift er auch schon wieder auf ein Zitat zurück, das er weiter ausschmückt, indem er einem entlehnten lateinischen Satz noch den »Mann im Mond« hinzufügt: »Wenn nur die Darstellung gefällt und dem Leser von Nutzen ist, soll meinethalben der Mann im Mond als Autor gelten« (*Modo haec tibi usui sint, quemvis auctorem fingito.* Wecker). (S. 17) Am Ende seines »satirischen Vorworts« wird Burton sich auf dieselbe Weise entschuldigen: er wird Erasmus anführen, um zu erklären: nicht ich habe hier gesprochen: ... *I will presume* ... »so erlaube ich mir, zu antworten wie Erasmus in einem ähnlichen Fall: nicht ich, sondern Demokrit hat es gesagt. *Democritus dixit*: Man bedenke, was es heißt, in der Maske eines anderen, in seinem Namen und dem von ihm entliehenen Habitus zu sprechen. Es gibt schließlich einen Unterschied zwischen jenem, der die Rolle eines Prinzen, Philosophen, Magistraten, Narren nur spielt, und dem, der wirklich so ist. Auch ich beanspruche die Freiheit der alten Satiriker, und was ich vorlege, ist eine Art Kompilation anderer Autoren, sie reden, nicht ich.« (S. 129) Und nicht nur diese Art, sich selbst auszulöschen, hat es bereits vielfach bei Autoren gegeben ... Selbst seine schärfsten Reden sind letztlich von niemandem gesagt worden: niemand hat gesprochen, *»outis elegen*, ein Niemandnichts, *neminis nihil*«. (S. 130) Die (zugleich spaßige und melancholische) Tilgung des Autors gibt ihm alle Freiheit: die Freiheit, alles zu sagen und alles abzustreiten. Er schuldet

* »Auch ich habe mich in dieser Abhandlung zu erkennen gegeben, das weiß ich, und mein Innerstes nach außen gekehrt« (S. 28), während er auch, an den Leser gewandt, behauptet: »mein Blatt gibt von dem Menschen ein Bild [...] und handele [...] von unseresgleichen« (S. 17).

dem Leser nichts; er wird alles tun, was der Leser will: »ich finde meine Zuflucht darin, alles abzustreiten, zu widerrufen und von mir zu weisen«. (S. 132)

Während die Entpersönlichung, das Unzulänglichkeitsgefühl uns einen Moment lang an das denken ließen, was wir heute mit dem Begriff »Melancholie« (oder »depressive Verstimmung«) bezeichnen, lassen uns die heitere Freimütigkeit, die Wortflut, das leichtfüßige Dahineilen der Gedanken, die in dem langen »satirischen Vorwort« vorherrschen, eher an das denken, was bei zyklischen Gemütsschwankungen der Melancholie entgegengesetzt ist und sie zugleich ablöst: der Überschwang und das nicht endenwollende Geschwätz im Zustand der Manie, die Euphorie, die einem die Gewißheit gibt, alles unternehmen zu können: Hier haben wir eine Darstellung des Wahnsinns der Welt in seiner ganzen Bandbreite, in der alle Völker, alle Individuen, alle Lebensalter vertreten sind, mit einer einzigen Ausnahme: »Nicholas Nemo« oder »Monsieur Nobody«*...

Doch ist es wirklich notwendig, bei dem Autor, der im Vorwort zur *Anatomy of Melancholy* über sich spricht, nach einem Charakterzug, einer psychischen Veranlagung zu suchen, die unserem modernen Kenntnisstand entspricht? Sitzen wir da nicht genau der Illusion auf, die jener, der zur Maske gegriffen hat, bei uns hervorrufen wollte? Denn schließlich wollte er nur eine Satire schreiben, und zu diesem Zweck griff er zur bissigen Spöttermaske des satirischen Autors. Er macht Gebrauch von dem wankelmütigen, kühnen, erzürnten *Ich*, das für diesen Typus der Rede erforderlich ist. Er hält sich versteckt, um desto besser über den Wahnsinn der Welt schimpfen zu kön-

* Hier verweist Burton auf das Gedicht *Nemo* von Ulrich von Hutten. Das Gedicht personifiziert das Wort Niemand, wodurch es möglich ist, einem fiktiven Individuum Tugenden zuzuschreiben, die *niemand* besitzt. Niemand ist im Geiste gesund. Dieses rhetorische Spiel fand seine Fortsetzung in einem ikonologischen Spiel: In der Renaissance wurden Porträts des »Herrn Niemand« angefertigt. Siehe: Enrico Castelli, *Simboli e Immagini*, Rom 1966, S. 57-65.

nen, gemäß jenem Code, den die Rhetorik diesem Genre vorschreibt. Demokrit ist einer der Namen, die man der satirischen Stimme geben kann, sofern sie Lachen und Wissenschaft in sich vereint. Womit sich Burton erneut vorgefertigten Modellen anpaßt.

Es ist also nicht weiter erstaunlich, wenn das Vorwort mit einem Portät des Demokrit beginnt, das den verschiedensten Quellen entlehnt wurde: Pseudo-Hippokrates, Diogenes Laertius, Lukian, Juvenal, etc. Dieses bunt zusammengewürfelte Porträt wurde retuschiert. Kein Schriftsteller der Antike hat Demokrit als Melancholiker dargestellt – Burton zögert nicht, ihm dieses Temperament zuzuschreiben: »Demokrit war ein kleiner und schwächlicher Mensch von sehr melancholischem Gemüt, [...] wurde im Alter menschenscheu, suchte die Einsamkeit...« (S. 18) Nachdem er das überlieferte Porträt des Philosophen von Abdera gezeichnet hat, liefert uns Burton sein eigenes: Er ist gewiß nicht die exakte Replik desjenigen, dessen Namen er sich anmaßt: er hat keine Reisen unternommen, sich nicht als herausragender Mathematiker und Naturwissenschaftler ausgezeichnet, wurde nicht dazu aufgefordert, in einer Stadt als Gesetzgeber zu wirken; in seiner Eigenschaft als *fellow* an einem College in Oxford hat er lediglich viele Bücher gelesen, und das ohne rechte Methode. Doch er läßt sich von den Ähnlichkeiten mitreißen, und das anhand von Zitaten erstellte Selbstporträt gleicht sich dem antiken Original an, das ja ebenfalls anhand zusammengewürfelter Zitate erstellt wurde: Beide finden sie Gefallen an der Einsamkeit, beide haben ein melancholisches Gemüt (»Unter der Herrschaft des Saturn wurde ich geboren«, S. 20), beide lachen sie über alles (»[ich] verlache alle«, S. 20), ihrer beider Privatleben gleicht sich, beide sind sie ledige, alte Studenten (»wenngleich ich immer noch im College lebe wie Demokrit in seinem Garten«, S. 20). Das alles sind gute Gründe, sich zu verhüllen und hinter dem Namen des Demokrit zu verstecken, wie andere es vor ihm getan haben. Das antike Modell wurde retuschiert, um sich desto besser in das Porträt seines modernen Gewährsmanns einzupassen; das Selbstbildnis wiederum wurde so zurechtgestutzt, daß es das überlieferte Bildnis spiegeln kann. Der alte Demokrit und sein jüngerer Bruder haben beide eine einzige Sorge: sehen, hören, verstehen, sich dem »theoretischen Leben« widmen. Und ein einziges Ziel: in einem großen Buch über den Wahnsinn und dessen Ursachen sprechen. Nun ist aber das Buch, das der alte Demokrit über den Wahnsinn geschrieben hat, verlorengegangen. Welcher Verlust für die Welt! Man kann davon träumen, für dieses verlorengegangene Buch wenn schon kein ebenbürtiges Werk, so doch zumindest einen Ersatz zu liefern, und Burton hat es gewagt, sich dieser Aufgabe zu stellen. Das Pseudonym kommt für ihn der Verpflichtung gleich, das verschollene Werk noch einmal zu schreiben. Nicht mehr und nicht weniger. Während andere bei der Erwähnung Demokrits an den Atomismus oder einfach nur an sein ständiges Lachen denken, ist er für Burton eng mit der Verfassung von Monographien verbunden, die vom Wahnsinn handeln und die gesamte *conditio humana* betreffen: Daß er sich den Namen Demokrit Junior als Pseudonym gewählt hat, beruht auf dem Porträt des Philosophen, das Hippokrates gezeichnet hat: »In diesem Schreiben erzählt er von einem Besuch bei Demokrit, den er in seinem Garten vor den Toren Abderas in einer schattigen Laube antrifft, versunken in seine Überlegungen, ein Buch auf den Knien und manchmal hineinschreibend und dann wieder auf und ab gehend. Das Thema dieser Studie war Melancholie und Geisteskrankheit, und um ihn verstreut lagen die Kadaver der unterschiedlichsten Tiere, die er vor kurzem seziert und zerlegt hatte, um den Ursprung der schwarzen Galle ausfindig zu machen und zu erkunden, woher sie kommt und wie sie im menschlichen Körper erzeugt wird. Das tat er mit dem Hintergedanken, sich selbst von der Melancholie zu heilen und seine Mitmenschen durch seine Schriften und Beobachtungen darüber aufzuklären, wie man dieser Krankheit zuvorkommen und ihr Ausbrechen verhindern könnte. Eine gute Absicht, die Hippokrates rühmlich findet und der ich hier als Demokrit Junior in aller Demut nacheifern will. Demokrits Schrift blieb unfertig und ist verloren; *quasi succentiator Democriti*, quasi als sein Stellvertreter belebe ich sein Anliegen wieder, greife seine Forschungen auf und bringe sie in diesem Buch zum Abschluß.« (S. 22)

Unterdessen ist die Maske verrutscht: Ein Vorname, Robert, wird uns als das Subjekt des Wissens preisgegeben. »*Experto crede Roberto*. Vertraut Robert, der aus schmerzlicher Erfahrung redet!« (S. 19) Etwas weiter hinten, als der Autor einem Werk seines älteren Bruders eine Zeile entnimmt, erfahren wir, daß dieser W. Burton heißt, und nun wissen wir Bescheid: Der Autor hält die Maske in der Hand. Etwas weiter hinten im Werk, im Kapitel ›Schlechte Luft als Melanchiolieauslöser‹ (Bd. II, S. 79; 2. Teil, Abschn. II, mem. iii), wird er seinen Geburtsort erwähnen, Lindley in Leistershire, »Besitztum und Wohnsitz meines verstorbenen Vaters Ralph Burton«. Er macht kein Geheimnis aus seiner wahren Identität. Mit den Eingangspassagen wollte er nur einen literarischen Effekt erzielen.

Burton behauptet nicht, das verschollene Buch rekonstruieren zu können. Er schreibt es neu, angesichts einer neuen Gegenwart, anhand neuer Beweise, in einer anderen Sprache und in Zitaten tausend Gewährsmänner anführend, die nach Demokrit gelebt haben; indes geht es immer noch um denselben Wahnsinn, die Welt ist nicht weiser und der Autor nicht weniger melancholisch geworden. Er spricht also über sich selbst, wenn er über den Wahnsinn der Welt spricht. Und zugleich spricht er von uns, seinen Lesern. »Du selbst bist Gegenstand meiner Rede.« (S. 17) Dadurch, daß er sich die Worte der anderen ausleiht, ist er gewiß unpersönlicher, zugleich aber auch desto universeller geworden. Und doch behauptet er, die Melancholie aus eigener schmerzlicher Erfahrung zu kennen, und durch die melancholische Arbeit des Schriftstellers sucht er sich selbst zu heilen, ganz nach der alten Methode, die das Heilmittel im Übel selbst sucht. Und da so viele Menschen ihm ähnlich sind, wird er ihnen wahrscheinlich einen Dienst damit erweisen:

»[...] man muß sich dort kratzen, wo es juckt. Diese Krankheit, soll ich sagen meine Göttin Melancholie oder mein *malus genius*, hat mir nicht wenig Verdruß bereitet, und deshalb bekämpfte ich wie der, der von einem Skorpion gestochen wird, Gleiches mit Gleichem, *clavum clavo*, trieb eine Sorge mit der anderen aus, Müßiggang mit Müßiggang, *ut ex vipera theriacum*, bereitete mir ein Gegengift aus dem, was die Hauptursache meines Leidens war. Was mich betrifft, so kann ich aufs Geratewohl behaupten, was Marius im Sallust sagt: was andere gehört oder gelesen haben, habe ich selbst erfahren und erlebt; sie ziehen aus Büchern ihr Wissen; ich ziehe das meine aus meiner Melancholie, *experto crede Roberto*. Dies ist etwas, worüber ich aus Erfahrung sprechen kann; *aerumnabilis experientia me docuit*; und mit ihr werde ich, wie der Dichter sagt, *Haud ignara mali miseris succurrere disco*, den anderen aus Mitgefühl helfen können.« (S. 23)

So weitschweifig und verzweigt Burtons Vorwort auch sein mag, ist es doch recht einfach strukturiert. Nach der Einführung, in der der Autor sich dadurch das Wohlwollen des Lesers erschleicht, daß er sich für sein Pseudonym, seinen Stil, seine Nachlässigkeiten und seine Einmischung in einen Bereich entschuldigt, der nicht der seine ist (da er kein Arzt, sondern Geistlicher ist), ist das Leitthema die Klage über den allgemeinen Wahnsinn der Welt. Diese Klage stützt sich auf eine gewisse Zahl von Autoritäten. Die einen sind religiöser Art (die Bibel, das Evangelium, die Kirchenväter und Theologen), die anderen literarisch und philosophisch, trotz des Urteils der christlichen Apologeten, die die weltlichen Philosophen unter die große Schar der Wahnsinnigen einreihen. Nachdem Burton kurz Lukians Dialoge (eine der großen Quellen des »humanistischen Lachens«) angeführt hat, paraphrasiert er Demokrits

Schmähreden auf den Wahnsinn der Menschen und führt sie, gemäß dem *Brief an Damagetus* des Pseudo-Hippokrates, noch weiter aus: Dies ist das erste Bravourstück des Vorworts.

Nach ausführlicher Darlegung läßt sich die universelle Melancholie unterteilen: Man kann von einer Melancholie der Staaten, der Familien, der Einzelpersonen sprechen: jeder *Korpus*, sei er nun individuell oder kollektiv, kann von der Krankheit heimgesucht werden. Und jeder Korpus muß sich einer angemessenen Therapie unterziehen. Das Buch spricht also jedermann an, und seine Nützlichkeit ist von vornherein bewiesen. Gleich zu Beginn stellt Burton im Hinblick auf die Melancholie der Staaten und insbesondere Englands nach der Diagnosestellung eine Therapie dar: Er entwickelt das, was er selbst »an Utopia of mine own« (S. 104) nennt, mein eigenes Utopia – das zweite Bravourstück des Vorworts: aufgrund seines Umfangs ist es das genaue Gegenstück zu einer freien Nachahmung des *Briefes an Damagetus*. Gleich einer Ellipse kreist das Vorwort um diese beiden Brennpunkte.

Es empfiehlt sich, sich diese beiden, in gleichem Maß *zentralen* Teile, in ihren jeweiligen Eigentümlichkeiten und ihrem Bezug zueinenander genauer anzusehen.

Demokrit und die Abderiter

Burton hat sich also nicht damit begnügt, auf den Anfangsseiten seines Vorworts die traditionelle Gestalt des Demokrit heraufzubeschwören. Er geht noch weiter, indem er zunächst eine freie Übersetzung der Rede liefert, die dieser in dem Brief des Pseudo-Hippokrates hält, und ihn anschließend zu seinem eigenen Sprachrohr macht, empört über die Skandale der zeitgenössischen Welt. Der Verweis auf Demokrit ist eine banale Angelegenheit, dessen ist sich Burton von der ersten Seite an bewußt und gibt es auch zu: es ist keine Seltenheit, daß man unter dem Namen Demokrits die Thesen des Atomismus verficht und anschließend, fast ohne Umschweife, die Doktrinen Epikurs. Das ist nicht Burtons Absicht, auch wenn er hartnäckig daran festhält, den Philosophen von Abdera auch weiterhin auftreten zu lassen. Welche Züge hält er von diesem fest? Zunächst einmal, wie wir gesehen haben, das Lachen und den Zorn, diese beiden Seelenregungen, die von den lateinischen Autoren zu den wesentlichen Antriebskräften der Satire gezählt wurden. Auch hat er den *topos* nicht vergessen, der seit der Antike das Lachen des Demokrit als antithetisches Gegenstück zu den Tränen des Heraklit hinstellt. Dieses Paar illustrer Gestalten repräsentiert zwei entgegengesetzte psychische Haltungen, als sinnbildliche Verkörperung, bei der die doppelte Autorität von Philosophie und klassischer Vergangenheit zusammentrifft. Es handelt sich um einen Gemeinplatz, auf den die Schriftsteller, Maler und Dekorateure zurückgreifen können, wann immer sie ein symmetrisches Gegensatzpaar benötigen. Heraklit und Demokrit sind die Modelle, auf die sich die *quaestio disputata* notwendigerweise beziehen muß: ist es in Anbetracht der Umtriebigkeit, der Irrtümer und der Unglückschläge des Menschen besser zu lachen oder zu weinen?* Die Humanisten ergriffen im allgemeinen für Demokrit Partei. Im *Lob der Narrheit* wurde er als Beispiel herangezogen, um die unendliche Überlegenheit des ironischen Denkens zum Ausdruck zu bringen: »Da quillt es überall so von vielerlei Torheiten und werden Tag für Tag so viele neue ersonnen, daß tausend Demokrite für das erforderliche Gelächter nicht ausreichen würden. Zudem müßte es wieder einen anderen Demokrit für ebendiese Demokrite geben«.** In dem Zehnzeiler von

* Nachzulesen in der sehr umfassenden Studie von Jean Jehasse, »Démocrite et la renaissance de la critique«, in: *Études seizièmistes offertes à V.L. Saulnier*; Genf 1980, S. 41-64; siehe auch: Henning Mehnert, *Melancholie und Inspiration*, Heidelberg 1978, insbesondere S. 311-325. August Buck, »Democritus ridens et Heraclitus flens«, in: *Wort und Text. Festschrift für Fritz Schalk*, hg. von H. Meier und H. Sckommodau, Frankfurt/M. 1963, S. 167-168.

** Erasmus, *Laus Stultitiae*, dt.: *Das Lob der Torheit*, Düsseldorf 1948, S. 215; dieses Lachen ist gegen das gemeine Volk und die Plebs gerichtet (*de vulgo plebeculaque*).

Hugues Salel, der ganz zu Beginn des *Pantagruel* steht (Ausgabe von 1534), werden Rabelais und sein Buch über das demokritsche Paradigma erklärt:

> ...Il m'est advis que voy un Democrite
> Riant les faictz de nostre vie humaine.

Auch Montaigne entscheidet sich für Demokrit (auf einer Seite der *Essais*, die Pierre Bayle angeblich auswendig konnte): »Nicht weil es mehr Spaß macht, zu lachen als zu weinen, sondern weil Demokrits Gemütsart verächtlicher ist, und uns mehr verdammt als die andere; und mir will scheinen, wir könnten für unsere Verdienste gar nicht genug geringgeschätzt werden«.* Doch ein Jahrhundert später wird Fénélon in seinen *Dialogues des morts* auf bezeichnende Weise Heraklit den Vorzug geben: seine Tränen bezeugen eine Menschenliebe, an der es dem legendären Demokrit vollkommen mangelt. Heraklit erklärt seinem Opponenten: »Tue ich etwa unrecht daran, mit Meinesgleichen, meinen Brüdern, mit denen, die sozusagen ein Teil von mir sind, Mitleid zu haben? Sollten Sie ein Hospital mit Verwundeten betreten, würden Sie etwa über deren Verletzungen lachen? [...] Aber Sie lieben nichts, und ergötzen sich am Elend der anderen. Das heißt weder die Menschen noch die Tugend lieben, von der sie ablassen«.** Eine Moral mitfühlender Identifikation kann nicht mehr Demokrit als Modell anführen: Sein Lachen ist ein Zeichen der Distanz, Zeichen einer einsiedlerischen Überlegenheit, über die sich die zartfühlende Seele Fénélons entsetzt. Diderot mit seiner »empfindsamen«, aber nur wenig christlichen Seele wird sich auf Fénélons Seite

* Montaigne, *Essais*, Bd. I, S. 50; Pierre Bayle, *Nouvelles Lettres critiques sur l'Histoire du Calvinisme*, in: *Œuvres diverses*, 4 Bde., La Haye 1727, Bd. II, S. 318. Am Ende des Kapitels »Des jugements« läßt Bruyère nacheinander Heraklit (S. 118) und Demokrit (S. 119) sprechen: die beiden legendären Philosophen gestatten es, eine lange Kritik der weltlichen Angelegenheiten in einem jeweils anderen Ton vorzutragen.

** Fénélon, *Dialogues des morts*, XIV.

schlagen. Er nimmt Anstoß an Seneca und einer Passage aus *De ira* (II,10), in der dieser Demokrit den Vorzug gab: »O Seneca, du guter Mensch, ich bin verärgert, daß du dem grausamen Lachen des Demokrit den Vorzug gibst, der über das Unglück der Menschen lacht und über die Rolle des Heraklit, welcher über den Wahnsinn seiner Brüder Tränen vergoß.«* Als Zeichen mangelnder Liebe oder Brüderlichkeit wird das melancholische Lachen suspekt. (Die Romantiker werden es als Zeichen des Satanismus deuten.)

In der Sammlung der *Briefe* des Pseudo-Hippokrates** fand Burton nicht nur eine charakterkundliche Definition, sondern auch eine beispielhafte Erzählung, eine fiktive szenische Darstellung und vor allem eine Redesituation, die leicht ausbaufähig war. Und das machte er sich sogleich zunutze.

* Diderot, *Essai sur la vie de Sénèque le philosophe*, Paris 1779, S. 338. Das legendäre Lachen Demokrits hat eine gewisse Ähnlichkeit mit dem Lachen von Timon, dem Menschenfeind. Es ist nicht verwunderlich, daß Regnard in seinem *Démocrite amoureux* seinem Helden Züge verliehen hat, die an Molières Alceste erinnern. Bei Samuel Beckett (wen wundert's?) treffen wir wieder auf die Spur des legendären Demokrit: in *Echos's Bones* finden sich in dem Gedicht *Euneg I* folgende Zeilen:

I splashed past a little wearish old man,
Democritus,
scuttling along between a crutch and a stick,
his stump caught up horribly, like a claw, under his breech,
smoking.

In seinen ersten Versen zitiert Beckett wortwörtlich Burton, der geschrieben hatte (S. 12): »Democritus [...] was a little wearish old man, very melancholy by nature«... (Siehe: Samuel Beckett, *Poems in English*, London 1961, S. 19). In dem Roman *Murphy* taucht Demokrit nochmals in einer Anspielung auf, in der er zum nihilistischen Clown gemacht wird: »...und Murphy begann, nichts zu sehen [...jenes] Nichts, von dem der Lachende aus Abdera sagte, daß nichts wirklicher sei.« (Samuel Beckett, *Murphy*, Frankfurt/M. 1976, S. 182.)

**Den Text und seine Übersetzung findet man in Band IX der *Œuvres complètes* des Hippokrates, hg. von Émile Littré (Paris 1861). Es handelt sich um die Briefe 10-23, S. 321-399. Siehe Hellmut Flashar, *Melancholie und Melancholiker in den medizinischen Theorien der Antike*, Berlin 1966, S. 68-72. Siehe insbesondere: J. Pigeaud, *La Maladie de l'âme*, Paris 1981.

Die Geschichte ist bekannt – Sebastian Franck,* La Fontaine** und Wieland (*Die Abderiter*) ließen sich von ihr inspirieren: die Abderiter sind beunruhigt und halten Demokrit, weil er sich so absonderlich verhält, sich fern der Stadt niederläßt, um sich dort in der Einsamkeit ganz seinen Studien zu widmen, und weil er ganz allein lacht, für verrückt. Sie rufen Hippokrates zu Hilfe. Dieser packt sich Nieswurz ein und geht zu dem angeblich Kranken, um sich mit ihm zu unterhalten. Er bekommt sehr heftige, aber äußerst weise Worte von ihm zu hören. Er wird ihm keine Nieswurz verabreichen, denn es sind die Bürger von Abdera, die dieses Heilmittel nötig haben. Diese Begegnung wurde von Hippokrates in einer langen Erzählung festgehalten, dem *Brief an Damagetus*. Man kann sich denken, von welch exemplarischer Bedeutung dieses Streitge-

* Sebastian Franck, *Chronica*, 1536. Repr. Darmstadt 1969, fol. cxxiiij-cxxVij. Siehe Alexandre Koyré, »Sebastian Franck (1499-1542)«, in: *Mystiques spirituels, alchimistes du XVIe siècle allemand*, Paris 1971, S. 39-74; Jean Lebeau, »›Le rire de Démocrite‹ et la philosophie de l'histoire de Sebastien Franck«, in: *Bibliothèque d'humanisme et renaissance*, Bd. XXIII, Genf 1971, S. 241-269: durch Demokrit gibt S. Franck seiner tragischen Vision der »verkehrten Welt« Ausdruck.

** Bei La Fontaine meditiert Demokrit fern der Menschen, aber er *lacht* nicht mehr. Das gleiche gilt für Diderot. Er macht aus Demokrit eines der »ersten Genies der Antike«. Ein Reisender, Gesetzgeber, Weiser, Träumer, des Wahnsinns angeklagt: die durch die Doxographie überlieferten Wesenszüge machen es möglich, diese Person zu romantisieren: »Seine Mitbürger baten ihn, die Verwaltung der öffentlichen Angelegenheiten zu übernehmen: er erfüllte dieses Amt an der Spitze der Regierung, wie es von einem Mann seines Charakters zu erwarten stand. Doch die ihn beherrschende Neigung sollte ihn schon bald zur Kontemplation und Philosophie zurückrufen. Es trieb ihn an wilde und einsame Orte; er irrte zwischen Gräbern umher; er widmete sich dem Studium der Moral, der Natur, der Anatomie und der Mathematik; er verwandte die ganze Kraft seines Lebens auf Experimente; er brachte Steine in Auflösung, preßte den Saft aus den Pflanzen, zerlegte Tiere; seine einfältigen Mitbürger hielten ihn bald für einen Magier, bald für einen Verrückten. Seine Begegnung mit Hippokrates, den man zu seiner Heilung gerufen hatte, ist allzu bekannt und allzu ungewiß, als daß ich sie erwähnen wollte« (Denis Diderot, *Œuvres complètes*, Bd. XIV, Paris 1972, S. 201-202). In Diderots Darstellung wird Demokrit als einer der ersten Enzyklopädisten geschildert... Die herangezogene Information entstammt hier ebenso wie bei den Renaissanceautoren in erster Linie den Schriften des Diogenes Laertius.

spräch ist. Es geht darin um mindestens zwei Fragen: Die erste lautet: Wer ist eigentlich wahnsinnig? Der einzelgängerische Philosoph, der ausgezogen ist, um ein Leben außerhalb der Stadtmauern zu führen? Laut Hippokrates' Urteilsschluß ist die Gemeinschaft der wahre Kranke, die in ihrer Einfalt den großen Mann heilen will. Zweite Frage: Wer ist ein kompetenter Richter? Welcher Schiedsrichter ist dazu imstande, Gesundheit und Wahnsinn voneinander zu scheiden? Gewiß nicht die Menge; nicht einmal der Arzt; dafür aber sehr wohl der Philosoph, der zufällig gerade mit seinen Studien über den Wahnsinn beschäftigt war, als Hippokrates ihn aufsuchte. In die Beschuldigungen, die der Philosoph ihm als Antwort entgegenschleudert, bezieht er auch die praktische Tätigkeit des Arztes mit ein; diese zählt für ihn zu den sinnlosen Betätigungen jener Menschen, die vergessen haben, daß das einzige Glück darin liegt, über die Wahrheit nachzusinnen. Diese Lehrfabel, Werk eines späteren anonymen Autors, versetzt Demokrit in die Lage des Gegenangreifers: er bekommt das Recht auf eine rächende Aggressivität, auf ein zerstörerisches Lachen zugesprochen. Dieser Text, den Bachtin sehr zu recht als eine der Quellen seiner Untersuchung über das Lachen in der Renaissance* herangezogen hat, kann jedoch nicht als Modell für das Lachen des Volkes gelten: Vielmehr handelt es sich um ein Lachen, das den so oft erniedrigten Weisen, den Mann der intellektuellen Elite, gegenüber allen anderen stärkt, das Volk, die Reichen und die Könige zusammengenommen: das Lachen Demokrits verschont nur die Tiere.

Es besteht also eine fortlaufende Linie zwischen der Heftigkeit der Anschuldigungen im *Brief an Damagetus* und Burtons ureigener satirischer Schmähreden, die er mit dem Blick eines mutmaßlichen, wieder zum Leben erweckten und mitten in die aktuelle Welt hineingestellten Demokrit entwickelt. Der De-

* Michail Bachtin, *Rabelais und seine Welt*, Frankfurt/M. 1987.

mokrit des alten Textes war, alles in allem, nicht melancholisch; er erweckte nur den Eindruck; er interessierte sich für die Ursachen des Wahnsinns, war jedoch selbst nicht davon betroffen. In der Renaissance* vergrößert die Melancholie ihr Reich, annektiert neue Gebiete und rekrutiert neue Themen: bei Melanchthon oder bei Laurent Joubert** verkörpert Demokrit mit seinem Lachen einen der verschiedenen *Typen* von Melancholie. (Dem läßt sich noch ein Zitat von Paul d'Égine anfügen, in dem es heißt »bei den Melancholikern sind die einen immer am Lachen, und die anderen immer am Weinen«.***) Burton, der sich selbst als einen Melancholiker bezeichnet, der in der Studientätigkeit Heilung sucht, wird somit die völlige Identifikation mit dem Vorgänger, auf den er sich beruft, erleichtert. Tatsächlich macht er Anleihen bei sämtlichen Autoren, allen voran Lukian, die Bachtin später als antike Inspirationsquellen für die Philosophie des Lachens in der Renaissance geltend machen wird: er braucht sie allesamt als Bürgen. Er schließt nicht einmal Heraklit aus: Lachen und Weinen, mal einander abwechselnd, mal sich gegenseitig durchdringend (diese »gemischte Leidenschaft«) gehören ebenso ins Reich der Melancholie. Es handelt sich um ein ernstes Lachen, ein freudloses Lachen, um ein Lachen, das sich *nolens volens* von der Welt ausgrenzt und im Gegensatz zu Rabelais' Lachen keinerlei eigene therapeutische Wirkung besitzt. Das demokritsche und mennippeische Lachen Burtons bringt nur das Bewußtsein des Bösen zum Ausdruck: es bringt keinerlei Erleichterung. Die Freiheit, die es bescheinigt, ist nichts weiter als ein ohnmächtiger Scharfblick, dem es völlig an jener Fähigkeit des *Einbeziehens* mangelt, die Bachtin dem Lachen zuschreibt: »Zwar habe

* Melanchthon, *De Anima* II; *Corpus Reformatorum* XIII, col. 85; zitiert von Raymond Klibansky, Fritz Saxl und Erwin Panofsky in: *Saturn und Melancholie Studium zur Geschichte der Naturphilosophie und Medizin, der Religion und der Kunst*, Frankfurt/M. 1990, S. 132f.

** *Traité du ris*, op. cit., S. 274.

*** Paul d'Égine, *Traité de médecine*, III, 14.

ich des öfteren mit Lukian gelacht und gespottet, mit Menippus satirisch getadelt, mit Heraklit lamentiert; ein andermal war ich wieder fröhlich, *petulanti splene cacchinno*, dann wieder brannte mir die Leber vor lauter Galle, *urere bilis jecur*, wenn ich Zeuge von Mißständen war, die ich nicht ändern konnte: allerdings benutzte ich den Namen Demokrits nicht, um in solchen Fällen mein Mitgefühl zu verschleiern, sondern ich hülle mich in dieses Gewand, weil ich mir auf diese Weise ein wenig mehr Redefreiheit sichern kann, also – wenn man es denn unbedingt wissen will – aus eben jenem Grund, von dem schon Hippokrates ausführlich in seinem Brief an Damagetus berichtet.« (S. 21)

Alle Gesichter, alle Masken können für die melancholische und gelehrte Kritik an einer Welt dienstbar gemacht werden, die toll geworden und selbst von dem Übermaß an Melancholie verwüstet ist.

Die Utopie

Im *Brief an Damagetus* und anderen Texten des hippokratischen »Romans« wird der anfängliche Irrtum (die Bezichtigung des Wahnsinns) von Demokrit selbst korrigiert, womit er Hippokrates schließlich überzeugt: Wahnsinn und Chaos herrschen überall; den Abderitern müßte man die Nieswurz verabreichen. Doch nachdem er sich von der undurchführbaren Vorstellung verabschiedet hat, eine kollektive Pharmakotherapie durchzuführen, begnügt sich Demokrit damit, eine falsche Annahme richtigzustellen und festzuhalten, daß es auf der Welt, ganz gleich, wohin man den Blick wendet, nichts als Verworfenheit gibt. Es wird kein Mittel vorgeschlagen, womit die Welt wieder geradegerückt und geheilt werden könnte. Das Üble wird als unheilbar angesehen, und das Lachen beweist, daß das einzige Hilfsmittel darin besteht, dies zur Kenntnis zu nehmen, ohne es zu akzeptieren. Daher dieses Übermaß an bitterer Genugtuung, als Demokrit feststellt, die Menschen würden sich selbst bestrafen, indem sie in ihr Verderben rennen. Burton hingegen macht nicht beim Akt der Anschuldigung halt, mit dem sich Demokrit vor dem Arzt rehabilitiert. Es genügt ihm nicht, die Bezichtigung des Wahnsinns zurückzuweisen, die auf dem Philosophen lastet, und zu zeigen, daß die Welt auf dem Kopf steht. Diese auf dem Kopf stehende Welt soll wieder zurechtgerückt werden. Hier nimmt die utopische Versuchung ihren Anfang, als sei die Energie, die zur Anschuldigung nötig war, in eine Pläne schmiedende Phantasie umgewandelt worden.

Die Beziehung zwischen Melancholie und Utopie ist mindestens eine zweifache: sie umfaßt einen an das Objekt (den Staat) gebundenen Aspekt und einen Aspekt, der die Persönlichkeit des Utopisten einschließt.

Zum einen werden die Unordnung, die Gewalttaten, die allgemeine Anmaßung von Macht oder Reichtum, die Streitigkeiten und Prozesse, von denen die Staaten (insbesondere England) heimgesucht werden, mit einer melancholischen Störung verglichen, die das »Temperament« des Gesellschaftskörpers stören. In dieser Analogie werden dem politischen Makrokosmos die Erkrankungen des individuellen Mikrokosmos zugeschrieben. Es gilt – sei es als Heilmittel, sei es als Kriterium, das ihre Verurteilung rechtfertigt – ihnen das Modell einer auf gesunden Grundlagen fußenden Gesellschaft gegenüberzustellen.

Zum anderen läßt uns Burton nicht darüber im unklaren, daß gerade die Wahrnehmung der universellen Unordnung auf dem melancholischen Blick beruht, einem Blick, der von der Melancholie seine scharfsichtige Überlegenheit erhält, gemäß der aristotelisch-ficinianischen Theorie von der »Genialität«, die mit der schwarzen Galle zusammenhängt. Und wenn laut Burton die demokritsche Satire der Melancholie ihre große Scharfsicht verdankt, so ist sie auch in der Lage zu erkennen, daß es ganz tief in ihrem Innern einen Schatten gibt, der sie zur

Komplizin des Wahnsinns der Welt macht und der in diesem Fall dem unheilvollen Aspekt der Melancholie entspricht. Die Utopie wird nicht nur ein Projekt sein, mit dem das Gesicht der Welt verändert werden soll, sie stellt ein autotherapeutisches Unterfangen dar. Es scheint ihre implizite Zweckbestimmung zu sein, die tiefen Schichten des Ich zu stärken, während sie zugleich explizit die Methode entwickelt, mit der die Welt vom Chaos geheilt werden kann.*

Die utopische Imagination wird in freier Setzung jene Welt in Ordnung bringen, die sich vor unseren Augen als Herrschaft der Unordnung darbietet und zu Empörung und satirischem Gelächter reizt. Nichts ist aufschlußreicher als der simple und simplifizierende Geometrismus, der in Burtons Utopia bei der Unterteilung der Provinzen, der Besiedelung der Städte und Dörfer und der Planung von Provinzmetropolen vorherrscht: »Jede Provinz bekommt eine Metropole, die wie im Zentrum eines Kreises angeordnet sein soll.« Die Städte sollen »rund, quadratisch oder rechteckig sein, mit schönen breiten und geraden Straßen; die Stein- und Ziegelhäuser sollen ein einheitliches Stadtbild ergeben ...« Wenige Gesetze, wenige Rechtsgelehrte und wenige Prozesse. Eine allgemeine Regel: Es wird fleißig gearbeitet, und zwar auf der ganzen Gebietsfläche. Nicht ein einziger Morgen Land darf brachliegen: »Wo die Natur versagt, soll ihr menschliche Kunst aufhelfen.« Burton

* Analysen und Kommentare zu Burtons Utopie bei Pierre Mesnard, »L'Utopie de Robert Burton«, in: *Les Utopies de la Renaissance. Colloque international*, Brüssel/Paris 1963, S. 75-88; J.-R. Simon, *op. cit.*, S. 378-416; sozio-historische Überlegungen von größtem Interesse bei Wolf Lepenies, *Melancholie und Gesellschaft*, Frankfurt/M. 1969, S. 9-42. Zur Beziehung zwischen Utopie und Melancholie, siehe: Judith Shklar: »The Political Theory of Utopia: from Melancholy to Nostalgia«, in: *Daedalus* (1965) S. 367-381. Unter der Fülle jüngerer Literatur zum Thema Utopie beachte man vor allem das schöne Buch von Bronisław Baczko, *Lumières de l'Utopie*, Paris 1978; Raymond Trousson, *Voyages aux pays de nulle part*, 2. Auflage, Brüssel 1979; F. E. Manuel und F. P. Manuel, *French Utopias. An Anthology of Ideal Societies*. New York/London 1966, und *Utopian Thought in the Western World*, Harvard University Press 1979.

wünscht sich überall wohleingezäunte Äcker, kein Gemeindeland, denn »was Allmende, also Gemeindebesitz ist und jedem gehört, das gehört zugleich niemandem«. Der Privatbesitz bleibt somit erhalten. Als Anti-Egalitarier hält er an »mehreren Adelsrängen« fest, während er zugleich jene Gesetze verurteilt, welche die Plebejer von Ehrenämtern ausschließen. Bürger, die auf rechtschaffene Weise zu Reichtum gelangt sind, können sich ein Adelsprädikat erwerben. In eigener Sache fügt er noch den Wunsch hinzu, daß bei der Besetzung der Beamtenposten die *scholars* an erster, die *soldiers* an zweiter Stelle kommen. Wenn man sich die praktischen Vorschläge im Detail ansieht, stellt man fest, daß Burtons utopische Monarchie sich nicht grundlegend vom England Charles I. unterscheidet. Was aber an dieser Träumerei am stärksten ins Auge fällt, ist sein bürokratischer, autoritärer und »dirigistischer« Tenor (R. Trousson). Burton setzt überall »Aufsichtsbeamten« ein – für die Land- und Forstwirtschaft, für die Aufteilung von Pachtland, für Kunstwerke und öffentliche Arbeiten, für die Bewilligung von Leihgeldern. Die Gesellschaft, die er erfindet, ist in hohem Maße überwacht.* Und in diesem Bereich läßt Burton seiner Phantasie völlig freien Lauf: Das Papier eines Buches ist geduldig, da läßt sich leicht hinschreiben: »... so werde ich auch jeweils Leiter bestellen, kompetente Beamte, Schatzmeister, Ädilen, Quästoren, Aufseher über die Schüler, den Besitz der Witwen und alle öffentlichen Einrichtungen, die einmal jährlich sämtliche Einnahmen und Ausgaben auf das genaueste abrechnen müssen, damit kein Durcheinander entsteht *und sie kein Geld verschwenden, was sie* (wie Plinius dem Trajan schrieb), *aus Scham nicht eingestehen würden*. Sie unterstehen den höheren Beamten und Gouverneuren jeder Stadt, die wie-

* Burtons »Oberaufseher« sind die direkten Nachfahren der Syphograntes, die Thomas More sich im zweiten Buch seiner *Utopia* vorgestellt hatte: »Die hauptsächliche und fast einzige Aufgabe der Syphogranten ist es, scharf aufzupassen, daß ja kein Mensch faulenzend herumsitzt, sondern daß jeder seinem Beruf fleißig nachgeht«, übs. v. Alfred Hartmann, Basel 1947, S. 83.

derum nicht dem Stand armer Kaufleute und gemeiner Handwerker entstammen, sondern dem niederen und höheren Adel…« (S. 107) Die Hochzeiten sind ein Gegenstand, dem Burton besondere Aufmerksamkeit widmet: Kein Mann soll vor seinem fünfundzwanzigsten, keine Frau vor ihrem zwanzigsten Lebensjahr heiraten; Armut soll kein Hindernis darstellen; man soll die Leute eher zur Heirat drängen, als sie davon abzuhalten; Aufsichtsbeamten sollen darüber wachen, daß die Witwengelder nicht allzu üppig ausfallen; unter Androhung von schweren Strafen soll Verstümmelten und denen, die an einer körperlichen oder geistigen Erbkrankheit leiden, die Ehe verboten werden. Der Autoritarismus, der hier im Bereich der Eugenik und der Ehegesetzgebung zum Tragen kommt, ist keine Ausnahmeerscheinung. Nicht weniger autoritäre Bestimmungen regeln die allgemeine Verpflichtung zur Arbeit: »Deshalb dulde ich von vornherein keine Bettler, Tagediebe, Vagabunden oder Müßiggänger, die nicht nachweisen können, womit sie ihren Lebensunterhalt bestreiten.« Invaliden sollen jährliche Renten und Lebensmittelzuteilungen erhalten; Kranke sollen in zu diesem Zweck errichteten Heimen untergebracht werden. Alle anderen jedoch sollen zur Arbeit gezwungen werden; es soll sich niemand überanstrengen; zu festgesetzten Tagen, einmal die Woche, hat jeder das Recht auf einen Erholungstag, kann an Festen und fröhlichen Zusammenkünften teilnehmen, bei denen gesungen und getanzt wird… Wenn man weiß, daß der Müßiggang in Burtons Augen eine der großen Quellen der Melancholie ist, wird offensichtlich, daß der Zwang zur Arbeit einem »Verbot der Melancholie« (W. Lepenies) gleichkommt. Die tätigen Bewohner von Utopia haben keine Zeit, melancholisch zu werden: Wenn sie die Arbeit niederlegen, gibt es für sie zu festgesetzten Zeiten *(set times)* nichts als Vergnügungen. Burton streift hier das Thema des *Festes* in Utopia – ein Thema, das zunehmend an Bedeutung gewinnt und schließlich Ende des 18. Jahrhunderts (wie Baczko gezeigt hat) seinen Gipfelpunkt erreicht. Doch der Blick der

Aufseher bleibt wachsam, und einige Delikte werden grausam bestraft: »Ein Bankrotteur wird *Catdemiatus in Amphiteatro*, öffentlich an den Pranger gestellt, wer seine Schulden nicht bezahlen kann und durch Ausschweifungen oder Fahrlässigkeit verarmt ist, wird für ein Jahr ins Gefängnis geworfen. Kann er in diesem Zeitraum seine Gläubiger nicht zufriedenstellen, soll er gehenkt werden. Der Gotteslästerer verliert seine Hände, wer falsch Zeugnis ablegt oder des Meineids überführt wird, soll die Zunge abgeschnitten bekommen, es sei denn, er will sie mit dem Kopf auslösen. Auf Mord und Ehebruch steht die Todesstrafe...« Der Preis, der für die Einrichtung der vernünftigen Ordnung bezahlt wird, ist nicht gering: neben einer staatlichen Beihilfe für die Kranken und Invaliden gibt es für die Faulen und die Parasiten in Utopia Gefängnisse, Galgen und Schafotts. Doch Burton verspürt keinerlei Neigungen für kriegerische Unternehmungen oder glorreiche Eroberungen: eine Armee ist nur für den Verteidigungsfall vorgesehen. Er möchte mit den anderen Nationen lieber im Bereich wirtschaftlicher Prosperität rivalisieren, indem in Übersee nach neuen Ländern gesucht oder direkte Beobachter ins Ausland geschickt werden, die im Bereich von Technik und Gesetzgebung nach Neuerungen Ausschau halten sollen, die es wert sind, übernommen zu werden. Auch hier ist der *Blick* die wesentliche Waffe. Die Satire auf die allgemeine Unordnung der Welt war das Werk eines Bewußtseins, das sich im Hintergrund hielt und die Welt »von oben herab« beurteilte, indem es sich davor hütete, sich in diese Unordnung hineinziehen zu lassen; das utopische Projekt hingegen bedarf der Willensanstrengung (oder vielmehr: *simuliert* dieses Engagement), was in der Wahl der Worte zum Ausdruck kommt, mit denen das Projekt in die Zukunft projiziert wird ... *I will, I will have* ... Die entrüstete Feststellung, die der Satire eigen ist, ist hier einer Stimme im Befehlston gewichen, vor der sich, wenn schon nicht die erhoffte Zukunft, so doch eine beruhigende Möglichkeit eröffnet. Doch dabei handelt es sich nur um einen verbalen Akt, in dem der Imagination (*fantasy*) freier Lauf gelassen wird, entsprechend einer der günstigsten Modalitäten des melancholischen Temperaments: nämlich jener (von Burton, der sich mit den neoplatonischen Vorstellungen des *furor poeticus* gut auskennt, in gebührendem Maß erörterten), welche die Erfindungsgabe und die poetische Trunkenheit mit den Eigenschaften der richtig temperierten und etwas in Wallung geratenen schwarzen Galle in Verbindung bringt.

Die utopische Ordnung stellt das Gegenstück zu einer in Unordnung geratenen Welt dar; sie läßt die Vernunft wieder über jene Elemente herrschen, die vom allgemeinen Wahnsinn vernachlässigt wurden. Doch diese Beherrschung erfordert, wie wir bereits festgestellt haben, die allgegenwärtige Wachsamkeit einer Aufsicht (die »hohen Beamten« übertragen wird) und die drohende Todesstrafe für jeden, der dadurch, daß er das Gesetz der Arbeit verletzt, üppige Verschwendung über eifriges Besitzanhäufen siegen läßt. Die Gewalt, die bei der Unordnung der kranken Staaten in den von Partikularinteressen diktierten Konflikten und Mißbräuchen zum Ausdruck kam, geht nun ganz in die Hände der öffentlichen Staatsgewalt über. Doch verringert die Burtonsche Utopie das Gesamtpotential an Gewalt, die in der kranken Welt entfesselt ist? Sie scheint es sich zum Ziel zu setzen, die *aktuelle* Gewalt, die mit der Unordnung einhergeht, durch Dazwischenschaltung des Gesetzes in eine *potentielle* Gewalt zu transformieren, deren Monopol dem Staat übertragen wird. Es findet eine Verschiebung der Energie statt – aber durch den institutionellen Zwang und das erhobene Schwert einer unbarmherzigen Rechtsprechung bleibt diese Energie zugleich erhalten. Auf dieser Ebene scheint die utopische Ordnung weniger das objektive Gegenstück zu einer der melancholischen Unordnung ausgelieferten Welt als vielmehr deren *subjektive* Kehrseite zu sein. Denn obgleich wir hier die Bilder zweier radikal *unterschiedlicher* Welten einander gegenübergestellt sehen, müssen wir doch eingestehen, daß es *derselbe* verbitterte Mann ist, der zunächst die

Unsinnigkeit der menschlichen Aktivitäten wahrnimmt und anprangert, und ihnen anschließend wieder einen imaginären Sinn und eine Kohärenz verleiht. Hier ist dieselbe Unzufriedenheit, dieselbe Melancholie am Werk, zunächst in der Feststellung der Unordnung und anschließend in dem fiktiven Bild ihrer Heilung. Die erbarmungslose Wachsamkeit der »Aufseher« setzt zur Aufrechterhaltung der Ordnung in der utopischen Welt denselben Blick von oben ein, nimmt denselben alles beherrschenden Blickpunkt ein, auf den Burton sich zurückzog, um das universelle Übel zu schildern. Er hatte keines der literarischen Beispiele anklagender oder satirischer Aufseher ausgelassen. Er hatte an Cyprian erinnert, wie dieser einst Donatus empfahl, »sich selbst in Gedanken auf den Gipfel eines hohen Berges zu versetzen und von dort auf das Durcheinander und die Unberechenbarkeit dieses Gewoges herabzusehen. Er wird nicht umhin können, über dem Treiben entweder in Lachen auszubrechen oder Mitleid zu empfinden«. (S. 40) Oder an Charon (laut dem *Dialog der Kontemplatoren* von Lukian), der »an einen Ort geführt wurde, von dem aus er die ganze Welt überblicken konnte ...« (S. 48) Auch wenn diese unruhige Welt sich wandelt und schließlich so ruhig wird, wie sie sein sollte, bleibt doch der Beobachtungsposten besetzt. Und der Blick ist weiterhin genauso durchdringend. Der Sadismus, der sich der melancholischen Anprangerung der Unordnung beimischte und den Beobachter selbst nicht aussparte, bleibt weiterhin aktiv und hält hartnäckig an der Ausübung einer wahnhaften Autorität fest, die darüber wacht, daß in der idealen Gesellschaft alles, was zu Störungen und zur Melancholie führen könnte, aus dem Wege geräumt wird. Die grausame Freude, die in dem Lachen mitschwingt, das die Unfähigkeit der Menschen anprangert, ihre Leidenschaften zu beherrschen, findet sich im Ernst des Staatsapparates wieder, dessen Ziel es ist, das kollektive Leben auf perfekte Weise zu verwalten. Eine aggressive Energie »konvertiert« zum konstruktiven Zwang. Doch dieser Zwang ist viel eher das letzte Symptom des Übels der Melancholie als deren Heilung. (Gewiß, wenn man lange genug danach suchte, würde man auch »sanfte« und permissive Utopien finden, die von einer Aufhebung der Verbote träumen. Doch auch die sanften Utopien müssen die Zäsur mit der vorherigen Welt markieren. Irgendwo muß man *einen Schnitt machen.*)

Tatsächlich präsentiert sich die Burtonsche Utopie als ein einfacher Traum, eine »poetische« Phantasie. Hätte es sich um ein echtes politisches Projekt gehandelt, wäre es wohl etwas seltsam gewesen, sie völlig unvermittelt in das Vorwort einer gigantischen Monographie über die Melancholie einzuschieben, in der die politische Theorie fürs erste keine günstige Aufnahme zu finden scheint. Man könnte ebenso sagen, diese Utopie sei nur die Projektion des persönlichen Projektes, von dem Burton im Augenblick der Niederschrift seines Buches beseelt war, auf die Dimension eines erfundenen Staates: er teilt den Staat in Provinzen auf, so wie er sein Buch in Teile, Abschnitte und Unterabschnitte aufteilt. Die Herrschaft, welche die Aufseher über den Staat ausüben, entspricht Punkt für Punkt Burtons Wunsch, das immense bibliographische Material zum Thema Melancholie, das die Existenz des Menschen in all ihren Aspekten behandelt, systematisch und überschaubar zusammenzustellen. Damit will Burton sich selbst beherrschen und sich selbst wieder ein neues Gerüst geben. Die utopische Gesetzgebung verfolgt die Müßiggänger, da Burton sich fürchtet, selbst dem Müßiggang anheimzufallen, der ihn allen Gefahren des Saturn und der schwarzen Galle ausliefern würde. »Hütet euch vor Einsiedelei und Müßiggang.« So lautet die Warnung, die gegen Ende des Buches ertönt; nun hat Burton ihr aber seit seinem Vorwort die größtmögliche Tragweite gegeben, indem er sie zur Regel allen gemeinschaftlichen Lebens erhob.

Saturn herrscht über dieses wohlgeordnete Reich, wie er über die Feldzüge des goldenen Zeitalters herrschte. Ich erkenne darin Burtons indirektes Bekenntnis zu seinem Wunsch nach Ordnung. Man könnte darin ebenso eine kostbare Enthüllung über die dunkle Kehrseite jeder Utopie lesen. Die glücklichen Bilder, die das »Prinzip Hoffnung« entwirft, setzen voraus, daß zuvor eine finstere Welt angeklagt wurde. Doch je grausamer, je bitterer und melancholischer die Anklage ausfällt, desto größer ist die Gefahr, diese Gewalt, versteckt in dem glücklichen Bild, das als Belohnung angepriesen wird, fortdauern zu sehen. Mit derselben Schärfe, mit der die Anklage fomuliert wurde, wird nun die Tugend verteidigt, welche die Institution garantieren will ... In diesem Punkt sollte man den Melancholiebegriff aufgeben, der bei Burton und seinen Zeitgenossen noch ein auf alles anwendbarer Begriff ist, da er sämtliche Verirrungen im Denken und Fühlen bezeichnet – den Wahnsinn als Ganzes. Wollten wir die utopische Gewalt in der Sprache für heute psychologisch charakterisieren, würden wir auf die Idee von der Zwangsvorstellung, ja besser noch auf die der Paranoia zurückgreifen. Sicher, diese Bezeichnungen kommen uns leichter in den Sinn, da wir in einem Zeitalter leben, in dem man aus dem Traum von der Utopie erwacht ist und in dem man weiß, daß jene Welten, die man sich allzu perfekt, allzu harmonisch erträumte, in ihrer exzessiven Strenge und Rationalität all die Todestriebe enthalten, die man überwinden wollte. Das melancholische Chaos feiert in einer Organisation, die alles und jeden verfolgt, seine Wiederauferstehung.

Für die Leser von damals war Burtons Utopie nichts weiter als ein witziger Einfall der rhetorischen *inventio*, die als Echo auf Thomas Mores Entwurf niedergeschrieben wurde. Er hat aus der Freiheit Nutzen gezogen, die Horaz den Malern und Dichtern zuspricht ... Dem Utopisten ist aufgrund seiner eigenen Melancholie alle Schuld verziehen: da er nur allzu gut weiß, daß seine imaginäre Welt möglich und zugleich unrealisierbar ist, verfällt er darüber in Trauer, während er sie immer perfekter ausgestaltet. Dieser Lesart kann man sich anschließen, die das Paradox gestattet und Burton nicht jene Verirrungen zur Last legt, für die nur unser Jahrhundert wirklich Verantwortung zu tragen hat.

Burtons Utopie ist ein Anfangsornament: Ein paar Seiten lang stellt sie die Welt auf den Kopf und kehrt den Wahnsinn um. Sie ist eine Art, die Möglichkeiten der demokritschen Maske voll auszuschöpfen: War der Philosoph von Abdera nicht Gesetzgeber gewesen, bevor er sich zum eifrigen Studium in seine Einsamkeit zurückzog? Als der Autor in seinem Werk die therapeutischen *Korrekturmaßnahmen* darstellt, die auf alle Ursachen, alle Symptome, alle Arten von Melancholie anwendbar sind (jene, die den Kopf, die Hypochondrien, den ganzen Körper in Mitleidenschaft zieht, jene, die sich in leidenschaftlicher Liebe und Eifersucht manifestiert, jene, welche die religiösen Empfindungen bis zum Fieberwahn entzündet), handelt es sich weder um eine Neuerung noch um zwingende Vorschriften: Er wiederholt die zerstreuten Reden der Mediziner, Moralisten und Theologen. Er stimmt das Konzert der zahllosen Stimmen aus der Vergangenheit an, die versucht haben, die Melancholie auszutreiben. Es bleibt dem Leser vollkommen freigestellt, ob er die Heilmittel, die ihm in Hülle und Fülle vorgestellt werden, nutzen will. So methodisch Burtons Leitfaden sein will, so neigt er doch zu unserer Freude in jedem Augenblick dazu, sich auf labyrinthischen Wegen zu verirren. Die immer wieder aufkeimende, immer wieder niedergekämpfte Melancholie läßt sich nicht leicht im Zaum halten: Gelehrt und redegewandt zählt die unbezwungene Angst endlos in ruhigem und amüsantem Plauderton die Gründe auf, warum sie sich beruhigen sollte, während diese Gründe die Angst paradoxerweise weiter nähren. Das literarische Schaffen wird ebensowenig wie das Übel ein Ende nehmen: »aber wir weben immer noch am selben Stoff, flechten wieder und wieder dasselbe Seil, oder wenn wir tatsächlich auf etwas Neues verfallen, dann ist es nur eine Kinderei – Tand, den Hohlköpfe zu Papier bringen, damit andere Hohlköpfe ihn lesen – und wer könnte solche Erfindungen nicht machen«.

Jeff Wall, The Thinker (1986)

Oliver Vogel

Die diskrete Form der Melancholie

oder Es gibt sie noch, die guten Dinge

für Ricardo Loebell S.

»Der eigentliche Faber-Castell ist der 9000er, jener weltberühmte, grün lackierte Stift, der seit 1905 produziert wird und in seinem 90jährigen Dasein so sehr zum Inbegriff des Bleistifts wurde, daß Henry Petroski, ein amerikanischer Professor für Ingenieurswissenschaften, in seinem 1989 erstmalig in New York erschienenen voluminösen Buch zur Geschichte des Bleistifts fast ausschließlich von ihm berichtet.« Für diese Stifte, so erfährt man weiter auf Seite 94 des Versandhauskataloges Nr. 9 der Firma Manufactum, wurde erstmals nicht auf das 1664 im englischen Cumberland entdeckte, besonders feine Graphit zurückgegriffen, sondern auf das wenigstens ebenso gute sibirische Alibertigraphit. Das Manuskript des folgenden Textes wurde mit dem hochgelobten Faber-Castell 9000 geschrieben.

I.

»Alles ist unvergessen«
Paul Celan an Nelly Sachs

»An den vorgeschriebenen Stellen klatschen / Ihre Hörer höflich, zeigend / Daß sie eingeweiht sind und noch / Einverstanden.« (Bertolt Brecht) So haben wir es gelernt: freundlich nickend dabeizustehen. Die Kritik der 68er ist längst schon zur staatserhaltenden Maßnahme verkommen und also aufgegeben. Seit längerem waren sie und ihre Nachfolger in die Erwartungen eingespannt gewesen, die die Oberen von stürmischer Jugend haben. Was blieb, war ihr blindes Umsichschlagen, das im Alter zu jenem verkniffenen Mund führt, der die kämpferischen Parolen zwar noch herzusagen weiß, dessen resignierter Besitzer die einstige Utopie längst aber ersetzt sieht vom Sommerurlaub. Und so ist auch für uns Jüngere das Licht der Hoffnung gebrochen an der blankgeputzten Oberfläche des dekorativ Wiederaufgebauten.

Es gab eine Zeit, in der Deutschland sichtbar zerstört war. Mauerreste und Schuttberge ließen kaum noch die alten Straßenzüge erkennen. Die Zerstörungen sind auf grobkörnigen Fotografien festgehalten worden. Sie ähneln den Zerstörungen anderer Kriege dieses Jahrhunderts – bis auf ein Detail: daß immer diese Frauen zu sehen sind, die, in die Kamera winkend, lachend und, wie es scheint, mit einem Schlager im Sinn, Steine und Schutt wegräumen. Auf den Bildern des Untergangs einer Welt, der Zerstörung von Leben, dem Ende jeder Möglichkeit von Zukunft, ist bereits der Wiederaufbau festgehalten, als sei er das, wofür sich diese Fotos lohnen: die Katastrophe der Zerstörung als einziger Lichtblick; die Zerstörung der Städte als Aufforderung, als Befehl zum Neuanfang. Was die Fotos zu verstehen geben, ist, daß das Herkommen, die Vergangenheit nicht geleugnet werden müssen. Sie ist bereits abgeschafft, denn es beginnt sich leichter ohne sie. Soviel Anfang war nie.

Entstanden ist daraus, was wir kennen. Fünf- bis zehngeschossige Bürohäuser, schnell gebaut, leicht zu überblicken; Kaufhäuser, deren Fassaden noch immer den Charme des Neuentdeckten haben, von keinem Stäubchen vergangener Zeiten beschmutzt. Der Zahn der Zeit hinterläßt hier keine Spuren. Dazwischen entweder mehrspurige Autostraßen oder breite Fußgängerzonen mit zwei parallel gestellten Baumreihen, die Bäume nie höher als fünf Meter. Treppen fahren von dort in

Untergeschosse, die eine zweite Möglichkeit bieten, Güter hinter Schaufenstern auszustellen. Dann wieder Treppen zu den Bahnen im Untergrund, die zum nächsten gleichgestalteten Ausgang Richtung Oberfläche fahren, ein Ausgang zu wieder neuen Schaufenstern, an denen entlangzugehen sich auch nachts und an Sonntagen zu lohnen scheint. Denn selbst dann sind sie fast die einzigen belebten Plätze dieser glattgezogenen Städte.

Nur Massen scheinen diese Straßen aufnehmen zu können. Der Fluß jener Einkaufshorden ist nicht zu durchqueren. Wie die Schaufenster und dazwischenliegenden Bäume bilden auch die Käufer einen Teil jener Bewegung, die nichts als zweidimensional ist. Parallele, nie abreißende Geraden im unendlichen Raum, Geraden ohne Ziel, die täglich jede Geschichte aufheben. Gesichtslose Kolonnen in toten, funktionstüchtigen Städten, in Reihen marschierende Bürgerkriegsverhinderung. Erst daheim, an der Hausgemeinschafts-Waschmaschine, in nicht geputzten Treppenhäusern, hinter verschlossenen Haustüren wagen sie den Kontakt mit den Nachbarn – naturgemäß durch schriftliche Hinweise, quasi-anonym im Briefkasten oder öffentlich (und sich damit der Mehrheit versichernd) per Aushang. Bevormundung ist die einzig gestattete Art der Berührung: Was beiträgt zur Erziehung der Mitbürger zu gruppenorientiertem Handeln, was mundtot macht, ist wohlgelitten. Und es fehlt solchen und ähnlichen Beschwerden nicht an Höflichkeit; es wird darum gebeten und frühestens im zweiten Schriftstück aufgefordert.

Es wird nichts erzählt, man schenkt sich kein Vertrauen, keine Geschichte, die sich weiterzuerzählen lohnte. Böse Nachrede, üble Verleumdung ist es, was statt dessen bleibt. Wüßte man nur eines der Geheimnisse dieser Mitmenschen, nur einen jener raren Momente der Ehrlichkeit – furchtbar oder beglückend für sie –, so wäre man gefeit vor ihren Verbesserungsvorschlägen, ihren krankmachenden Korrekturen. Aber parallele Linien treffen sich erst im Unendlichen.

So haben wir es gelernt: An den vorgeschriebenen Stellen höflich klatschen, um zu zeigen, daß wir eingeweiht sind und einverstanden; daß wir die Ordnung nicht durchbrechen dürfen, denn wir wären Ausgestoßene, wir wären nicht mehr Teil des Ganzen und also nichts mehr. Wir wären entlassen aus jener verschworenen Gemeinschaft, aus jener Geschichtslosigkeit des Neubeginns, verstoßen aus dem höflichen Miteinander der Unberührbarkeit, aus dem gefahrlosen Zusammengehörigkeitsgefühl mit den Zeitgenossen. Als Ausgestoßene sind wir aber, da wir uns am Wiederaufbau nicht mehr beteiligen, Teil der Katastrophe geworden, ohne Hoffnung auf Erlösung, Teil der Zerstörung, selbst zerstört, wesenlos, geschichtslos wie sie.

Also bleiben wir, was wir sind: Teil des Gemeinschaftsterrors. Freundlich und höflich wie je wiegen wir uns in der Sicherheit der Höflichkeiten anderer. Oberstes Gebot ist das der Diskretion, wie Peter Lilienthal sagt. Wer Fragen stellt, wird zurückgewiesen, wer von den Vorfahren erzählt, seltsam angesehen, wenn es sich nicht im erlaubten Rahmen zwischen Ahnenforschung und Kitsch bewegt. Tabu ist die Frage nach den Großeltern, denn diese Indiskretion birgt zwei Gefahren: Man hat es – wenn eine Antwort kommt – in diesem Land mit den Nachfahren von Tätern oder von Opfern zu tun und ist zugleich selber eines von beiden. So bleibt es beim Schweigen, bei dem eingehaltenen Verbot, nach der Herkunft zu fragen oder von ihr zu erzählen, es bleibt bei der Unmöglichkeit, dem immerwährenden, ins Unendliche fortdauernden Anfang zu entgehen. Geschichte verschwindet. Es gibt nichts als eine behauptete, aber nie erreichbare Zukunft, hoffnungsloses Futur II, das eine Vergangenheit angibt, die noch vor einem liegt.

II.

»Wenn keine Stimme sich für uns erhebt, so mögen die Steine dieser Stadt für uns zeugen.»
Aufruf des Vorstandes der Jüdischen Gemeinde Frankfurts vom 30. März 1933

Da es aber keine Gemeinschaft geben kann, die ohne Vergangenheit, ohne eine Erzählung auskommt, wird sie erfunden: im Öffentlichen, die hohlen Sprüche des Schuldeingeständnisses, Hülsen, offizielle Worte, Denkmäler, Museen, die Teil sind jener parallelen Linien, jener ins Unendliche fortschreitenden Einkäufer, die sich ihrer Natur gemäß keine steinerne, die Sicht behindernde Erinnerung vor die Schaufenster stellen lassen. Die Frankfurter Stadtwerke sind auf dem alten jüdischen Ghetto erbaut, das sich nur etwa hundert Meter südlich der wichtigsten Einkaufsstraße, der Zeil, befindet. Übrig von der Judengasse, später Börneplatz, ist ein kleines Museum im Untergeschoß mit wenigen erhaltenen Grundmauern. Der Skandal, den das Bauvorhaben provozierte, konnte die Stadt nicht von dem Bau abhalten. Ähnliche Beispiele für Vergangenheitsbewältigung gibt es überall in Deutschland.

Auch im Privaten wird eine Geschichte behauptet; die Geschichte eines Selbstbewußtseins, das zwar die Schuld herzusagen weiß, nicht aber den Schluß der Indiskretion zu ziehen imstande ist: Da hat man sich eine Form der Geschichte und somit der Identität gegeben, die sich nicht mehr auf eine Nation bezieht oder auf eine Familie, also nicht auf ein biographisches oder geographisches Herkommen, sondern gemeinschaftskonform ist, aufbaukonform sich auf Werte, auf Qualität stützt, die man nicht selber geschaffen haben muß. Man verlegt sich auf den alten Trick, erfindet sich eine Geschichte, die nicht in vergangenen Zeiten, sondern in einer von Unbefriedigten imaginierten Vergangenheit angesiedelt ist, die nie war und nichts, außer besser.

Manufactum, das erwähnte Versandhaus, verkörpert diese selbsterfundene Tradition, auf die man sich berufen kann. Der Katalog soll an dieser Stelle als Beispiel dienen für eine Form der Ersatzgeschichte, der quasi-nationalen Ersatzidentität, Bild für eine alleingelassene, diskret gebliebene, geschichtslose Generation und Ausdruck der Melancholie einer vor Trauer und Scham wie vor lauter Höflichkeit, Takt und Rücksicht verstummten Altersgruppe.

Der Katalog enthält Gebrauchsgegenstände: Möbel, Kleidung, Bürobedarf, Kochwerkzeuge und ähnliches. Er sieht aus wie der Ausstellungskatalog eines Kunsthandwerksmuseums. Über 300 Seiten Farbfotos: Einzelbilder und Ausschnittvergrößerungen, die die stabile Bauweise und hervorragende Verarbeitung vorführen und verklären: In Großaufnahmen und manchmal unfreiwillig komischen Beschreibungen werden Einzelteile zu Qualitätsmerkmalen, Geschichten über Herstellung oder Erfindung der Dinge zu konservativem Lob anachronistischer Handwerkstradition. Man erfreut sich an Nieten, verzinkten Schrauben, verfugtem Holz, gedoppelten Ösenkanten, Metallbeschlägen und Karabinerhaken. Segeltuch, das, weil es 40 Jahre Wind und Wetter standhält, sich nun zum Seesack verwandelt sieht; Rasierpinsel aus Büffelhorn und Dachshaar, Stiefel mit einer bis 180 °C hitzebeständigen Gummilaufsohle, mit Pechdraht handvernähte Schuhe aus Ungarn. Abgebildet wird der »1914 geborene Børge Morgensen«. Im Werbetext zu einem Sessel heißt es über ihn, er »war gelernter Möbeltischler, als er zwischen 1936 und 1938 eine Ausbildung an der Königlichen Dänischen Kunstakademie antrat. Sein Lehrer war Kaare Klint. Als Kaare Klint 1954 starb, wurde Morgensen sein Nachfolger. Morgensen hat sich indes nie aus der Möbelproduktion zurückgezogen, und von 1950 bis zu seinem Tod im Jahre 1972 arbeitete er intensiv mit der Fredericia Stolefabrik A/S zusammen. Das Fredericia-Programm ist durch ihn geprägt, und bis heute fühlt sich die dänische Manufaktur seinen Ansprüchen verpflichtet.«

So wird Geschichte konstruiert, die man bereits mit der Lektüre auch für sich beanspruchen kann: Da hat einer vom Meister gelernt und ist selber einer geworden, hat sein Leben lang Qualität produziert, der man sich im dänischen Handwerk noch heute verpflichtet fühlt. Das sind Ansprüche, denen man gerne genügen würde. Wenn nicht mit der eigenen Tätigkeit, so doch wenigstens durch den Kauf. Der Trick ist im übrigen ein seit der Antike angewandter: Ein Handwerker, der nach Lehr- und Wanderjahren an der Seite seines Lehrers und später an dessen Stelle ein Leben lang seiner Obsession nachgeht, die Qualität heißt, hat in unseren Zeiten durchaus etwas verwirrend Ursprüngliches. Dieser edle Wilde hilft uns, die Mängel dieser Gesellschaft zu beseitigen.

Die Einstellung, die diesem Katalog sein ideologisches Gerüst gibt, wird zusammengefaßt in einer Beschreibung des 19. Jahrhunderts, die durchaus pejorativ ist und also die Gegner benennt: Das letzte Jahrhundert sei die Zeit gewesen, »als der Traditionsbruch zum Synonym für Entwicklung wurde«. Über den Unsinn dieses Satzes muß man sich kaum echauffieren. Was hier gesagt wird, ist das, was diesen Katalog für viele, die ihn beziehen, so anziehend macht. Die gnadenlose Sucht nicht nach einer bestimmten Tradition, sondern nach der Tradition ohne verhängnisvolle Geschichte.

»Schiffsbeleuchtung für Keller und Garten« wird folgendermaßen verkauft: »Die nachfolgende Serie von Leuchten, Schaltern und Dosen wurde vor über 50 Jahren kompromißlos für den überaus harten Einsatz im Außendecksbereich von Seeschiffen konstruiert.« Übersetzt man das, dann sind »vor über 50 Jahren« die letzten Kriegsjahre. Und woher die Sprache stammt – »kompromißlos für den überaus harten Einsatz« –, ist kaum zu überhören. Aber diese Vergangenheit findet im Katalog keinen Ort, tut, wie es scheint, nichts zur Sache, denn wo die Qualität stimmt, darf es keine moralischen Hinderungsgründe geben.

Nebenbei wird dann doch wieder manch nationaler Gedanke gefeiert. Ein Füller der Marke Pelikan – »der klassische deutsche Füllfederhalter«, so heißt es – soll »mit seiner legendären Zuverlässigkeit seit 1910 den Ruf des *Made in Germany* mehren«.

Dafür, daß es sich bei der hier versuchsweise beschriebenen Melancholie einer Generation nicht um die Entdeckung von Nicht-Bewußtem, sondern schlicht um das Aussprechen von sonst Verschwiegenem handelt, findet sich im Katalog ein Hinweis: In der Abteilung »Spielzeug« wird ein »Springseil (melancholisch)« angeboten. »Unter dem Ansturm billigster Importe aus Fernost sieht die alte europäische Textilindustrie ihrem baldigen Ende entgegen. Das folgende Springseil ist ein melancholisch stimmendes Gerät: Seine Griffe nämlich stammen von alten Webstühlen aus ganz Europa, die seit einem Jahrzehnt in immer beschleunigtem Tempo verschrottet werden.« Geschichtlich Aufgeladenes wird in absurder Umwertung zum Spielzeug, das nicht dem Spiel dient, sondern der Befriedigung eines sentimentalen Bedürfnisses nach Zeiten, die vorbei sind, die niemals waren, und so wird ihnen Geschichte selbst zum Spiel.

Aber diese zufälligen Beispiele aus dem Inhalt dienen nur der Illustration. Der Werbespruch des Hauses enthält schon das ideologisch kaum bedenkliche Programm: »Es gibt sie noch, die guten Dinge«, »Dinge«, wie es in einer Anzeige hieß, »mit Charakter und Geschichte«. Im Vorwort des Katalogs kann man alles lesen, was zu seiner Beschreibung nötig ist: Zu jenen »guten Dingen« soll eine »freundschaftliche Beziehung« entwickelt werden, man soll ihnen »Respekt zollen«, den sie »als gelungene Ergebnisse gut getaner Arbeit durchaus verdienen«. Die guten Dinge dienen als Ersatz für andere Formen der Freundschaft, für anderen Respekt. Die sie hergestellt haben, sind die Vertreter der verschwundenen Väter. Und da, was man heute zu kaufen bekommt, nicht mehr »Gebrauchsgüter«, sondern »Verbrauchsgüter« seien, besteht die Hoffnung, daß die »guten Dinge« – konform mit herrschenden Ansichten im Futur II – irgendwann zum »liebevoll betrachteten, ›guten alten Stück‹« geworden sein werden. Sie sind die materialisierte Hoffnung darauf, irgendwann einmal wieder eine Vergangenheit zu haben, auf die man zurückblicken darf.

Die Erlaubnis zur Verbindung von Kommerz und konservativer Philosophie gibt sich der Katalog in einem Zirkelschluß selbst: Für eine Spülbürste der Marke Lola wird mit einem kursiv gesetzten Vierzeiler geworben, der aus einer Zeit stamme, »als Werbetexter zwar auch keine großen Dichter, aber immerhin noch der deutschen Sprache mächtig waren«. So kann es als gesichert gelten, daß nicht nur die zum Verkauf stehenden Gegenstände zu den »guten Dingen« gehören, sondern auch der Katalog selbst.

III.

> »Oder könnte es etwa in Deutschland einen *Tag des Unheils* geben, an dem jeder Deutsche sich den Eintritt in die Schuld so vergegenwärtigt, als hätte er sie selber gerade auf sich geladen?«
>
> Botho Strauß, *Die Fehler des Kopisten*

Dieser Aufsatz ist ein Aufruf zur Indiskretion im Privaten. Es gilt, was für die Bekämpfung der Melancholie schon immer galt: Die gelebte Scham, die verkörperte Höflichkeit ist Hilflosigkeit, man weiß nicht, wohin man seine Hände stecken soll. Die Frage nach Persönlichstem, nach Vergangenheit, nach dem Leben der Beteiligten ist verboten und muß gestellt werden. Das Leben der Nachfahren sogenannter Mitläufer und Täter in Diskretion ist ein Leben ohne Geschichte, auch in Zukunft ewiger Winter.

Opfer des Nazismus leben etwas anderes vor: Eine Ausstellung im Jüdischen Museum in Frankfurt zeigt Bilder von Menschen aus der Zeit vor und noch während der Verfolgung. Es sind Bilder, die die Nachkommen der Fotografierten zur Verfügung gestellt haben, um eine Zeit vor den Morden zu dokumentieren, sie vor dem Vergessen zu bewahren, oft auch in der Hoffnung, etwas über den Verbleib von Eltern und Geschwistern zu erfahren. Neben den Bildern stehen, soweit sie zu ermitteln waren, die Namen der Abgebildeten, ihre Beschäftigungen und ihr weiterer Lebensweg, der meist Flucht und Ermordung hieß. Auf der Suche nach verlorenen Verwandten und einer verschwundenen Zeit scheint man zu Opfern bereit zu sein, die man auf der anderen Seite nicht kennt: Man erzählt von seiner Familie, trennt sich von Bildern, um sie einem Museum zu geben, das sie einer fremden Öffentlichkeit ausstellt, und berichtet damit vom Schrecklichstem, von Schmerzen und Tod, die doch zum Privatesten gehören, gibt zum Erhalt einer Geschichte die fotografisch festgehaltenen Erinnerungen den Unbekannten preis. Dieser höchste Grad an Indiskretion, die die Erinnerung wachzuhalten sucht, ist das Opfer, das die Nachkommen jener Opfer bringen müssen, um zu überleben. Sie brechen das Schweigen, ohne zu reden, erhalten ein Hier und Jetzt, das uns verwehrt ist.

Auswahlbibliographie

Albert, Mechthild: »›Une ermite au milieu de la cour‹. La mélancolie de Madame Palatine«, in: *Biblio 17. »Diversité, c'est ma devise«. Studien zur französischen Literatur des 17. Jahrhunderts. Festschrift für J. Grimm*, Paris u. a. 1994.

Babb, Lawrence: *The Elizabethan Malady. A Study of Melancholia in English Literature from 1580 to 1642*, East Lansing 1951.

Babb, Lawrence: *Sanity in Bedlam. A Study of Robert Burtons ›Anatomy of Melancholy‹*, East Lansing 1959.

Bader, G.: *Melancholie und Metapher*, Tübingen 1990.

Bamborough, J. B.: »Introduction«, in: Robert Burton, *The Anatomy of Melancholy*, hg. von Th. C. Faulkner, N. K. Kiessling, R. L. Blair, Bd. 1, Oxford 1989.

Bandmann, Günter: *Melancholie und Musik. Ikonographische Studien*, Köln und Opladen 1960.

Benesch, Dieter: *Marsilio Ficinos ›De triplici vita‹ in deutschen Bearbeitungen und Übersetzungen*, Frankfurt/M. 1977.

Benjamin, Walter: *Ursprung des deutschen Trauerspiels*, in: ders., *Gesammelte Schriften*, hg. von R. Tiedemann und H. Schweppenhäuser, Bd. I.1, Frankfurt/M. 1991.

Bieber, Gustav Arthur: *Der Melancholikertypus Shakespeares und sein Ursprung*, Heidelberg 1913.

Binswanger, Ludwig: *Melancholie und Manie*, Pfullingen 1960.

Böhme, Hartmut: »Melancholie der Kritik. Zur Rehabilitation des saturnischen Temperaments (1)«, in: *Spuren in Kunst und Gesellschaft* 11/12 (1985).

Böhme, Hartmut: *Albrecht Dürer. Melencolia I. Im Labyrinth der Deutung*, Frankfurt/M. 1991.

Brann, Noel L.: »Melancholy and the divine frenzies in the French Pléiade: their conflicting roles in the art of ›beaux exercices spirituels‹«, in: *The Journal of Medieval and Renaissance Studies* 9, Nr. 1 (1979).

Chastel, André: »La Tentation de Saint Antoine ou Le Songe du Mélancolique«, in: ders., *Fables, Formes, Figures*, 2 Bde., Bd. 1, Paris 1978 [1936].

Chastel, André: *Marsile Ficin et l'art*, Genf 1975.
Ciavolella, Massimo/Iannucci, Amilcare A. (Hg.): *Saturn from Antiquity to the Renaissance*, Ottawa 1992.

Davis, Natalie Zemon: *Drei Frauenleben. Glikl, Marie de l'Incarnation, Maria Sybilla Merian*, übs. von Wolfgang Kaiser, Berlin 1996.

Flashar, Hellmut: *Melancholie und Melancholiker in den medizinischen Theorien der Antike*, Berlin 1966.
Flüeler, Christoph: »Acedia und Melancholie im Spätmittelalter«, in: *Freiburger Zeitschrift für Philosophie und Theologie* 34 (1987).
Földényi, Laszlo: *Melancholie*, München 1988.
Foucault, Michel: *Psychologie und Geisteskrankheit*, übs. von A. Botond, Frankfurt/M. 1968.
Foucault, Michel: *Wahnsinn und Gesellschaft. Eine Geschichte des Wahns im Zeitalter der Vernunft*, übs. von U. Köppen, Frankfurt/M. 1991.
Fragmente. Schriftenreihe für Kultur-, Medien- und Psychoanalyse. Heft 44/45 (1994) »Melancholie und Trauer«.
Friedrich, Volker: *Melancholie als Haltung*, Berlin 1991.
Fumaroli, Marc: »Nous serons guéris si nous le voulons«, in: *Le Débat*, 29 (1984).

Giehlow, Karl: »Dürers Stich Melencolia I und der maximilianische Humanistenkreis«, in: *Mitteilungen der Gesellschaft für vervielfältigende Kunst* 26 (1903) und 27 (1904).
Glatzel, Johann: *Melancholie und Wahnsinn. Beiträge zur Psychopathologie und ihren Grenzgebieten*, Darmstadt 1990.
Grass, Günter: »Vom Stillstand im Fortschritt. Variationen zu Albrecht Dürers Kupferstich Melencolia I«, in: ders., *Aus dem Tagebuch einer Schnecke*, Neuwied 1972.
Grassi, Ernesto/Lorch, Maristella: *Folly and Insanity in Renaissance Literature*, Binghampton/NY 1986.
Guardini, Romano: *Vom Sinn der Schwermut*, Zürich 1949.

Heidbrink, Ludger (Hg.): *Entzauberte Zeit. Der melancholische Geist der Moderne*, München 1997.
Hohmann, Joachim S. (Hg.): *Melancholie. Ein deutsches Gefühl*, Trier 1989.
Horstmann, Ulrich: *Der lange Schatten der Melancholie. Versuch über ein angeschwärztes Gefühl*, Essen 1985.
Horstmann, Ulrich: »Nachwort«, in: Robert Burton, *Anatomie der Melancholie*, übs. von Ulrich Horstmann, München 1991.

Horstmann, Ulrich (Hg.): *Die stillen Brüter. Ein Melancholie-Lesebuch*, Hamburg 1992.

Jehasse, Jean: »Démocrite et la Renaissance de la critique«, in: *Études seizièmistes offertes à V. L. Saulnier*, Genf 1980.

Klibansky, Raymond/Panofsky, Erwin/Saxl, Fritz: *Saturn und Melancholie. Studien zur Geschichte der Naturphilosophie und Medizin, der Religion und der Kunst*, übs. von Ch. Buschendorf, Frankfurt/M. 1990.

Kobayashi, Toshiaki: *Melancholie und Zeit*, Basel und Frankfurt/M. 1997.

Kofman, Sarah: *Melancholie der Kunst*, Wien 1986.

Kristeva, Julia: *Soleil noir. Dépression et mélancolie*, Paris 1987.

Lambrecht, Roland: *Melancholie. Vom Leiden an der Welt und den Schmerzen der Reflexion*, Reinbek 1994.

Leibbrand, Werner/Wettley, Annemarie: *Der Wahnsinn. Geschichte der abendländischen Psychopathologie*, Freiburg 1961.

Lenzen, D. (Hg.): *Melancholie als Lebensform*, Berlin 1989.

Lepenies, Wolf: *Melancholie und Gesellschaft*, Frankfurt/M. 1969.

Loquai, Fritz: *Künstler und Melancholie in der Romantik*, Frankfurt/M. und Bern 1984.

Lyons, Bridget Gellert: *Voices of Melancholy. Studies in Literary Treatments of Melancholy in Renaissance England*, London 1971.

MacDonald, Michael: *Mystical Bedlam. Madness, Anxiety, and Healing in Seventeenth Century England*, Cambridge 1981.

Matejovski, Dirk: *Das Motiv des Wahnsinns in der mittelalterlichen Dichtung*, Frankfurt/M. 1996.

Mattenklott, Gert: *Die Melancholie in der Dramatik des Sturm und Drang*, Stuttgart 1968.

Mattheier, Klaus J.: »Madame als Briefeschreiberin«, in: Sigrun Paas (Hg.), *Liselotte von der Pfalz. Madame am Hofe des Sonnenkönigs* (Katalog zur gleichnamigen Ausstellung im Rahmen der 800-Jahr-Feier der Stadt Heidelberg), Heidelberg 1996.

Mattheier, Klaus J./Valentin, Paul (Hg.): *Pathos, Klatsch und Ehrlichkeit. Liselotte von der Pfalz am Hofe des Sonnenkönigs*, Tübingen 1990.

Midelford, H. C. Erik: »Sin, Melancholy, Obsession: Insanity and Culture in 16th Century Germany«, in: Steven L. Kaplan (Hg.), *Understanding Popular Culture. Europe from the Middle Ages to the Nineteenth Century*, Berlin, New York, Amsterdam 1984.

Mohr, Ute: *Melancholie und Melancholiekritik im England des 18. Jahrhunderts*, Frankfurt/M. u. a. 1990.
Müller, Christian: »Die Melancholie im Garten des Lebens. Matthias Gerungs ›Melancholia 1558‹ in Karlsruhe«, in: *Jahrbuch der Staatlichen Kunstsammlungen in Baden-Württemberg* 21 (1984).

Obermüller, Klara: *Melancholie in der deutschen Barocklyrik*, Bonn 1974.

Paas, Sigrun (Hg.): *Liselotte von der Pfalz. Madame am Hofe des Sonnenkönigs* (Katalog zur gleichnamigen Ausstellung im Rahmen der 800-Jahr-Feier der Stadt Heidelberg), Heidelberg 1996.
Panofsky, Erwin: *Das Leben und die Kunst Albrecht Dürers*, übs. von L. L. Möller, Hamburg 1995 (1943).
Panofsky, Erwin/Saxl, Fritz: *Dürers »Melencolia I«. Eine quellen- und typengeschichtliche Untersuchung*, Leipzig 1923.
Plessner, Helmuth: *Lachen und Weinen. Eine Untersuchung nach den Grenzen menschlichen Verhaltens*, 3. Aufl., Bern und München 1961.
Pomian, Krzysztof: »Livre-montage: Raymond Klibansky, Erwin Panofsky, Fritz Saxl, *Saturn et la Mélancholie*, présenté par K. P.«, in: *Le Débat* 29, März 1984.
Préaud, Maxime: *Mélancolies*, Paris 1982.

Reichert, Klaus: *Fortuna oder die Beständigkeit des Wechsels*, Frankfurt/M. 1985.
Reijen, Willem van (Hg.): *Allegorie und Melancholie*, Frankfurt/M. 1992.
Russo, Daniel: *Saint Jérôme en Italie. Étude d'iconographie et de spiritualité (XIIIe-XVe siècle)*, Paris und Rom 1987.

Sauerland, Karol (Hg.): *Melancholie und Enthusiasmus: Studien zur Literatur und Geistesgeschichte der Jahrhundertwende.* Internationale Tagung in Bachotek, Polen, Okt. 1985, Frankfurt/M. und Bern 1988.
Schalk, Fritz: »Diderots Artikel ›Mélancolie‹ in der Enzyklopädie«, in: *Zeitschrift für französische Sprache und Literatur* 66 (1956).
Schiesari, Juliana: *The Gendering of Melancholia. Feminism, Psychoanalysis, and the Symbolics of Loss in Renaissance Literature*, Ithaca und London 1992.
Schings, Hans-Jürgen: *Melancholie und Aufklärung. Melancholie und ihre Kritiker in Erfahrungsseelenkunde und Literatur des 18. Jahrhunderts*, Stuttgart 1977.
Schleiner, Winfried: *Melancholy, Genius and Utopia in the Renaissance*, Wiesbaden 1991.
Schuster, Peter Klaus: *Melencolia I: Dürers Denkbild*, 2 Bde., Berlin 1991.

Sena, John F.: »Melancholic Madness and the Puritans«, in: *Harvard Theological Review* 66 (1973).

Sillem, Peter: *»Saturns Spuren. Aspekte des Wechselspiels von Melancholie und Volkskultur in der frühen Neuzeit*, Frankfurt / M. 2001.

Starobinski, Jean: *Geschichte der Melancholiebehandlung von den Anfängen bis 1900* (Acta Psychosomatica Nr. 4), Basel 1960.

Starobinski, Jean: »L'encre de la mélancolie«, in: *La Nouvelle Revue Française* 123 (1963).

Starobinski, Jean: »Ironie und Melancholie. Gozzi, E. Th. A. Hoffmann, Kierkegaard«, in: *Der Monat*, 218 (1966).

Starobinski, Jean: *Porträt des Künstlers als Gaukler. Drei Essays*, übs. von M. Jakob, Frankfurt/M. 1985.

Starobinski, Jean, *Melancholie im Spiegel. Baudelaire-Lektüren*, übs. von H. Günther, München 1992.

Steiger, Johann Anselm: *Melancholie, Diätetik und Trost. Konzepte der Melancholie-Therapie im 16. und 17. Jahrhundert*, Heidelberg 1996.

Tellenbach, Hubert: *Melancholie. Zur Problemgeschichte, Typologie, Pathogenese und Klinik*, Berlin, Göttingen, Heidelberg 1961.

Theunissen, Michael: *Vorentwürfe von Moderne. Antike Melancholie und die Acedia des Mittelalters*, Berlin 1996.

Völker, Ludwig: *Muse Melancholie – Therapeutikum Poesie. Studien zum Melancholie-Problem in der deutschen Lyrik von Hölty bis Benn*, München 1978.

Völker, Ludwig (Hg.): *»Komm, heilige Melancholie«. Eine Anthologie deutscher Melancholie-Gedichte*, Stuttgart 1983.

Warburg, Aby: *Heidnisch-antike Wahrsagung in Wort und Bild zu Luthers Zeiten*, Heidelberg 1920.

Watanabe-O'Kelly, Helen: *Melancholie und die melancholische Landschaft. Ein Beitrag zur Geistesgeschichte des 17. Jahrhunderts*, Bern 1978.

Weber, Wolfgang: »Im Kampf mit Saturn. Zur Bedeutung der Melancholie im anthropologischen Modernisierungsprozeß des 16. und 17. Jahrhunderts«, in: *Zeitschrift für historische Forschung* 17 (1990).

Wenzel, Siegfried: *The Sin of Sloth: Acedia in Medieval Thought and Literature*, Chapel Hill 1967.

Wiebel, Christiane: *Askese und Endlichkeitsdemut in der italienischen Renaissance. Ikonologische Studien zum Bild des heiligen Hieronymus*, Weinheim 1988.

Wittkower, Rudolf und Margot: *Künstler – Außenseiter der Gesellschaft*, übs. von G. Kauffmann, Stuttgart 1989.

Yates, Frances A.: »Chapman and Dürer on Inspired Melancholy«, in: *The University of Rochester Library Bulletin* XXXIV (1981).

Yates, Frances A.: *The Occult Philosophy in the Elizabethan Age*, London 1979.

Verzeichnis der Autoren und Quellen

ABÛ MA'SAR

geb. 787, gest. 885, islamischer Astronom. Seine astrologischen Handbücher fanden durch zahlreiche lateinische Übersetzungen weite Beachtung im Mittelalter und der Frühen Neuzeit.

Das Wesen des Saturn (S. 29)

Aus: Raymond Klibansky/Erwin Panofsky/Fritz Saxl, ›Saturn und Melancholie‹, übs. von Christa Buschendorf. © Suhrkamp Verlag, Frankfurt/M. 1990.

ARISTOTELES

geb. 384, gest. 322 v. Chr. Beim ›Problem XXX, 1‹ handelt es sich lediglich um eine Zuschreibung an Aristoteles (Pseudo-Aristoteles), der Text dürfte tatsächlich von Theophrast (372-287 v. Chr.) stammen.

Problem XXX,1 (S. 21)

Aus: Raymond Klibansky/Erwin Panofsky/Fritz Saxl, ›Saturn und Melancholie‹, übs. von Christa Buschendorf. (Dort mit griechischem Originaltext und kritischem Apparat.) © Suhrkamp Verlag, Frankfurt/M. 1990.

WALTER BENJAMIN

geb. 15. Juli 1892, studierte in Freiburg, Berlin, München und Bern Philosophie und lebte bis zu seiner Emigration 1933 als freier Schriftsteller in Berlin. Er nahm sich am 27. September 1940 auf der Flucht vor den deutschen Truppen in Port Bou (Spanien) das Leben. Sein Buch ›Ursprung des deutschen Trauerspiels‹, dem der Exkurs über die Melancholie entstammt, wurde 1925 von der Frankfurter Johann Wolfgang Goethe-Universität als Habilitationsschrift abgelehnt.

Exkurs über die Melancholie (S. 181)

Aus: W. B., ›Gesammelte Schriften‹, hg. von Rolf Tiedemann und Hermann Schweppenhäuser, Bd. 1.1 (= stw 931). (Dort mit Zitatnachweisen.) © Suhrkamp Verlag, Frankfurt/M. 1991.

TIMOTHY BRIGHT

geb. 1550, gest. 1615, englischer Arzt und »Erfinder« der Stenographie. Sein ›Treatise of Melancholy‹ (1586) war vermutlich William Shakespeare bekannt und hatte starken Einfluß auf die Melancholierezeption im England des ausgehenden 16. und des 17. Jahrhunderts.

Traktat über die Melancholie (S. 55)

›A Treatise of Melancholie. Containing the causes therof, & reasons of the strange effects it worketh in our minds and bodies [...]‹, EA London 1586. (The Facsimile Text Society, Bd. 50, New York 1940.) Hier erstmals aus dem Englischen übersetzt von Thomas Eichhorn. © für diese Übersetzung Deutscher Taschenbuch Verlag, München 1997.

ROBERT BURTON

geb. 1577, gest. 1640, Theologe und Schriftsteller am Oxforder Christ Church College, in dessen Kathedrale er begraben liegt. Die ›Anatomy of Melancholy‹ erschien erstmals 1621 und erlebte noch zu Burtons Lebzeiten vier weitere Auflagen, die er jeweils stark überarbeitete und ergänzte. Die letzte Überarbeitung von Burton erschien als sechste Auflage posthum 1651.

Demokrit Junior an den Leser (S. 67)

Auszug aus: R. B., ›Anatomie der Melancholie‹, übs. von Ulrich Horstmann. © Artemis & Winkler Verlags AG, Düsseldorf und Zürich 1988.

DENIS DIDEROT

geb. 1713, gest. 1784, französischer Schriftsteller und Philosoph, Autor und Herausgeber der ›Encyclopédie‹; aus Diderots eigener Feder stammt der erste Absatz des Artikels »Mélancolie«, gewissermaßen dessen Präambel.

»Melancholie« (S. 117)

Artikel »Mélancolie«, aus: ›Encyclopédie ou Dictionnaire raisonné des sciences, des arts et des métiers‹, Bd. 10 (Mam-My), Paris 1765. Hier erstmals aus dem Französischen übersetzt von Michaela Meßner. © für diese Übersetzung Deutscher Taschenbuch Verlag, München 1997.

JOHN EARLE

geb. ca. 1601, gest. 1665, englischer Geistlicher, schrieb eine Vielzahl von kurzen Charakterskizzen (zusammengefaßt in seinem Buch ›Microcosmographie; or, a Piece of the World discovered‹, 1628), die sich bei seinen Zeitgenossen großer Beliebtheit erfreuten.

Ein Mißvergnügter (S. 64)
Aus: J. E., ›Microcosmography; or, A Piece of the World Characterized‹, London 1628. Abgedruckt in: ›Character Writings of the Seventeenth Century‹, hg. von Henry Morley, London 1891. Hier erstmals aus dem Englischen übersetzt von Thomas Eichhorn. © für diese Übersetzung Deutscher Taschenbuch Verlag, München 1997.

MARSILIO FICINO
geb. 1433, gest. 1499, italienischer Arzt und Philosoph; Übersetzer Platons und Plotins ins Lateinische, prägte wesentlich die neuzeitliche Auffassung von Saturn als dem »höchsten« der Planeten, der seine melancholischen Kinder zu besonderen geistigen Leistungen befähige.
Melancholie und Saturn (S. 39)
Aus: M. F., ›De vita libri tres. Three Books on Life. A Critical Edition and Translation with Introduction by Carol V. Kaske and John R. Clarke‹ (Medieval & Renaissance Texts and Studies), Lat./Engl., Binghampton/NY 1989. (Dort mit kritischem Apparat.) Aus dem Lateinischen übersetzt von Michaela Meßner. © für diese Übersetzung Deutscher Taschenbuch Verlag, München 1997.

SIGMUND FREUD
geb. 1856, gest. 1939; der Aufsatz »Trauer und Melancholie« erschien erstmals 1917 und nimmt eine wichtige Stellung vor allem in bezug auf die Entwicklung der Über-Ich-Hypothese in Freuds Werk ein (›Das Ich und das Es‹, 1923).
Trauer und Melancholie (S. 162)
Aus: S. F., ›Studienausgabe‹, Bd. III. (Dort mit editorischen Anmerkungen.) © S. Fischer Verlag, Frankfurt/M. 1989.

GLÜCKEL VON HAMELN (Glikl bas Judah Leib)
geb. 1646/47, gest. 1724, jüdische Kaufmannstochter in Hamburg; nach langjähriger Ehe (aus der vierzehn Kinder hervorgingen) verwitwet, führte Glückel die Geschäfte ihres Mannes weiter und schrieb in jüdisch-deutscher Sprache ihre Memoiren. Die ›Memoiren der Glückel von Hameln‹ wurden 1910 von Bertha Pappenheim, der Patientin Anna O. aus Sigmund Freuds und Josef Breuers ›Studien zur Hysterie‹, übersetzt und ediert.
»...daß ich nicht, Gott bewahre, in melancholische Gedanken sollte kommen« (S. 112)

Aus: ›Die Memoiren der Glückel von Hameln‹, übs. von Bertha Pappenheim. © Beltz-Athenäum Verlag, Weinheim 1994.

HIPPOKRATES
geb. ca. 460 v. Chr., gest. um 359 oder 377, griechischer Arzt, gilt als Begründer einer kritischen, vorurteilsfreien Diagnostik, die auf genauer Beobachtung der Symptome beruht.
Hippokrates bei Demokrit. Eine Begegnung, nacherzählt von Robert Burton (S. 14)
Aus: Robert Burton, ›Anatomie der Melancholie‹, übs. von Ulrich Horstmann. © Artemis & Winkler Verlags AG, Düsseldorf und Zürich 1988.

ISHAQ IBN ʿIMRAN
angeblich hingerichtet zu Beginn des 10. Jahrhunderts, arabischer Astronom, dessen ›Abhandlung über die Melancholie‹ entscheidend die Melancholie-Schrift von Constantinus Africanus (ca. 1010-1087) und damit die Rezeption der antiken Melancholietheorie (vor allem Galens) in der Frühen Neuzeit prägte.
Abhandlung über die Melancholie (S. 34)
Aus: Constantinus Africanus/Ishaq Ibn ʿImran, ›Zwei Bücher über die Melancholie‹. Arabisch-lateinische Parallelausgabe, hg. und übs. von Karl Garbers. (Dort mit kritischem Apparat.) © Ariadne Fach Verlag, Aachen 1993.

SÖREN KIERKEGAARD
geb. 1813, gest. 1855, dänischer Philosoph; seine Schrift ›Entweder-Oder‹, der »Der Unglücklichste« entnommen ist, erschien 1843 und machte Kierkegaard schlagartig berühmt.
Der Unglücklichste (S. 146)
Aus: S. K., ›Entweder-Oder. Teil I und II‹, übs. von Heinrich Fauteck. (Dort mit Anmerkungen.) © Deutscher Taschenbuch Verlag, München 1975.

LAUTERE BRÜDER
arabischer Orden im 10. Jahrhundert mit Stammsitz in Basra; die ›Enzyklopädie der Lauteren Brüder‹ besteht aus 51 Abhandlungen und versammelt das gesamte Wissen der Zeit über Fragen der Propädeutik, Logik, Naturphilosophie, Medizin etc.

Aus der ›Enzyklopädie der Lauteren Brüder‹ (S. 31)
Aus: Hellmuth Ritter, ›Picatrix, ein arabisches Handbuch hellenistischer Magie‹, Vorträge der Bibliothek Warburg, 1921/22.

GRAF GIACOMO LEOPARDI
geb. 1798, gest. 1837, italienischer Lyriker; sein ›Zibaldone di pensieri‹, den er zwischen 1817 und 1832 in Form von Gedankensplittern und tagebuchartigen Aufzeichnungen niederschrieb, gilt als philosophische Begründung und Begleitung seines lyrischen Werkes.
Aus dem ›Gedankenbuch‹ (S. 135)
Aus: G. L., ›Das Gedankenbuch‹, übs. von Hanno Helbling. © Artemis & Winkler Verlags AG, Düsseldorf und Zürich 1985.

LISELOTTE VON DER PFALZ
geb. 1652, gest. 1722, eigentlich Herzogin Elisabeth Charlotte von Orléans, Tochter des Kurfürsten Karl Ludwig von der Pfalz, heiratete 1671 den Bruder Ludwigs XIV. und lebte fortan am französischen Hof. Von ihren Briefen sind fast 5000 erhalten, der tatsächliche Umfang ihrer Korrespondenz dürfte ein Vielfaches betragen haben.
»Das ist mein ganz leben, welches eben nicht gar lustig ist« (S. 107)
Aus: ›Briefe der Liselotte von der Pfalz‹, hg. und eingel. von Helmuth Kiesel, Frankfurt/M. 1981.

SUSAN SONTAG
geb. 1933, Kritikerin, Erzählerin, Filmemacherin, lebt in New York. Berühmte Werke u.a. ›Über Fotografie‹, ›Kunst und Antikunst‹, ›Krankheit als Metapher‹.
Im Zeichen des Saturn (S. 204)
Aus: S. S., ›Im Zeichen des Saturn. Essays‹. © Carl Hanser Verlag, München 1981.

JEAN STAROBINSKI
geb. 1920, studierte Medizin, Literatur und Philosophie. Professor der französischen Literatur und Ideengeschichte in Genf. Bedeutende Arbeiten über Rousseau, Montaigne, Montesquieu, Baudelaire u.a. Eine ausführlichere Fassung der Studie ›Démocrite parle‹ in italienischer Sprache diente als Vorwort zur kompletten Übersetzung des ›Vorworts‹ von Burton (Padua 1983).

Demokrit spricht (S. 228)
›Démocrite parle‹, aus: Le Débat Nr. 29, März 1984. Hier erstmals aus dem Französischen übersetzt von Michaela Meßner.

OLIVER VOGEL
geb. 1966, arbeitet als Verlagslektor in Frankfurt / Main.
Die diskrete Form der Melancholie oder Es gibt sie noch, die guten Dinge (S. 260)
Originalbeitrag.

JOHANN GEORG ZIMMERMANN
geb. 1728, gest. 1795, Arzt und Schriftsteller, Leibarzt des Königs von England in Hannover, behandelte auch Friedrich den Großen. Seine vierbändige Schrift ›Über die Einsamkeit‹ erschien erstmals 1756 und in einer vollständig überarbeiteten Fassung 1784/85.
Über die Einsamkeit (S. 130)
Aus: J. G. Z., ›Über die Einsamkeit‹, Leipzig 1784 (2. Band, 6. Kapitel).

Bildnachweis

S. 13: Albrecht Dürer, *Melencolia I* (1514). Kupferstich. Kupferstichkabinett Staatliche Museen Preußischer Kulturbesitz.

S. 38: *Melancholicus*, Holzschnitt aus Laufenberg, ›Versehung des Leibs‹, Augsburg 1491, fo. g II r. Wolfenbüttel, Herzog-August-Bibliothek.

S. 54: Matthias Gerung, *Melancholia 1558.* Staatliche Kunsthalle Karlsruhe.

S. 63: Domenico Fetti, *Melancholie* (ca. 1614). Paris, Louvre.

S. 66: Frontispiz aus Robert Burton, ›The Anatomy of Melancholy‹, erstmals in der 3. Auflage, Oxford 1628.

S. 116: Johann Georg Hertel, *Melancholiker* (Mitte 18. Jh.). Kupferstich.

S. 145: Christian Friedrich, nach Caspar David Friedrich, *Melancholie* (1818). Holzschnitt. Bildarchiv Staatliche Museen Preußischer Kulturbesitz.

S. 161: Arnold Böcklin, *Melancholia* (1900). Kunstmuseum Basel.

S. 203: Giorgio de Chirico, *Melancholie.* © VG Bild-Kunst, Bonn 1997.

S. 259: Jeff Wall, *The Thinker* (1986). © Jeff Wall.

Klassische Anthologien in dtv-Originalausgaben

Deutsche Lyrik vom Barock bis zur Gegenwart
Herausgegeben von Gerhard Hay und Sibylle von Steinsdorff
dtv 12397

Erzählungen der deutschen Romantik
Herausgegeben und kommentiert von Albert Meier, Walter Schmitz, Sybille von Steinsdorff und Ernst Weber
dtv 12546

MeerGeschichten
Ein literarisches Lesebuch
Herausgegeben von Günter Stolzenberger
dtv 12729

WasserGeschichten
Ein literarisches Lesebuch
Herausgegeben von Günter Stolzenberger
dtv 12792

Die Kunst des Wanderns
Ein literarisches Lesebuch
Herausgegeben von Alexander Knecht und Günter Stolzenberger
dtv 20030

Hyperion am Bahnhof Zoo
Hautnahe Männergeschichten
Herausgegeben von Hans Stempel und Martin Ripkens
dtv 12524

Theodor Fontane
Allerlei Glück
Ein Lebensbuch
Vorgestellt von Ulf Diederichs
dtv 12538

Sommerfrische
Ein literarisches Lesebuch
Herausgegeben von Jörg Plath
dtv 12647

Ach Kerl ich krieg dich nicht aus meinem Kopf
Männerliebe in deutschen Gedichten des 20. Jahrhunderts
Herausgegeben von Hans Stempel und Martin Ripkens
dtv 20525

Vom Glück des Reisens
zu Lande, zu Wasser und in der Luft
Herausgegeben von Ulf Diederichs
dtv 20528